加算税
延滞税
利子税 等

附帯税の
減免措置

国税通則法から重加算税通達まで

Otori Hideaki
税理士 鴻 秀明

清文社

はじめに

　申告納税制度は、納税者自らが税法を正しく理解し、その税法に従って正しい申告と納税をする制度です。この制度を担保するために、附帯税制度、租税罰則制度等が設けられています。
　附帯税には、各種加算税、延滞税、利子税があり、また、それらと同様の性格を有する地方税として、各種加算金、延滞金があります。附帯税は、本税に付帯する税ということで、重加算税を除き、学者からも実務家からもあまり注目されず、理解も深まらずに、その賦課決定をただ受け入れるだけの対応しかできない現状にあります。その理由として、次の3つがあげられます。
　①　納税者の申告行為が不要なことから、納税者は附帯税の情報や知識を得る必要性が少ないこと
　②　附帯税の賦課決定等に対して、重加算税の場合を除き、争う余地がないと認識されていること
　③　附帯税に関する法律改正が少なく、かつ、税理士試験の選択科目になっていないため、研修や学習の機会に乏しいこと

　そのような状況下で、平成23年の納税環境整備に関する国税通則法の改正により、税務調査手続の明確化、更正の請求期間の延長、処分の理由附記、記帳義務の拡大、罰則の見直し等が図られました。調査手続の明確化の一つとして、調査の終了時に、調査官は更正・決定等の調査結果の内容について、納税者に説明しなければならなくなったのです（調査手続の実施に当たっての基本的な考え方等について（事務運営指針））。
　調査官から各種加算税や延滞税等の説明を受けたときに、納税者はその減免を主張できる場合があります。本書では、納税者が調査官に対して附帯税の減免を主張するための法的な根拠を示しました。調査官は、納税者の減免の主張を認めないのであれば、事務運営指針に従い、その理由を説明しなくてはなりません。ここに、従来の税務調査ではほとんど議論されたことのない、加算税や延滞税の減免といった新しい土俵が、調査の場に出現することになります。
　そこで、本書では、調査官とのやりとりに役立たせることを主眼として、次の2点に焦点を絞って詳述しました。

① 　附帯税の概要を把握すること
② 　附帯税の減免に関する知識を得ること
　また本書は、国税通則法の条文および通説・判例の紹介を基本として、条文の順番に従って、コンメンタール的な構成としました。ただし、一部の論点では著者の個人的見解を披露しているところがありますので、ご了承ください。

　なお、重加算税については様々な論点があり、その課否判定をめぐる争いも多くなっています。調査官から指摘された重加算税に係る取引の課否判定を正しく行うためには、「不正」といった定義の曖昧な言葉にその根拠を求めずに、各税目の「重加算税の取扱いについて（事務運営指針）」（いわゆる「重加算税通達」）に当てはめて検討することが重要です。
　しかし、重加算税通達に関する書籍は見当たらず、それを解説した文献もほとんど無いようです。研究の対象となりづらいのは、次の点が影響していると思われます。
① 　事務運営指針は、税務行政の執行に係る国税庁の事務の運営方針にしか過ぎないこと
② 　その内容が、各税目の重加算税通達間での整合性に欠けていること
　本書では、法令、通説・判例を紹介するとともに、重加算税通達のトピックを取り上げて、その解説を試みました。これにより、一部メディアなどに報じられていることから受ける重加算税のイメージに惑わされずに、冷静で適切な対応が可能になるのです。

　受け身になりがちであった附帯税について、本書により一定の知識と解釈を習得し、それが、納税者の権利を守る一助となれば幸いです。

　最後に、本書の原稿をチェックし的確なアドバイスをくださった松本光世税理士、企画から出版までお世話になった清文社の中村麻美氏に厚く御礼を申し上げます。

2014 年 6 月

税理士　鴻　秀明

目次

加算税・延滞税・利子税等
附帯税の減免措置 国税通則法から重加算税通達まで

第1章 附帯税とは

1 概　要　3
2 租税と附帯税　4
3 性　質　5
4 附帯税と地方税　7

第2章 過少申告加算税

1 概　要 ─────────────────────────── 11
　Ⅰ 国税通則法第65条 ··· 11
　　第1項　過少申告加算税の計算　　　　　　　　　　　　　11
　　　1 課税要件　11
　　　2 過少申告加算税の税額　12
　　　3 重加算税との関係　13
　　第2項　過少申告加算税の加重　　　　　　　　　　　　　13
　　　1 過少申告加算税の税額が加重される場合　13
　　　2 過少申告加算税の加重の意味　14
　　第3項　累積増差税額・期限内申告税額　　　　　　　　　15
　　　1 累積増差税額　16
　　　2 期限内申告税額　16
　　第4項　正当な理由　　　　　　　　　　　　　　　　　　17
　　第5項　更正の予知　　　　　　　　　　　　　　　　　　17
　Ⅱ 国外財産調書制度 ··· 18

2 減　免 ─────────────────────────── 20
　Ⅰ 正当な理由による減免 ·· 20
　　1 概　要　20

i

2　過少申告加算税を課さない部分の税額の計算　20
　　3　正当な理由と憲法　21
　　（1）租税法律主義　21
　　（2）罪刑法定主義　22
　　4　主張・立証責任　23
　　（1）課税処分の主張・立証責任　23
　　（2）正当な理由の主張・立証責任　25
　　5　正当な理由の判断基準　27
　　6　事務運営指針における正当な理由　30
　　（1）事務運営指針　30
　　（2）各事務運営指針に共通な規定　35
　　（3）税目による相違　38
　　（4）その他の正当な理由の事例　41
　Ⅱ　自主修正申告による減免（更正の予知なし）……………48
　　1　概要　48
　　2　免除する理由　49
　　3　調査の意義　50
　　4　更正の予知　54
　　（1）調査開始説　54
　　（2）端緒把握説　55
　　（3）更正の予知の時期　56
　　（4）事務運営指針　57
　　（5）更正の予知の主張・立証責任　58
　　5　税務調査手続に関するＦＡＱ　59
　Ⅲ　書面添付制度と過少申告加算税………………………………62

第3章　無申告加算税

1　概要 ―――――――――――――――――――――――――67
　Ⅰ　国税通則法第66条…………………………………………67

第1項　無申告加算税の計算　　　　　　　　　　　　　67
    1　課税要件　68
    2　無申告加算税の税額　68
    3　重加算税との関係　69
  第2項　無申告加算税の加重　　　　　　　　　　　　　69
    1　無申告加算税の税額が加重される場合　70
    2　無申告加算税の税率の意味　70
  第3項　累積納付税額　　　　　　　　　　　　　　　　71
    1　累積納付税額の意義　71
    2　再度の増額更正　72
  第4項　正当な理由　　　　　　　　　　　　　　　　　73
  第5項　更正・決定の予知　　　　　　　　　　　　　　73
  第6項　無申告加算税の不適用　　　　　　　　　　　　74
  Ⅱ　期限内申告と期限後申告 …………………………………74
    1　申告書の提出方法　74
    2　申告書の提出日　75
    3　還付申告　77
    4　期限後申告の不利益　77
    (1) 法人の場合　78
    (2) 個人の場合　78
  Ⅲ　国外財産調書制度 …………………………………………79

2　減免 ─────────────────────── 80
  Ⅰ　正当な理由による減免 ……………………………………80
    1　概　要　80
    2　無申告加算税を課さない部分の税額の計算　80
    3　正当な理由と憲法　81
    4　主張・立証責任　81
    5　正当な理由の判断基準　82
    6　事務運営指針における正当な理由　86

（1）事務運営指針　86
　　（2）各事務運営指針に共通な規定　89
　Ⅱ　自主申告による減免（決定・更正の予知なし）..................90
　　1　概　要　90
　　2　調査と行政指導　91
　Ⅲ　無申告加算税の不適用制度による減免..................91
　　1　概　要　91
　　2　法人税と消費税の申告期限　93

第4章　不納付加算税

1　概　要 ―――――99
　◆国税通則法第67条..................99
　　第1項　不納付加算税の計算　　99
　　　1　徴収要件　99
　　　2　不納付加算税の負担者　102
　　　3　不納付加算税の税額　104
　　　4　重加算税との関係　105
　　　5　正当な理由　106
　　第2項　納税の告知の予知　　106
　　第3項　不納付加算税の不適用　　106

2　減　免 ―――――107
　Ⅰ　正当な理由による減免..................107
　　1　概　要　107
　　2　正当な理由に関する論点　107
　　3　正当な理由の判例等　108
　Ⅱ　自主納付による減免（告知の予知なし）..................112
　　1　概　要　112
　　2　未納整理と告知の予知　113

Ⅲ　不納付加算税の不適用制度による減免 …………………………114

Ⅳ　事務運営指針 ……………………………………………………116

第5章　重加算税

1　概要 ──────────────────────────121

Ⅰ　国税通則法第68条 …………………………………………121

第1項　過少申告加算税に代えて　　　　　　　122

第2項　無申告加算税に代えて　　　　　　　　123

第3項　不納付加算税に代えて　　　　　　　　124

第4項　消費税等　　　　　　　　　　　　　　125

Ⅱ　重加算税と二重処罰の禁止 …………………………………126

Ⅲ　隠ぺい・仮装の行為の主体 …………………………………130

1　納税者の範囲　130

2　第三者による隠ぺい・仮装（法人）　131

3　第三者による隠ぺい・仮装（個人）　133

4　税理士による隠ぺい・仮装　134

5　M税理士事件　135

6　重加算税の取消　138

Ⅳ　事実の隠ぺい・仮装 …………………………………………139

1　隠ぺい・仮装の意味　139

2　隠ぺいまたは仮装行為の要件　140

3　重加算税の3要素図　146

Ⅴ　国税庁事務運営指針（重加算税通達）……………………147

1　重加算税の取扱い　147

2　隠ぺい・仮装と不正事実　149

3　重加算税の取扱い（事務運営指針）　151

4　事務運営指針の解説　165

（1）脱税の意図　165

（2）帳簿書類の定義　166

v

（3）虚偽の証憑書類と通謀　　167
　　　（4）繰延・繰上の隠匿、虚偽記載等　　168
　　　（5）計上もれと除外　　169
　　　（6）仮名預金　　176
　　　（7）集計違算と集計誤り　　177
　　　（8）虚偽答弁　　178
　　　（9）給与の受給者の隠ぺい・仮装　　179
　　　（10）重加算税の併課（源泉所得税と法人税）　　180
　　　（11）重加算税の併課（消費税と法人税・申告所得税）　　180
　　　（12）科目仮装　　181
　　　（13）使途不明金、使途秘匿金　　182
　　　（14）隠ぺい・仮装の行為者　　184

2　減　免 ———————————————————————187
　　1　他の加算税との関係　　187
　　2　更正の予知　　187
　　3　正当な理由　　188

3　「隠ぺい・仮装」と「偽りその他不正の行為」————189
　Ⅰ　条　文 ………………………………………………………189
　　1　「隠ぺい・仮装」が用いられている条文　　189
　　2　「偽りその他不正の行為」が用いられている条文　　190
　Ⅱ　「隠ぺい・仮装」と「偽りその他不正の行為」の比較 ……191
　　1　重加算税のイメージ　　191
　　2　偽りその他不正の行為の3要素図　　193
　　3　「隠ぺい・仮装」と「偽りその他不正の行為」の比較整理　　194
　Ⅲ　更正、決定等の期間延長 ……………………………………195
　　1　アメリカ大使館事件　　195
　　2　更正期間延長に関する裁決　　199
　　3　更正期間延長に関する判例　　202

Ⅳ 延滞税の控除期間 ……………………………………………204
　1 調査事例　204
　2 控除期間の通達　206
　3 控除期間に関する裁決・判例　209

第6章　延滞税

Ⅰ 概　要 ──────────────────────────213
　1 附帯税の成立と確定　213
　2 本則と特例　214
　3 性格と目的　215
　4 催告書　216

Ⅱ 国税通則法第60条 ………………………………………217
　第1項　　　　　　　　　　　　　　　　　　　　　　　217
　　1 申告納税方式による国税（一号、二号）　217
　　2 賦課課税方式による国税（三号）　218
　　3 予定納税による所得税（四号）　218
　　4 源泉徴収による国税（五号）　218
　第2項　　　　　　　　　　　　　　　　　　　　　　　218
　　1 延滞税の課税期間および割合　219
　　2 延滞税の割合の特例　223
　　3 延滞税の計算パターン（本則）　224
　（1）期限内申告かつ期限後納付　224
　（2）期限後申告または修正申告　225
　（3）更正または決定　225
　（4）源泉所得税の期限後納付　225
　（5）源泉所得税の強制徴収　225
　（6）予定納税　226
　（7）延滞税の期限後納付（所得税・相続税）　226

vii

|第3項| 227

|第4項| 227

Ⅲ 国税通則法第61条 ……………………………………228

|第1項| 228

1 延滞税の計算控除期間　229

（1）計算控除期間の概要　229

（2）延滞税の計算パターン（本則）　229

2 控除期間と偽りその他不正の行為　230

|第2項| 232

Ⅳ 国税通則法第62条 ……………………………………233

|第1項| 233

|第2項| 234

2 納税の緩和制度 ──────────────235

Ⅰ 意　義 ……………………………………………………235

Ⅱ 種　類 ……………………………………………………235

1 納期限の延長　235

2 延　納　236

（1）所得税の延納　236

（2）贈与税の延納　236

3 納税の猶予　237

（1）納税の猶予の概要　237

（2）国税通則法第46条の概要　238

4 換価の猶予　238

（1）概　要　238

（2）納税についての誠実な意思　239

5 滞納処分の停止　240

（1）概　要　240

（2）滞納処分の停止と延滞税　241

6 徴収の猶予　243

  7 その他の緩和制度 243

3 減　免 ——————————————————244
I 延滞税の減免に関する法令 ················244
  1 延滞税の減免の根拠法律 244
  2 国税通則法による減免 245
II 国税通則法第63条 ····················246
  第1項 248
   1 全額免除 248
   2 一部免除 249
   3 免除期間等 249
   4 免除金額 249
  第2項 251
  第3項 252
   1 7.3％部分の免除 253
   2 猶予期限不履行の場合の免除 253
  第4項 259
  第5項 260
  第6項 265
   1 納付委託（通則法63⑥一、二、55①1） 266
   2 自然災害等（通則法63⑥三） 266
   3 交付要求（通則令26の2一） 267
   4 人為災害等（通則令26の2二） 267
   5 その他の免除 270
III 免除規定 ························272
  1 免除の方法 272
  2 税務署長等の裁量権 272

第7章 利子税

1 概要 ———————————————————————— 277
 Ⅰ 国税通則法第64条 ……………………………………………277
  1 成立と確定　277
  2 性　格　278
  3 利子税の損金および必要経費の算入時期　279
 Ⅱ 利子税の計算 …………………………………………………280
  1 本　則　280
  2 特　例　280

2 減免 ———————————————————————— 283

第8章 延滞金・加算金

1 概要 ———————————————————————— 287
 Ⅰ 地方税について ………………………………………………287
  1 概　要　287
  2 課税権　287
  3 地方税法　289
  4 附帯税と加算金・延滞金の関係　290
 Ⅱ 加算金 …………………………………………………………293
  1 過少申告加算金の計算　293
  2 不申告加算金の計算　296
  3 重加算金の計算　296
  4 隠ぺい・仮装　297
 Ⅲ 督促手数料と延滞金 …………………………………………299
  1 督促手数料　299
  2 延滞金の計算　299
  （1）法人事業税の期限後納付　299
  （2）特例基準割合　301

3　延滞金の控除期間　302
　　　（1）事業税の修正申告あり　302
　　　（2）事業税の更正・決定あり　303
　　　4　控除期間と詐欺その他の不正の行為　304
　　　5　利子税に相当する延滞金　304

2　減免 ──────────────────────────── 305
Ⅰ　地方税の減免 ……………………………………………305
　　　1　概　要　305
　　　2　過少申告加算金の減免　306
　　　3　不申告加算金の減免　307
　　　（1）期限後申告、正当な理由　307
　　　（2）期限内申告の意思　307
　　　4　重加算金の減免　308
　　　5　地方団体の減免の実務　310
　　　（1）埼玉県の取扱い　310
　　　（2）東京都の取扱い　311
Ⅱ　延滞金の減免 ……………………………………………314
　　　1　地方税法上の延滞金の減免　314
　　　2　当然に免除　314
　　　（1）徴収の猶予に基づく免除　314
　　　（2）換価の猶予に基づく免除　315
　　　（3）滞納処分の停止に基づく免除　315
　　　（4）納期限の延長に基づく免除　315
　　　3　免除できる　315
　　　（1）徴収の猶予に基づく免除　315
　　　（2）換価の猶予に基づく免除　316
　　　（3）十分な差押え等に基づく免除　316
　　　（4）納付委託に基づく免除　316
　　　4　延滞金の減免の実務　316

第9章　過怠税

1　印紙税　　　319
2　過怠税　　　319
3　罰則　　　　320

◆凡例

・通則法　　国税通則法
・通則令　　国税通則法施行令
・地法　　　地方税法
・地令　　　地方税法施行令
・法法　　　法人税法
・所法　　　所得税法
・消法　　　消費税法
・相法　　　相続税法
・措法　　　租税特別措置法
・徴収法　　国税徴収法
・徴収令　　国税徴収法施行令
・徴基通　　国税徴収法基本通達
・行訴法　　行政事件訴訟法
・更生法　　会社更生法

＊表記例：通則法65③一　　国税通則法第65条第3項第一項

第1章

附帯税とは

1 概要

　附帯税とは、読んで字のごとく、本税（法人税、所得税、消費税等）に附帯している税であり、国税通則法では次のように定められています。

> ● 国税通則法 ●
>
> （定義）
> **第2条**　この法律において、次の各号に掲げる用語の意義は、当該各号に定めるところによる。
> 　一　国税　**国が課する税**のうち関税、とん税及び特別とん税以外のものをいう。
> 　四　附帯税　国税のうち**延滞税、利子税、過少申告加算税、無申告加算税、不納付加算税**及び**重加算税**をいう。

　附帯税は、納税義務者が申告、納税の義務の履行を怠った場合に、一定の行政上の制裁（各種加算税、延滞税）あるいは金利（利子税、延滞税）を課すことにより、申告納税制度を維持する機能を有しています。
　なお、国税通則法では、延滞税、利子税、加算税をその額の計算の基礎となる税額の属する税目の国税と定めています。

> ● 国税通則法 ●
>
> （延滞税）
> **第60条**
> 4　延滞税は、その額の計算の基礎となる税額の**属する税目の国税**とする。
>
> （利子税）
> **第64条**
> 3　第60条第4項(延滞税の属する税目)、……の規定は、**利子税について準用**する。
>
> （加算税の税目）
> **第69条**　過少申告加算税、無申告加算税、不納付加算税及び重加算税(以下「加算税」という。)は、その額の計算の基礎となる税額の**属する税目の国税**とする。

延滞税および利子税の納税義務は、納付すべき国税をその納付期限までに完納しないとき等、一定の事実が発生したときに成立し、それと同時に納付すべき税額が確定します。過少申告加算税、無申告加算税、不納付加算税および重加算税は、その計算の基礎となる税額の属する税目の法定申告期限または法定納期限の経過の時に納税義務が成立し、賦課決定により納付すべき税額が確定します。

　なお、印紙税を納めなかったときに徴収される過怠税も、附帯税と同様の性格を有しています。

2　租税と附帯税

　租税は、国家がその機能を果たし、公共サービスを提供するために必要な資金の調達を目的としています。最高裁判所では、租税について次のように判示しています。

> **判例**
>
> **所得税決定処分取消事件（最高裁 昭和60年3月27日 判決）**
>
> 　**租税**は、国家が、その課税権に基づき、特別の給付に対する**反対給付としてでなく**、その経費に充てるための**資金を調達する目的**をもつて、一定の要件に該当するすべての者に課する**金銭給付**であるが、およそ民主主義国家にあつては、国家の維持及び活動に必要な経費は、主権者たる国民が共同の費用として代表者を通じて定めるところにより自ら負担すべきものであり、……
>
> 　**租税**は、今日では、国家の**財政需要を充足**するという本来の機能に加え、**所得の再分配**、**資源の適正配分**、**景気の調整**等の諸機能をも有しており、国民の租税負担を定めるについて、財政・経済・社会政策等の国政全般からの総合的な政策判断を必要とするばかりでなく、課税要件等を定めるについて、極めて専門技術的な判断を必要とすることも明らかである。

したがって、資金の調達を目的としない罰金、科料、過料、交通反則金等、刑事上・行政上の制裁の性質をもつ金銭給付は、租税には該当しないことになります。

附帯税は、単語として「税」が使われているが、国や地方公共団体の資金の調達を目的とするものではなく、申告義務および徴収納付義務の適正な履行を確保し、申告納税制度および徴収制度の定着を図るための特別な経済的負担であり、かつ、制裁的な要素も持ち合わせています。したがって、附帯税は、租税の定義には必ずしもあてはまりません。

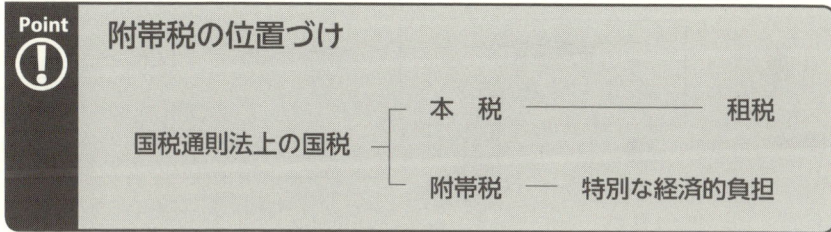

3 性質

附帯税の納税義務は、本税についての納税義務違反により成立し、本税の課税処分が取り消されると、附帯税の納税義務も消滅します。つまり、附帯税は本税に付随していることになります。他方、附帯税に瑕疵があり無効等になったとしても、本税には影響を与えません。

加算税は賦課決定により納税義務が確定しますが、賦課決定は本税とは別の行政処分です。したがって、本税等について争いがなくても、附帯税の賦課処分の取消を求めることができます。表現を変えれば、加算税には独立性があるということになります。

延滞税と利子税は、一定の事実の発生により成立し、それと同時に確定します。税額は一律に定まるとの前提で、延滞税・利子税の制度が構築

されていると考えられます。しかし、実際には税法の解釈の相違により、算出される税額が1つだけとは限りません。それにもかかわらず、納税者は延滞税の金額に不服があったとしても、そこにはそもそも税務署による処分がないので、その金額の適否を争うことは困難です。納税者がその適否を問うことができるような、何らかの立法が必要であると考えます。

[附帯税の付随性・独立性]

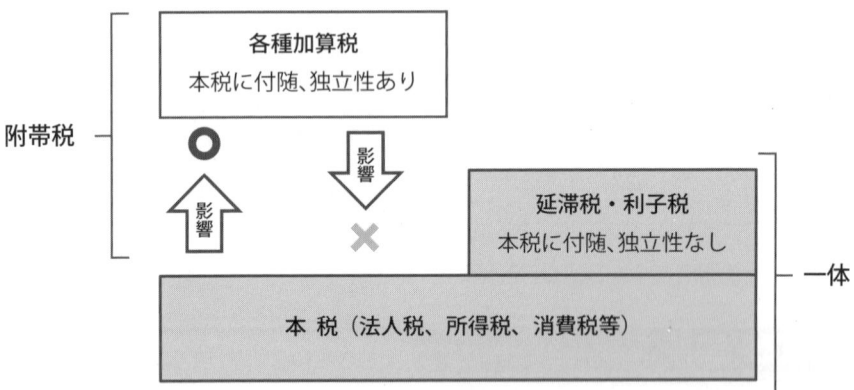

4　附帯税と地方税

　地方税法第1条で、地方団体の徴収金として、次のように定義しています。

> ● 地方税法 ●
>
> （用語）
> **第1条**　この法律において、次の各号に掲げる用語の意義は、当該各号に定めるところによる。
> 　十四　地方団体の徴収金　地方税並びにその督促手数料、**延滞金、過少申告加算金、不申告加算金、重加算金**及び滞納処分費をいう。

　「地方団体の徴収金」の延滞金、過少申告加算金、不申告加算金、重加算金は、国税の「附帯税」に対応し、それに準じて取り扱われます。延滞金は、附帯税の利子税に相当するものと延滞税に相当するものとがあります。

　附帯税と地方団体の徴収金を対比し、整理します。

附　帯　税	地方団体の徴収金
国税通則法第2条	地方税法第1条
―	地方税
―	督促手数料
利子税	延滞金（利子税に相当）
延滞税	延滞金（延滞税に相当）
過少申告加算税	過少申告加算金
無申告加算税	不申告加算金
不納付加算税	―
重加算税	重加算金
―	滞納処分費

第2章

過少申告加算税

① 概　要

I　国税通則法第 65 条

　申告納税制度による国税は、原則として、納税者の申告により税額が確定します。その税額が過少であった場合に、適正に申告・納税した者との間に生じる不公正が生じてしまいます。申告納税制度を維持するために、本来の納税額よりも過少な申告をした者に対しては、一定の行政上の制裁を加えることが必要となり、過少申告加算税の制度が国税通則法に定められました。

第 1 項　過少申告加算税の計算

● 国税通則法 ●

（過少申告加算税）
第 65 条　期限内申告書（還付請求申告書を含む。第 3 項において同じ。）が提出された場合（期限後申告書が提出された場合において、次条第 1 項ただし書又は第 6 項の規定の適用があるときを含む。）において、修正申告書の提出又は更正があつたときは、当該納税者に対し、その修正申告又は更正に基づき第 35 条第 2 項（期限後申告等による納付）の規定により納付すべき税額に **100 分の 10** の割合を乗じて計算した金額に相当する過少申告加算税を課する。

1　課税要件

　申告納税方式による国税に関し、次に掲げる場合において修正申告書の提出または更正があったとき、増差税額が発生すれば、過少申告加算税が課されます。

① 期限内申告書が提出された場合
② 還付請求申告書が提出された場合
③ 期限後申告書が提出され場合で、期限内申告書の提出がなかったことについて正当な理由があると認められる場合、または、法定申告期限内に申告する意思があったと認められる場合

Point 修正申告または更正による増差税額
➡原則として、過少申告加算税の対象

2 過少申告加算税の税額

修正申告あるいは更正に基づき新たに発生する税額（以下「増差税額」という）の10%または15%の金額が、加算税の税額となります。

増差税額 × 10%（加重後15%） ＝ 過少申告加算税の額
1万円未満切捨て　　　　　　　　　　100円未満端数切捨て　5千円未満全額切捨て

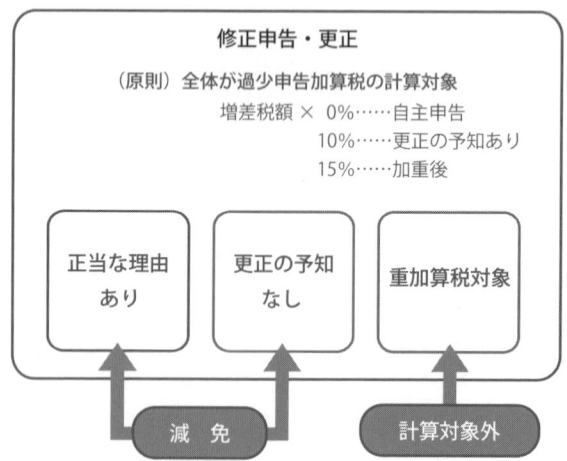

［過少申告加算税の税額計算の概要］

3 重加算税との関係

納税者がその国税の課税標準等または税額等の計算の基礎となるべき事実の全部または一部を隠ぺいし、または仮装し、その隠ぺいし、または仮装したところに基づき納税申告書を提出していたときは、当該納税者に対し、過少申告加算税の額の計算の基礎となるべき税額に係る過少申告加算税に代えて重加算税が課されます（通則法68①）。

第2項　過少申告加算税の加重

―● 国税通則法 ●―

（過少申告加算税）
第65条
2　前項の規定に該当する場合において、同項に規定する納付すべき税額（同項の修正申告又は更正前に当該修正申告又は更正に係る国税について修正申告書の提出又は更正があつたときは、その国税に係る累積増差税額を加算した金額）がその国税に係る期限内申告税額に相当する金額と50万円とのいずれか多い金額を超えるときは、同項の過少申告加算税の額は、同項の規定にかかわらず、同項の規定により計算した金額に、当該超える部分に相当する税額（同項に規定する納付すべき税額が当該超える部分に相当する税額に満たないときは、当該納付すべき税額）に**100分の5**の割合を乗じて計算した金額を加算した金額とする。

1 過少申告加算税の税額が加重される場合

増差税額（修正申告または更正が2回以上行われた場合は、累積増差税額を加算した金額）が、期限内申告税額または50万円のいずれか多い金額を超えるときは、通常の過少申告加算税の額に、さらにその超える部分の税額に5％を乗じて得た金額を加算した金額が、過少申告加算税の金額となります。

なお、当該過少申告加算税について過少申告加算税の規定により加算すべき金額があるときは、まず、加重対象税額に対する過少申告加算税に代えて、重加算税を課すことになります（通則令27の3）。

[過少申告加算税の加重分および累積税額の概念図]

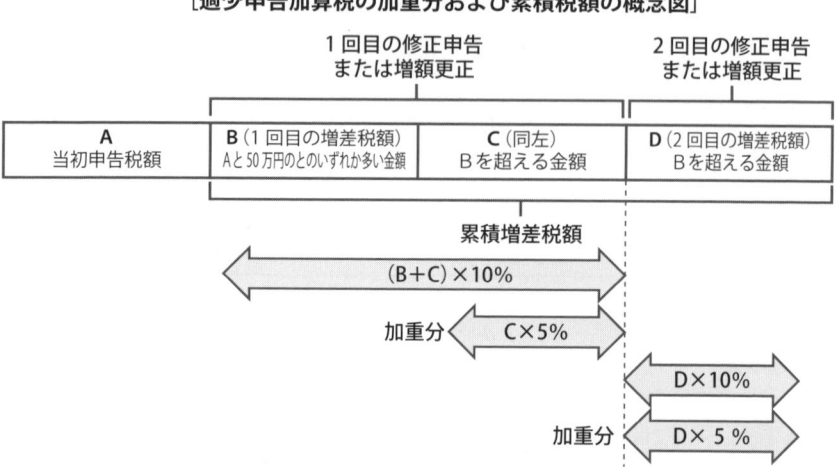

2　過少申告加算税の加重の意味

　第1項の規定による過少申告加算税は、修正申告または更正により納付すべき税額の10％とされています。加重しなければ、本来申告すべき税額のほとんどについて期限内に申告している場合も、逆に、ほんの一部を期限内に申告したのみでほとんどが申告もれとなっている場合も、一律に10％になってしまいます。無申告加算税の税率は納付すべき税額に対して50万円までは15％、50万円を越える部分は20％の割合なので、大きな差が生じます。このような格差をなくす目的で、申告漏れ割合が大きくなるに従って、過少申告加算税の実効割合が無申告加算税の割合に近づくようにするために、加重の規定が設けられました。

　期限内申告について減額更正され、税額が減額になった後に再度増額

更正があった場合は、当初の申告金額を期限内申告税額として、過少申告加算税の額を算出します。

第3項　累積増差税額・期限内申告税額

──● 国税通則法 ●──

（過少申告加算税）
第65条
3　前項において、次の各号に掲げる用語の意義は、当該各号に定めるところによる。

一　**累積増差税額**　第１項の修正申告又は更正前にされたその国税についての修正申告書の提出又は更正に基づき第35条第２項の規定により納付すべき税額の合計額（当該国税について、当該納付すべき税額を減少させる更正又は更正に係る不服申立て若しくは訴えについての決定、裁決若しくは判決による原処分の異動があつたときはこれらにより減少した部分の税額に相当する金額を控除した金額とし、次項の規定の適用があつたときは同項の規定により控除すべきであつた金額を控除した金額とする。）

二　**期限内申告税額**　期限内申告書（次条第１項ただし書又は第６項の規定の適用がある場合には、期限後申告書を含む。）の提出に基づき第35条第１項又は第２項の規定により納付すべき税額（これらの申告書に係る国税について、次に掲げる金額があるときは当該金額を加算した金額とし、所得税、法人税、相続税又は消費税に係るこれらの申告書に記載された還付金の額に相当する税額があるときは当該税額を控除した金額とする。）

イ　所得税法第95条（外国税額控除）の規定による控除をされるべき金額、第１項の修正申告若しくは更正に係る同法第120条第１項第５号（確定申告書の記載事項）（同法第166条（非居住者に対する準用）において準用する場合を含む。）に規定する源泉徴収税額に相当する金額、同法第120条第２項（同法第166条において準用する場合を含む。）に規定する予納税額又は災害被害者に対する租税の減免、徴収猶予等に関する法律（昭和22年法律第175号）第２条（所得税の軽減又は免除）の規定により軽減若しくは免除を受けた所得税の額

ロ　法人税法第２条第38号（定義）に規定する中間納付額、同法第68条（所得税額の控除）（同法第144条（外国法人に対する準用）において準用する場合

を含む。)、第69条（外国税額の控除）、第81条の14（連結事業年度における所得税額の控除）若しくは第81条の15（連結事業年度における外国税額の控除）の規定による控除をされるべき金額又は同法第90条（退職年金等積立金に係る中間申告による納付）（同法第145条の5（外国法人に対する準用）において準用する場合を含む。）の規定により納付すべき法人税の額（その額につき修正申告書の提出又は更正があつた場合には、その申告又は更正後の法人税の額）

ハ　相続税法第20条の2（在外財産に対する相続税額の控除）、第21条の8（在外財産に対する贈与税額の控除）、第21条の15第2項及び第21条の16第4項（相続時精算課税に係る贈与税相当額の控除）の規定による控除をされるべき金額

二　消費税法第2条第1項第20号（定義）に規定する中間納付額

1　累積増差税額

　累積増差税額とは、前回までの修正申告または更正による増差税額の合計額をいうが、次の事由があるときは、それに相当する部分の金額は、その合計額から控除されます。

① 修正申告または更正により納付すべき税額を減額させる更正
② 不服申立てまたは訴えの決定、裁決、または判決による更正の全部または一部の取消し
③ 納付すべき税額のうち、期限内申告の基礎とされなかったことについて正当な理由があると認められるとき

2　期限内申告税額

　期限内申告税額とは、期限内申告書に基づいて納付すべき税額をいいます。ただし、次に掲げる金額があるときは、その金額を加算した金額、還付金があるときはその金額を控除した金額となります。

●**所得税**…………源泉徴取税額、外国税額控除、予納税額、災害減免額

- **法人税**……………源泉徴収税額、外国税額控除額、中間納付額
- **相続税、贈与税**…外国税額控除
- **消費税**……………中間納付額

なお、これらの金額は、申告書に記載されている金額ではなく、本来、税法を正しく適用すれば控除されるべき金額を意味します。

第4項　正当な理由

--- ● 国税通則法 ● ---

（過少申告加算税）
第65条
4　第1項又は第2項に規定する納付すべき税額の計算の基礎となつた事実のうちにその修正申告又は更正前の税額（還付金の額に相当する税額を含む。）の計算の基礎とされていなかつたことについて**正当な理由**があると認められるものがある場合には、これらの項に規定する納付すべき税額からその正当な理由があると認められる事実に基づく税額として政令で定めるところにより計算した金額を控除して、これらの項の規定を適用する。

➡ 次項「**2　Ⅰ　正当な理由による減免**」で解説します。

第5項　更正の予知

--- ● 国税通則法 ● ---

（過少申告加算税）
第65条
5　第1項の規定は、修正申告書の提出があつた場合において、その提出が、その申告に係る国税についての調査があつたことにより当該国税について**更正があるべきことを予知**してされたものでないときは、適用しない。

➡ 次項「**2　Ⅱ　自主修正申告による減免**」で解説します。

[過少申告加算税の税額計算の概要]

(自主分)　無

(通常分)　増差税額　×　10%　＝　通常分の税額　　イ

(加重分)　増差税額　－　控除税額　＝　加重対象の税額

　　　　　　　　　　　　　↓
　　　「期限内申告税額」と「50万円」のいずれか多い額

　　　　　加重対象の税額　×　5%　＝　加重分の税額　　ロ
　　　　　1万円未満切捨て

(合　計)　イ　＋　ロ　＝　過少申告加算税の額

　(注)（自主分）……国税通則法第65条第5項　更正の予知なし
　　　（通常分）……国税通則法第65条第1項　更正の予知あり
　　　（加重分）……国税通則法第65条第2項　増差額　期限内申告税額または50万円超
　　・計算の基礎となる増差税額　10,000円未満　　　　→　全額切捨て
　　・計算の基礎となる増差税額　10,000円未満の端数　→　切捨て
　　・過少申告加算税額　　　　　5,000円未満　　　　　→　不徴収
　　・過少申告加算税額　　　　　　　100円未満の端数　→　切捨て

Ⅱ　国外財産調書制度

　適正な課税・徴収の確保を図る観点から、平成24年度税制改正において、「内国税の適正な課税の確保を図るための国外送金等に係る調書の提出等に関する法律」の改正が行われ、国外財産を保有する方から、その保有する国外財産について申告をする国外財産調書制度が創設されました。

　居住者（「非永住者」を除く）で、その年の12月31日において、その価額の合計額が5,000万円を超える国外財産を有す者は、その財産の種類、数量および価額その他必要な事項を記載した調書（国外財産調書）を、その年の翌年の3月15日までに、所轄税務署長に提出しなければ

なりません。

　なお、国外財産調書の提出制度においては、適正な提出を促進するために次のような措置が設けられています。

> ① **国外財産調書の提出がある場合の過少申告加算税等の優遇措置**
> 　　国外財産調書を提出期限内に提出した場合には、国外財産調書に記載がある国外財産に関して所得税・相続税の申告漏れが生じたときであっても、過少申告加算税等が5％減額されます。
> ② **国外財産調書の提出がない場合等の過少申告加算税等の加重措置**
> 　　国外財産調書の提出が提出期限内にない場合または提出期限内に提出された国外財産調書に記載すべき国外財産調書の記載がない場合（記載が不十分と認められる場合を含む）に、その国外財産に関して所得税の申告漏れ（死亡した方に係るものを除く）が生じたときは、過少申告加算税等が5％加重されます。
> ③ **故意の国外財産調書の不提出等に対する罰則**
> 　　国外財産調書に偽りの記載をして提出した場合または国外財産調書を正当な理由がなく提出期限内に提出しなかった場合には、1年以下の懲役または50万円以下の罰金に処されます。ただし、提出期限内に提出しなかった場合には、情状により、その刑を免除することができることとされています。
> 　　上記については、③を除き、平成26年1月1日以後に提出すべき国外財産調書について適用されます（③については、平成27年1月1日以後に提出すべき国外財産調書に係る違反行為について適用されます。）

＊国税庁ホームページ（国外財産調書の提出義務）より

> **Point**
> **国外財産調書制度における過少申告加算税と無申告加算税の特例**
> ● 5％減額……所得税および相続税
> ● 5％加重……所得税のみ

② 減　免

Ⅰ　正当な理由による減免

1　概要

　過少申告加算税は、修正申告書の提出または更正に基づき納付すべき税額の計算の基礎となった事実のうちに、その修正申告または更正前の税額の計算の基礎とされていなかったことについて正当な理由がある場合には、その部分について過少申告加算税は課されません（通則法65④）。

2　過少申告加算税を課さない部分の税額の計算

　具体的には、修正申告または更正により納付すべき税額から、正当な理由のみに基づいて修正申告書の提出または更正があったものとした場合における納付すべき税額を控除した金額が、過少申告加算税の基礎となる納付すべき税額となります（通則令27）。

[正当な理由と過少申告加算税額の計算図]

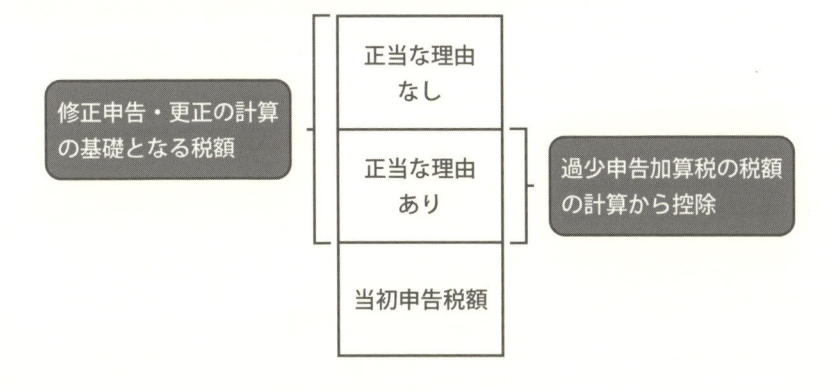

```
                     ┌─ 正当な理由
                     │   なし           ─── 過少申告加算税の税額
修正申告・更正の計算  ┤                      の計算から控除
の基礎となる税額     │   正当な理由
                     └─ あり

                        当初申告税額
```

3　正当な理由と憲法

(1) 租税法律主義

　憲法第84条は租税法律主義を定めており、そこから「課税要件法定主義」、「課税要件明確主義」が導かれます。

> ● 憲法 ●
> 第84条　あらたに租税を課し、又は現行の租税を変更するには、法律又は法律の定める条件によることを必要とする。

　「課税要件法定主義」とは、納税義務者や課税物件などの課税要件や、租税の賦課・徴収の手続が、法律で定められなくてはならないという考え方であり、「課税要件明確主義」とは、法律またはその委任のもとに政令や省令において課税要件および租税の賦課・徴収の手続に関する定めをなす場合に、その定めはなるべく一義的で明確でなければならないという考え方です。

　国税通則法第65条の「正当な理由」という文言は不確定概念であり、

課税庁の自由裁量を認めるものであり、租税法律主義に反するとの見解があります。しかし、通説判例は、かかる文言は立法技術上やむをえないことであり、法律の目的、その経済的・実質的意義を考慮して、合理的・客観的に解釈すれば、租税法律主義に反しないとしています。

(2) 罪刑法定主義

憲法第31条は罪刑法定主義を定めており、どのような行為が犯罪となり、どのような刑罰を科せられるのかをあらかじめ法律で定めておくことを原則としています。

● 憲法 ●

第31条 何人も、法律の定める手続によらなければ、その生命若しくは自由を奪はれ、又はその他の刑罰を科せられない。

罪刑法定主義から、刑罰法規の内容は具体的かつ明確に定められなければならない、という明確性の原則が導かれます。国税通則法第65条の「正当な理由」の文言が明確性を欠くことから、罪刑法定主義に反し、憲法違反であるとの主張が展開されることがあります。

通説判例は、「正当な理由」は立法技術上、やむをえず用いられた不確定概念である、あるいは、過少申告加算税の賦課は刑事罰ではなく納税義務違反の発生を防止しようとする行政上の措置であり、罪刑法定主義の原則が適用されるものではない、との理由で憲法第31条には反しないとしています。

Point ! **国税通則法第65条の「正当な理由」は合憲**
- 憲法第84条「租税法律主義」に反しない
- 憲法第31条「罪刑法定主義」に反しない

4 　主張・立証責任

(1) 課税処分の主張・立証責任

　「主張責任」とは訴訟当事者が自分に有利な判決を得るために、必要な要件事実を主張しなければならない責任もしくは負担をいいます。「立証責任」とは当事者が自己に有利な要件事実を立証する責任、もしくは負担をいいます。立証できなかった場合、その事実は存在しないという取扱いを受ける危険または不利益をいいます。立証責任の分配については、各当事者は自己に有利な法律効果の発生を求める法規の要件事実の立証責任を負うとされています。民事訴訟での立証責任を負う者は、次のとおりです（通説）。

① 　権利の発生を定める規定（権利根拠規定）の要件事実は、その権利を主張する者

② 　法律効果の発生の障害を定める規定（権利障害規定）の要件事実は、その法律効果の発生を争う者

③ 　一度発生した権利の消滅を定める規定（権利消滅規定）の要件事実は、権利を否認する者

④ 　法律効果の行使の阻止を定める規定（権利阻止規定）の要件事実は、その法律効果を争う者

　租税訴訟における立証責任も、原則として租税債権の発生を主張する課税庁が負うことになります。すなわち、収入・収益の存在と原価・経費の不存在の立証責任は、原則として、税務署が負うということです。

---●憲法●---

第24条　税務署長は、納税申告書の提出があつた場合において、その納税申告書に記載された課税標準等又は税額等の計算が国税に関する法律の規定に従つていなかつたとき、その他当該課税標準等又は税額等がその調査したところと異なるときは、その調査により、当該申告書に係る課税標準等又は税額等を更正する。

最高裁判所も、課税処分の立証責任が課税庁にあるという原則論を明確にしています。

> **判例**
> **行政処分取消請求事件（最高裁 昭和39年2月7日 判決）**
> 　申告納税の所得税にあつては、納税義務者において一旦申告書を提出した以上、その申告書に記載された**所得金額が真実の所得金額に反するものであるとの主張・立証がない限り**、その確定申告にかかる所得金額をもつて**正当のものと認める**のが相当である。

しかし、簿外の経費・債務の存在や、通常の必要経費ではなく特別の損金性を納税者が主張するのであれば、その証拠との距離が近い納税者側で、立証するべきと思われます。

また、課税処分には次のように特殊な事情があります。

① 税務申告の基となる売上や原価、諸経費の取引は、大量かつ反復して行われる
② 課税処分も大量かつ反復して行われ、事実認定に関する争いが多く発生する
③ 課税庁は、納税者の取引に関しては第三者だが、納税者は取引の当事者である

したがって、事案によっては、民事の考え方をそのまま租税に当てはめることには無理があります。近年の税務訴訟においては、納税者に立証を求めるべき場面においては、納税者に一定の立証を求める裁判例が多く認められます。

> **判例**
>
> **所得税決定取消請求事件**（最高裁 昭和38年3月3日 判決）
>
> 　所得の存在及びその金額について決定庁が立証責任を負うことはいうまでもないところである。しかし、原判決の引用する一審判決によれば、上告人は、税務官吏の所得の調査に際し、課税の資料となるべき書類や帳簿を一切皆無であると称して提示しなかつたのである。このような場合に、できるだけ合理的な方法で推計するよりほかないことは原判示のとおりである。

(2) 正当な理由の主張・立証責任

　過少申告加算税の減免に係る「正当な理由」の理由の存在は、通常、納税者が知っていることなので、納税者に主張・立証責任があると考えるのが自然です。また、民事訴訟での立証責任の通説を当てはめて、「正当な理由」を課税権に対する権利障害規定と捉えても、やはり、その主張・立証責任は納税者が負うことになります。

> **判例**
>
> **所得税更正処分取消等請求控訴事件**（東京高裁 昭和55年5月27日 判決）
>
> 　控訴人らは、右賦課処分に関し、国税通則法第65条第2項に定める正当な理由がなかつたことにつき、被控訴人が主張立証すべきである旨主張するが、右規定の文言上、**正当な理由があると主張する者において主張・立証の責任を負う**ものと解するのが相当であるから、被控訴人にその主張立証の責任はなく、したがつて、控訴人らの右主張は理由がない。
>
> 　＊著者注　控訴人・納税者　被控訴人・課税庁

> **判例**
>
> **所得税更正処分等取消請求事件**（横浜地裁 昭和51年11月26日 判決）
>
> 　国税通則法65条2項は過少申告加算税の課税要件を具備する場合であつても、同条2項所定の場合には当該事実に係る増差税額分については過少申告加算税を課さない旨を定めた例外規定であるから、**納税義務者の側に右の場合に該当する事由の存在について主張・立証責任がある**と解するのが相当である。

> **判例**
>
> **課税処分取消請求事件（最高裁 平成 11 年 6 月 10 日 判決）**
>
> 　相続財産に属する特定の財産を計算の基礎としない相続税の期限内申告書が提出された後に当該財産を計算の基礎とする修正申告書が提出された場合において、当該財産が相続財産に属さないか又は属する可能性が小さいことを客観的に裏付けるに足りる事実を認識して期限内申告書を提出したことを**納税者が主張立証したときは、国税通則法 65 条 4 項にいう「正当な理由」がある**ものとして、同項の規定が適用されるものと解すべきである

> **Point !**　過少申告加算税の免除規定に係る「正当な理由」の立証責任者
> 　➡正当な理由があると主張する者（納税者）

　なお、国税通則法第 116 条では、税務官庁が行った課税処分に対する取消訴訟における原告（納税者）が行うべき証拠提出と、その違反があった場合について規定しています。

---● **国税通則法** ●---

（原告が行うべき証拠の申出）

第 116 条　国税に関する法律に基づく処分（更正決定等及び納税の告知に限る。以下この項において「課税処分」という。）に係る行政事件訴訟法第 3 条第 2 項（処分の取消しの訴え）に規定する処分の取消しの訴えにおいては、その訴えを提起した者が必要経費又は損金の額の存在その他これに類する自己に有利な事実につき課税処分の基礎とされた事実と異なる旨を主張しようとするときは、相手方当事者である国が当該課税処分の基礎となつた事実を主張した日以後遅滞なくその異なる事実を具体的に主張し、併せてその事実を証明すべき証拠の申出をしなければならない。ただし、当該訴えを提起した者が、その責めに帰することができない理由によりその主張又は証拠の申出を遅滞なくすることができなかつたことを証明したときは、この限りでない。

2　前項の訴えを提起した者が同項の規定に違反して行つた主張又は証拠の申

出は、民事訴訟法（平成8年法律第109号）第157条第1項（時機に後れた攻撃防御方法の却下）の規定の適用に関しては、同項に規定する時機に後れて提出した攻撃又は防御の方法とみなす。

5 正当な理由の判断基準

税務の実務で、「正当な理由」を判断する際の基準を示した判例としては、M税理士事件（現役税務職員とOB税理士とが共謀して起こした脱税事件）の一連の判例が有名です。

次の判決では、正当な理由を認めていません。

> **判例**
>
> **所得税更正処分等取消請求上告事件（最高裁 平成18年4月20日 判決）**
>
> 「正当な理由があると認められる」場合とは、**真に納税者の責めに帰することのできない客観的な事情**があり、上記のような過少申告加算税の趣旨に照らしても、なお、納税者に**過少申告加算税を賦課することが不当又は酷になる**場合をいうものと解するのが相当である。
>
> M税理士が前記のような態様の隠ぺい仮装行為をして脱税をするなどとは予想し得なかったとしても、被上告人は、税務署職員や長男から税額は800万円程度と言われながら、これが550万円で済むとの同税理士の言葉を信じて、それ以上の調査、確認をすることなく、本件確定申告書の内容をあらかじめ確認せず、確定申告書の控えや納税に係る領収書等の交付を同税理士に要求したり、申告について税務署に問い合わせたりはしなかったというのであって、これらの点で**被上告人には落ち度**が見受けられ、他方、本件確定申告書を受理した**税務署の職員が同税理士による脱税行為に加担した事実は認められない**というのである。このような事実関係の下においては、真に納税者の責めに帰することのできない客観的な事情があり、過少申告加算税の趣旨に照らしてもなお納税者に過少申告加算税を賦課することが**不当又は酷**になるものとまでは認めることはできず、本件修正申告によりその納付すべき税額の計算の

基礎となった事実が本件確定申告において税額の計算の基礎とされていなかったことについて、国税通則法65条4項にいう**「正当な理由」があると認めることはできない。**

次に、M税理士事件を巡る最高裁判決で、正当な理由を認めた事例を紹介します。

> **判例**
>
> **所得税更正処分等取消請求事件（最高裁 平成18年4月25日 判決）**
>
> 　納税者が同税理士を信頼して適正な申告を依頼し、納税資金を交付していたこと、それがなければ上記不正行為は不可能であったともいえることなど判示の事情の下では、納税者本人に対する過少申告加算税の賦課に関し、国税通則法65条4項にいう「正当な理由」があると認められる。
>
> （1）　過少申告加算税は、過少申告による納税義務違反の事実があれば、原則としてその違反者に対し課されるものであり、これによって、**当初から適法に申告し納税した納税者との間の客観的不公平の実質的な是正を図るとともに、過少申告による納税義務違反の発生を防止し、適正な申告納税の実現を図り、もって納税の実を挙げようとする行政上の措置**である。
>
> 　国税通則法65条4項は、修正申告書の提出又は更正に基づき納付すべき税額に対して課される過少申告加算税につき、その納付すべき税額の計算の基礎となった事実のうちにその修正申告又は更正前の税額の計算の基礎とされていなかったことについて正当な理由があると認められるものがある場合には、その事実に対応する部分についてはこれを課さないこととしているが、過少申告加算税の上記の趣旨に照らせば、同項にいう「正当な理由があると認められる」場合とは、**真に納税者の責めに帰することのできない客観的な事情があり**、上記のような過少申告加算税の趣旨に照らしても、なお、**納税者に過少申告加算税を賦課することが不当又は酷になる**場合をいうものと解するのが相当である。
>
> （2）　これを本件についてみると、前記事実関係によれば、確かに、1

審原告には、M税理士から税務相談において教示された金額よりも180万円近く低い税額を示されながら、その根拠等について確認をすることなく、本件確定申告書の控え等の確認をすることなどもしていないといった落ち度が見受けられ、**同税理士が本件不正行為に及ぶことを予測し得なかったからといって、それだけで、国税通則法65条4項にいう「正当な理由」があるということはできない。**

　しかしながら、本件においては、税理士が本件不正行為のような態様の隠ぺい仮装行為をして脱税をするなどとは通常想定し難く、1審原告としては適法な確定申告手続を行ってもらうことを前提として必要な納税資金を提供していたといった事情があるだけではなく、それらに加えて、本件確定申告書を受理した**税務署の職員が、収賄の上、本件不正行為に積極的に共謀加担した事実**が認められ、租税債権者である国の、しかも課税庁の職員のこのような積極的な関与がなければ本件不正行為は不可能であったともいえるのであって、**過少申告加算税の賦課を不当とすべき極めて特殊な事情**が認められる。このような事実関係及び事情の下においては、**真に納税者の責めに帰することのできない客観的な事情があり、過少申告加算税の趣旨に照らしてもなお納税者に過少申告加算税を賦課することが不当又は酷になる**場合に当たるということができ、本件修正申告によりその納付すべき税額の計算の基礎となった事実が本件確定申告において税額の計算の基礎とされていなかったことについて、国税通則法65条4項にいう**「正当な理由」があると認められる**ものというべきである。

最高裁判所は、国税通則法第65条第4項にいう「正当な理由」があるというためには、納税者が「同税理士が本件不正行為に及ぶことを予測し得なかった」からというだけでは足りず、「税務署の職員が、収賄の上、本件不正行為に積極的に共謀加担した事実」などの、過少申告加算税の賦課を不当とすべき極めて特殊な事情がなければならない、と判示しています。

　一般論として、納税者は、税理士と税務署員との贈収賄という事実関係を知る術がありません。納税者から立証することが困難であろうことまでも、「正当な理由」の要件とするという論旨には、疑問なしとはいえません。

> **Point !**
> 過少申告加算税免除の「正当な理由」
> ① 真に納税者の責めに帰することのできない客観的な事情があること
> ② 過少申告加算税を賦課することが不当または酷になること

6　事務運営指針における正当な理由

(1) 事務運営指針

　ある事象が正当な理由に該当するか否かの判断は、判例、裁決等で積み重ねられていますが、納税者にとって、正当な理由を調査官に認めさせることは、ハードルが高い状況にあります。国税庁は平成12年に、過少申告加算税等の取扱いに関する通達である事務運営指針を、税目ごとに発遣しました。当然のことですが、その内容は、事務運営指針が発遣される前の判例や裁決を踏まえたものです。事務運営指針を読むことにより、実務で積み重ねられてきた「正当な理由」に関する具体的な判

断基準を知ることができます。

イ 法人税の過少申告加算税及び無申告加算税の取扱いについて（事務運営指針）

第1 過少申告加算税の取扱い
（過少申告の場合における正当な理由があると認められる事実）
1 通則法第65条の規定の適用に当たり、例えば、納税者の責めに帰すべき事由のない次のような事実は、同条第4項に規定する**正当な理由**があると認められる事実として取り扱う。
 (1) 税法の解釈に関し、**申告書提出後新たに法令解釈が明確化された**ため、その法令解釈と法人の解釈とが異なることとなった場合において、その法人の解釈について相当の理由があると認められること。
  （注） 税法の不知若しくは誤解又は事実誤認に基づくものはこれに当たらない。
 (2) 調査により引当金等の損金不算入額が法人の計算額より減少したことに伴い、その減少した金額を認容した場合に、翌事業年度においていわゆる洗替計算による引当金等の益金算入額が過少となるためこれを税務計算上否認（いわゆる**かえり否認**）したこと。
 (3) 法人税の申告書に記載された税額（以下「申告税額」という。）につき、通則法第24条の規定による減額更正（通則法第23条の規定による更正の請求に基づいてされたものを除く。）があった場合において、その後の修正申告又は通則法第26条の規定による**再更正による税額が申告税額に達しない**こと。
  （注） 当該修正申告又は再更正による税額が申告税額を超えた場合であっても、当該修正申告又は再更正により納付することとなる税額のうち申告税額に達するまでの税額は、この(3)の事実に基づくものと同様に取り扱う。

（修正申告書の提出が更正があるべきことを予知してされたと認められる場合）
2 通則法第65条第5項の規定を適用する場合において、その法人に対する臨場調査、その法人の取引先の反面調査又はその法人の申告書の内容を検討した上での非違事項の指摘等により、当該**法人が調査のあったことを了知**したと認められた後に修正申告書が提出された場合の当該修正申告書の提出は、原則として、同項に規定する「**更正があるべきことを予知してされたもの**」に該当する。
  （注） **臨場のための日時の連絡を行った段階**で修正申告書が提出された場合には、原則として「更正があるべきことを予知してされたもの」に**該当しない**。

ロ　消費税及び地方消費税の更正等及び加算税の取扱いについて
（事務運営指針）

> Ⅱ　過少申告加算税の取扱い
>
> **（過少申告の場合における正当な理由があると認められる事実）**
> 1　通則法第65条の規定の適用に当たり、例えば、納税者の責めに帰すべき事由のない次のような事実は、同条第4項に規定する正当な理由があると認められる事実として取り扱う。
> 　(1)　税法の解釈に関し、申告書提出後新たに法令の解釈が明確化されたため、その法令解釈と 事業者の解釈とが異なることとなった場合において、その事業者の解釈について相当の理由があると認められること。
> 　　（注）　税法の不知若しくは誤解又は事実誤認に基づくものはこれに当たらない。
> 　(2)　消費税の申告書に記載された納付税額又は還付税額（以下「申告税額」という。）につき、通則法第24条の規定による減額更正（還付税額を増額する更正を含み、更正の請求に基づいてされたものを除く。）があった場合において、その後の修正申告又は再更正による税額が申告税額に達しないこと。
> 　　（注）　当該修正申告又は再更正による税額が申告税額を超えた場合であっても、当該修正申告又は再更正による増差税額のうち申告税額に達するまでの部分に対応する税額は、この(2)の事実に基づくものと同様に取り扱う。
>
> **（修正申告書の提出が更正があるべきことを予知してされたと認める場合）**
> 2　通則法第65条第5項の規定を適用する場合において、その事業者に対する臨場調査、その事業者の取引先に対する反面調査又はその事業者の申告書の内容を検討した上での非違事項の指摘等により、当該事業者が具体的な調査があったことを了知したと認められた後に修正申告書が提出された場合の当該修正申告書は、原則として、同項に規定する「更正があるべきことを予知してされたもの」に該当する。
> 　　（注）　臨場のための日時の連絡を行った段階で修正申告書が提出された場合には、原則として、「更正があるべきことを予知してされたもの」に該当しない。

ハ 申告所得税及び復興特別所得税の過少申告加算税及び無申告加算税の取扱いについて（事務運営指針）

第1 過少申告加算税の取扱い
（過少申告の場合における正当な理由があると認められる事実）
1 通則法第65条の規定の適用に当たり、例えば、納税者の責めに帰すべき事由のない次のような事実は、同条第4項に規定する**正当な理由**があると認められる事実として取り扱う。
 (1) 税法の解釈に関し、**申告書提出後新たに法令解釈**が明確化されたため、その法令解釈と納税者の解釈とが異なることとなった場合において、その納税者の解釈について相当の理由があると認められること。
　　（注） 税法の不知若しくは誤解又は事実誤認に基づくものはこれに当たらない。
 (2) 所得税及び復興特別所得税の確定申告書に記載された税額（以下「申告税額」という。）につき、通則法第24条の規定による減額更正（通則法第23条の規定による更正の請求に基づいてされたものを除く。）があった場合において、その後修正申告又は通則法第26条の規定による**再更正による税額が申告税額に達しないこと**。
　　（注） 当該修正申告又は再更正による税額が申告税額を超えた場合であっても、当該修正申告又は再更正により納付することとなる税額のうち申告税額に達するまでの税額は、この(2)の事実に基づくものと同様に取り扱う。
 (3) 法定申告期限の経過の時以後に生じた事情により**青色申告の承認が取り消され**たことで、青色事業専従者給与、青色申告特別控除などが認められないこととなったこと。
 (4) 確定申告の納税相談等において、納税者から十分な資料の提出等があったにもかかわらず、**税務職員等が納税者に対して誤った指導**を行い、納税者がその指導に従ったことにより過少申告となった場合で、かつ、納税者がその指導を信じたことについてやむを得ないと認められる事情があること。

（修正申告書の提出が更正があるべきことを予知してされたと認められる場合）
2 通則法第65条第5項の規定を適用する場合において、その納税者に対する臨場調査、その納税者の取引先に対する反面調査又はその納税者の申告書の内容を検討した上での非違事項の指摘等により、当該納税者が**調査のあったことを了知した**と認められた後に修正申告書が提出された場合の当該修正申告書の提出は、原則として、同項に規定する「**更正があるべきことを予知してされたもの**」に該当する。
　　（注） 臨場のための日時の連絡を行った段階で修正申告書が提出された場合には、原則として、「更正があるべきことを予知してされたもの」に**該当しない**。

ニ 相続税、贈与税の過少申告加算税及び無申告加算税の取扱いについて
（事務運営指針）

第1 過少申告加算税の取扱い
（過少申告の場合における正当な理由があると認められる事実）
1 通則法第65条の規定の適用に当たり、例えば、納税者の責めに帰すべき事由のない次のような事実は、同条第4項に規定する正当な理由があると認められる事実として取り扱う。
  (1) 税法の解釈に関し**申告書提出後新たに法令解釈が明確化**されたため、その法令解釈と納税者（相続人（受遺者を含む。）から遺産（債務及び葬式費用を含む。）の調査、申告等を任せられた者又は受贈者から受贈財産（受贈財産に係る債務を含む。）の調査、申告等を任せられた者を含む。以下同じ。）の解釈とが異なることとなった場合において、その納税者の解釈について相当の理由があると認められること。
    （注） 税法の不知若しくは誤解又は事実誤認に基づくものはこれに当たらない。
  (2) 災害又は盗難等により、申告当時課税価格の計算の基礎に算入しないことを相当としていたものについて、その後、**予期しなかった損害賠償金等の支払**を受け、又は**盗難品の返還等**を受けたこと。
  (3) 相続税の申告書の提出期限後において、次に掲げる事由が生じたこと。
    イ 相続税法（以下「法」という。）第51条第2項各号に掲げる事由
    ロ 法第3条第1項第2号に規定する退職手当金等の支給の確定
    ハ 保険業法（平成7年法律第105号）第270条の6の10第3項に規定する「買取額」の支払いを受けた場合
  (4) 相続税又は贈与税の申告書に記載された税額（以下「申告税額」という。）につき、通則法第24条の規定による減額更正（通則法第23条の規定による更正の請求に基づいてされたものを除く。）があった場合において、その後の修正申告又は通則法第26条の規定による**再更正による税額が申告税額に達しないこと**。
    （注） 当該修正申告又は再更正による税額が申告税額を超えた場合であっても、当該修正申告又は再更正により納付することとなる税額のうち申告税額に達するまでの税額は、この(4)の事実に基づくものと同様に取り扱う。

（修正申告書の提出が更正があるべきことを予知してされたと認められる場合）
2 通則法第65条第5項の規定を適用する場合において、その納税者に対する臨場調査、その納税者の取引先に対する反面調査又はその納税者の申告書の内容を検討した上での非違事項の指摘等により、当該納税者が調査があったことを了知したと認められた後に修正申告書が提出された場合の当該修正申告書の提出は、原則として、同項に規定する「更正があるべきことを予知してされたもの」に該当する。
    （注） 臨場のための日時の連絡を行った段階で修正申告書が提出された場合には、原則として、「更正があるべきことを予知してされたもの」に該当しない。

(2) 各事務運営指針に共通な規定

　過少申告加算税は国税通則法で定められており、その解釈について、本質的に、各税目間で差異は生じないはずです。ここで、「正当な理由」に関する各事務運営指針の記述の共通点を拾い上げます。

イ　税法解釈の明確化・変更

　税法の解釈に関し、申告書提出後新たに法令解釈が明確化されたため、その法令解釈と納税者の解釈とが異なることとなった場合において、その納税者の解釈について相当の理由があると認められれば、過少申告加算税は賦課されません。また、法令解釈が変更された場合も、同様に取り扱われると解されます。法令解釈の変更で争われた有名な訴訟で、ストックオプション税務事件があります。

　国税庁が長年にわたって、ストックオプションの行使による経済的利益を「一時所得」で申告するように指導してきたにもかかわらず、ある時期を境に、その経済的利益を税額が大幅に増える「給与所得」であるとして、過去３年分の課税処分を行い、かつ、過少申告加算税および延滞税を賦課決定しました。この課税処分に対して多くの審査請求、訴訟が提議されました。

　論点は次の２つです。

① 　ストックオプションの行使益は、一時所得か給与所得か
② 　過少申告加算税についての「正当な理由」が認められるか

　最高裁判所は次のように判断しています。

① 　給与所得となる
② 　過少申告加算税を賦課することは不当または酷になり、「正当な理由」がある

判例

各所得税更正処分等取消請求事件（最高裁 平成18年10月24日 判決）

　課税庁においては、上記ストックオプションの権利行使益の所得税法上の所得区分に関して、かつてはこれを一時所得として取り扱い、課税庁の職員が監修等をした公刊物でもその旨の見解が述べられていたが、平成10年分の所得税の確定申告の時期以降、その取扱いを変更し、給与所得として統一的に取り扱うようになったものである。この所得区分に関する所得税法の解釈問題については、一時所得とする見解にも相応の論拠があり、最高裁平成16年（行ヒ）第141号同17年1月25日第三小法廷判決・民集59巻1号64頁によってこれを給与所得とする当審の判断が示されるまでは、下級審の裁判例においてその判断が分かれていたのである。このような問題について、課税庁が従来の取扱いを変更しようとする場合には、法令の改正によることが望ましく、仮に法令の改正によらないとしても、通達を発するなどして変更後の取扱いを納税者に周知させ、これが定着するよう必要な措置を講ずべきものである。ところが、前記事実関係等によれば、課税庁は、上記のとおり**課税上の取扱いを変更したにもかかわらず、その変更をした時点では通達によりこれを明示することなく、平成14年6月の所得税基本通達の改正によって初めて変更後の取扱いを通達に明記した**というのである。そうであるとすれば、少なくともそれまでの間は、納税者において、外国法人である親会社から日本法人である子会社の従業員等に付与された**ストックオプションの権利行使益が一時所得に当たるものと解し、その見解に従って上記権利行使益を一時所得として申告したとしても、それには無理からぬ**面があり、それをもって納税者の主観的な事情に基づく単なる法律解釈の誤りにすぎないものということはできない。

　以上のような事情の下においては、上告人が平成11年分の所得税の確定申告をする前に同8年分ないし同10年分の所得税についてストックオプションの権利行使益が給与所得に当たるとして増額更正を受けていたことを考慮しても、上記確定申告において、上告人が本件権利行使益を一時所得として申告し、本件権利行使益が給与所得に当たるものとしては税額の計算の基礎とされていなかったことについて、**真に上告人の責めに帰することのできない客観的な事情があり、過少申告加算税の趣旨に照らしてもなお上告人に過少申告加算税を賦課することは不当**

又は酷になるというのが相当であるから、国税通則法65条4項にいう「正当な理由」があるものというべきである。

ロ　税法の不知、誤解または事実誤認

　税法の不知や誤解に基づく過少申告は、真にやむをえない理由によるものとは言えず、これに対して過少申告加算税が課されても、不当または酷になるとはいえません。

判例

租税賦課処分取消請求控訴事件（東京高裁 昭和51年5月24日 判決）

　国税通則法65条2項にいう「**正当な理由がある場合**」とは、例えば税法の解釈に関して申告当時に公表されていた見解がその後改変されたことに伴い修正申告し、または更正を受けた場合、あるいは災害または盗難等に関し、申告当時損失とすることを相当としたものがその後予期しなかつた保険等の支払いを受けあるいは盗難品の返還を受けたため修正申告し、あるいは更正を受けた場合等申告当時適法とみられた申告がその後の事情の変更により納税者の故意過失に基づかずして当該申告額が過少となつた場合の如く、当該申告が**真にやむをえない理由**によるものであり、かかる納税者に過少申告加算税を賦課することが**不当もしくは酷になる**場合を指称するものであつて、**納税者の税法の不知もしくは誤解に基く場合は、これに当らない**というべきである。

一方で、税務署が税法に反する減額更正を行ったことに起因して、「正当な理由」が認められた裁決事例もあります。

> **裁決**
>
> **裁決事例集 No.23 - 7頁（昭和57年2月17日 裁決）**
> 相続を原因とする所有権移転登記に係る登録免許税を不動産所得の必要経費に算入したことに基因する過少申告について正当な理由があるとした事例
>
> 請求人の代理人が相続を原因とする所有権の移転登記に係る登録免許税を不動産所得の金額の計算上必要経費に算入して申告をしたことについては、当該代理人が他の納税者の代理人として本件と同じく必要経費に算入することを求めた**更正の請求に対して、原処分庁がそれを認めた更正をした**こと及び必要経費に算入した申告について是正がなされていないことから、**登録免許税を必要経費に算入**することが正当なものと信じてなしたことが認められ、このような事情の下にあっては国税通則法第65条第2項に規定する**正当な理由**があったものというべきである。

ハ　減額更正

減額更正（更正の請求に基づいてされたものを除く）があった場合において、その後の修正申告または再更正による税額が申告税額に達しなければ、過少申告加算税は賦課されません。

(3) 税目による相違

過少申告の正当な理由は、本来、どの税目でも同じであるはずですが、事務運営指針では、税目により一部異なった表現になっているので、2例、取り上げます。

イ　青色申告の承認の取消

法人税および所得税（不動産所得、事業所得、山林所得）は、納税者が自ら税法に従って所得金額と税額を正しく計算し納税するという申告納税制度を採っています。青色申告制度は、納税者の選択により、

適正な申告を目的として正確な記帳を実践する制度で、今日では法人の大部分と個人の過半数が選択しています。

　青色申告の特典としては、法人税では、欠損金の繰越控除、欠損金の繰戻還付、減価償却等の特例、税額控除の特例、各種準備金の特例などがあります。申告所得税では、青色申告特別控除、青色事業専従者控除、貸倒引当金の繰入、純損失の繰越と繰戻などがあります。

　申告所得税では、法定申告期限の経過の時以後に生じた事情により青色申告の承認が取り消されたことで、青色事業専従者給与、青色申告特別控除などが認められないこととなった場合、「正当な理由」に該当すると定めています。

　一方で、法人税の事務運営指針には同様の趣旨の規定はありません。

ロ　税務職員の誤指導

　税務職員の誤指導について、申告所得税の事務運営指針だけが過少申告の「正当な理由」について定めています。しかし、誤指導はすべての税目に共通する論点であり、他の税目の事務運営指針に同様の定めがないのは不自然です。そこに何らかの意味合いがあるのか、それとも税目ごとの縦割り行政の弊害にしか過ぎないのでしょうか。税務職員による誤指導があった場合、法人税等においても、申告所得税と同様に、「正当な理由」の有無を検討する必要が出てきそうです。

　税務署や国税局の指導には、様々な態様があります

①　口頭あるいは電話だけの指導、文書での指導

②　調査時の調査官、税務署の審理担当者あるいは国税局の相談官の指導

③　納税者が十分な資料を提供せず、事実関係の一部しか開示しない状況での指導

④　正しく指導したにもかかわらず、納税者が誤解し、あるいは納税者に無視された指導

⑤　知識の乏しい税務職員による指導
⑥　納税者から催促を受けての短時間での指導
⑦　何でも税務署に相談しに来る納税者への指導

　文書による指導以外は、指導内容について、納税者と調査官の間で言った、言わないの争いになるおそれがあります。また、申告納税制度では、納税者が責任を持って事実認定を行い、税法を解釈して申告することを前提にしています。誤指導を安易に「正当な理由」として認めてしまうと、申告納税制度を担保する加算税制度の趣旨を没却してしまうおそれがあります。したがって、誤指導が過少申告の「正当な理由」として認められるケースはそれほど多くはありません。裁判所も、誤指導を「正当な理由」として認定することには慎重です。

判例

所得税更正処分等取消請求、損害賠償請求控訴事件
（福岡高裁 平成12年3月28日 判決）

　国税通則法65条4項に規定する**「正当な理由」**があると認められるのは、申告当時適法と認められた申告がその後の事情の変更により納税者の故意又は過失に基づかずして当該申告額が過少となった場合のように、当該申告が真にやむを得ない理由によるもので、かつ、過少申告加算税の賦課が不当若しくは酷になる場合であると解するのが相当であり、仮に、**税務職員に誤指導**ないしこれに類する行為があったとしても、その行為に至ったことについて、納税者の、正確な資料を提出しない等**何らかの責めに帰すべき事由が関与しているときは、正当な理由の存在は認められない**と解すべきである。

> **判例**
>
> **所得税額等更正処分および加算税賦課決定取消請求事件**
> （千葉地裁 昭和55年1月30日 判決）
>
> 　税務署職員が原告に対し譲渡所得金額の計算に関し指導をしたのは、**事実と相違する原告の申出**に基づき計算、指導したものにすぎないのであり、しかも、本件の場合、原告が税務署を訪れた際には、本来不動産の売却処分および遺産分割協議書の作成等、**客観的事実はすべて終了**しており、税務署の指導によつて、売却処分等に及んだものと異なり、担当係官の指導によりすでになされた行為の性質が変るものではない。むしろ原告において右のような客観的事実をありのままのべ、遺産分割書等の資料を提示しておれば、当初から正当な課税処分がなされたものと推測しうるのである。これら**諸般の事情を勘案**すれば、本件更正処分は、**禁反言の原則に反するとはいえない**。

> **Point**
> 税務署での指導
> ➡記録（正当な理由の証拠）を残しておくこと

(4) その他の正当な理由の事例

　イ　税理士等の専門家の関与

　専門家の関与が、「正当な理由」を否定する理由に挙げられることがあります。

> **判例**
>
> **法人税更正処分、過少申告加算税賦課決定処分取消請求控訴事件**
> （東京高裁 昭和48年8月31日 判決）
>
> 　過少申告が納税義務者の**法律の誤解**に基づく場合、このことのみをもつて過少申告についての**正当な理由とすることはできない**。また、証人Hの証言によれば原告の本件事業年度の法人税申告には**公認会計士が関与**しているうえ、原告は以前からその申告中の期間計算の誤りなどについて所轄税務署長の税務指導もうけていたことが窺われるから、原告の本件事業年度の確定申告において仲介手数料の収益を計上しなかつたことにつき、過少申告加算税を免れうるに足る「正当な理由」があるということはできない。

したがって、先に説明した税務職員の誤指導についても、税務職員が納税者に対して直接指導したのではなく、関与税理士を通して指導した場合は、「正当な理由」を否定する一つの要素になると解されます。

一方で、課税庁が誤った処理をし、それを正しい税法解釈であると誤解した税理士が、別案件で、同様の誤った税法解釈で申告したことに対して、正当な理由がある、とした裁決があります（昭和52年2月17日裁決）。

ロ　税務調査での調査官の無指摘

税務調査で検討された取引について非違を指摘されなかったにもかかわらず、その後の税務調査において当該税務処理の誤りが判明した場合にも、「正当な理由」には当たりません。

裁決

裁決事例集 No.61‐20頁（平成13年4月19日 裁決）

原処分庁の調査担当職員が請求人の消費税に係る経理処理を是正しなかったとしても、国税通則法第65条第4項及び第66条第1項ただし書に規定する「正当な理由」に当たらないとした事例

請求人は、税務調査において、調査担当職員から、外航航路に就航している航空機（以下、「外航機」という。）のハンドリング業務について消費税の免税に該当する旨回答を受けたと主張する。

この点について、本件調査担当職員は、当審判所に対し、税務調査の際に、請求人から外航機のハンドリング業務に係る消費税について、元請先の航空会社の指導に基づき**免税の経理処理をしているとの説明を受け、それ以上の確認を行わないまま、調査を終了**した旨答述している。

ところで、税務官庁が、税務調査において、納税者の経理処理について、特に指摘をしなかったからといって、当該経理処理を**公的あるいは確定的に是認したものでない**ことは明らかであり、その後の税務調査において、当該経理処理の誤りが判明した場合に、その是正を求めることはむしろ当然である。

そうすると、本件調査担当職員が請求人の消費税に係る**経理処理を是正しなかった事実のみを持って、請求人に対して誤った指導を行った**というのは相当でない。

ここでのポイントは、税務官庁が「公的あるいは確定的」に誤った指導あるいは処理をしたのか否かです。たとえば、この事例で調査官が「免税の経理処理で問題ありません」と発言して調査を終えていたならば、確定的に是認したことになり、納税者から「正当な理由」を主張する根拠となりうるかもしれません。

　実際の税務調査では、調査官の理解不足による誤指導は、私の経験上、多々あると思われます。その後の調査で、それが否定されて増差税額が発生した場合は、「正当な理由」があるとして、過少申告加算税の賦課決定を避けることが可能かもしれません。そのためには、事実関係を明確にしておくべきであり、税務調査時の調査官の言動をメモしておくことが重要となります。

ハ　税務職員・元税務職員の刊行物

　納税者・税理士は、判例や解説書を紐解いて税法を解釈するが、税務職員が執筆あるいは監修した書籍等を信頼して過少申告した場合、「正当な理由」として認められるでしょうか。

> **判例**
>
> **所得税更正処分取消等請求事件（最高裁　平成16年7月20日　判決）**
>
> 　しかし、本件各解説書の各巻頭の「推薦のことば」、「監修のことば」等の記載は、税務当局の業務ないし編者等の税務当局勤務者の職務と本件各解説書の内容との密接な関連性をうかがわせるものであるから、**税務に携わる者がその編者等や発行者から判断して、その記載内容が税務当局の見解を反映したものと認識し、税務当局が個人から法人への無利息貸付けに所得税を課さない見解を採るものと解することは、無理からぬところである。**そして、被上告人の顧問税理士等の税務担当者において、税務当局が上記見解を採るものと解したことをもって、単なる法解釈についての不知又は誤解であるということはできないから、前記得べかりし利息相当分が更正前の税額の計算の基礎とされていなかったことについて国税通則法65条4項にいう**正当な理由**がある。したがって、本件各決定は違法である。

しかしながら、……事実関係等によれば、本件貸付けは、3,455億円を超える多額の金員を無利息、無期限、無担保で貸し付けるものであり、被上告人がその経営責任を果たすためにこれを実行したなどの事情も認め難いのであるから、**不合理、不自然な経済的活動**であるというほかはないのであって、税務に携わる者としては、本件規定の適用の有無については、上記の見地を踏まえた十分な検討をすべきであったといわなければならない。

　他方、本件各解説書は、その体裁等からすれば、税務に携わる者においてその記述に税務当局の見解が反映されていると受け取られても仕方がない面がある。しかしながら、その内容は、代表者個人から会社に対する運転資金の無利息貸付け一般について別段の定めのあるものを除きという留保を付した上で、又は業績悪化のため資金繰りに窮した会社のために代表者個人が運転資金500万円を無利息で貸し付けたという設例について、いずれも、代表者個人に所得税法36条1項にいう収入すべき金額がない旨を解説するものであって、代表者の経営責任の観点から当該無利息貸付けに社会的、経済的に相当な理由があることを前提とする記述であるということができるから、**不合理、不自然な経済的活動として本件規定の適用が肯定される本件貸付けとは事案を異にする**というべきである。そして、当時の裁判例等に照らせば、被上告人の顧問税理士等の税務担当者においても、本件貸付けに本件規定が適用される可能性があることを疑ってしかるべきであったということができる。

　そうすると、前記利息相当分が更正前の税額の計算の基礎とされていなかったことについて国税通則法65条4項にいう**正当な理由があったとは認めることができない。**

最高裁判所は、本件事案については、正当な理由を否定しているが、各解説書の説明との関連で「正当の理由」を肯定しています。つまり、一般論としては、実務における税務職員の解説の影響力を認めているのであり、税務職員による書籍の誤った解説が、「正当の理由」となるケースがあることを示唆しています。

　税務当局としてはトラブル防止のために、こういった書物と当局との関係をできるだけ薄めるように努めているであろうことは、容易に想像できます。しかし、それが、推薦や監修の言葉を止める、編著者の官職名を外す、個人的な見解であることを強調する、などの形式面だけの対応だけであれば、その書籍の性格や実態は変わりません。今後も「正当の理由」を争う余地が残されていると思慮されます。

　ちなみに、こうした書籍のはしがきで、よく、次のような記載をみかけます。

> 　なお、本書は、現在、東京国税局○○部○○課に勤務している者が休日等を利用して執筆したものですが、文中意見にわたる部分は個人的見解であることを念のため申し添えます。

　あえて、編著者の勤務先名を表に出している以上、その記載内容が税務当局の見解を反映したものと認識され、課税庁の公的な見解であると考えられます。つまり、こうした解説が「正当な理由」となる可能性は高くなるのではないでしょうか。

　次の判例が参考になります。

> **判 例**
>
> **所得税更正処分取消請求事件（那覇地裁 平成8年4月2日 判決）**
>
> 　本来、申告納税制度の下では、税の確定申告は、納税者が自己の判断とその責任において行うものであり、納税相談は、確定申告しなければならない納税者の便宜のため、行政サービスの一環として、納税者において、納税申告する際の参考とするために、税務署職員が、各自の有する知識を前提として、一応の判断を示すにすぎないものであつて、**税務官庁の公的見解とはいえない**ことは明らかである。このような納税相談の結果に信義則の原則が適用されるとすれば、かかる行政サービスがこれまでのように適宜に対応できなくなることはもちろん、納税相談の存続も危ぶまれる結果となることは容易に想像でき、相当でない。また、**各税務署職員が一般的な知識をもつて即答したことに対する信頼は、税務官庁の公的見解に対する信頼に比して、信頼の程度に格段の差がある**というべきであり、そのようなものに対する信頼を基礎として租税法律主義の原則の下における納税者間の平等や公平を損なうことは到底容認できない。したがつて、納税相談における誤指導については、**信義則が適用されない**というべきである。
>
> 　……
>
> 　本件で原告が株式売買による収入を所得として申告しなかつたのは、原告が故意にこれを隠したものではなく、前記3で認定したように、**原告の3回にわたる問い合わせに対して、各税務署職員が、前記したように税務官庁の公的見解とはいえないとしても、いずれも誤つた回答をしたことにその原因がある**。
>
> 　とするならば、前記した過少申告加算税の趣旨からすれば、本件において、原告にこれを課すのは**酷に過ぎ、相当でない**。
>
> 　したがつて、本件過少申告加算税賦課決定処分は、すべて不適法といわなければならない。

　ここで、信義則とは信義誠実の原則ともいいますが、権利の行使及び義務の履行は、信義に従い誠実に行わなければならない、相手方の正当な期待、信頼を裏切つてはならないとする私法上の原則のことをいいます。

● 民法 ●

（基本原則）
第 1 条
2　権利の行使及び義務の履行は、信義に従い誠実に行わなければならない。

　信義則を租税法に適用する場合、租税法律主義との整合性が問題となります。

　最高裁判所は、信義則の適用により課税処分を違法なものとして取り消すことには、納税者間の平等、公平の見地から、慎重であり、次の「特別な事情」が存する場合に、その適用の是非を考えるべきと判断しています（最高裁 昭和62年10月30日 判決）。

　①　課税庁が納税者に対し信頼の対象となる公的見解を表示したこと
　②　納税者がその表示を信頼し、その信頼に基づいて行動したこと
　③　のちにその表示に反する課税処分が行われたこと
　④　そのために納税者が経済的不利益を受けるになったこと
　⑤　納税者の責めに帰すべき事由がないこと

　かなり高いハードルです。課税処分にも信義則は適用されるが、上記①〜⑤をクリアしなければならないので、実際に信義則が適用された事例は皆無に近いと思われます。

　例えば、ストックオプション訴訟で、ストックオプションの権利行使益について、一時所得との見解を表明したのが調査担当者だったと仮定します。その場合、税務署長等の責任ある立場の者の公的な見解ではなく、上記①をクリアできないので、所得税本税および過少申告加算税に信義則を適用できないことになります。

　しかし、附帯税である過少申告加算税の場合、納税者は信義則の考え方を借用しなくても、「正当な理由」があれば、その賦課決定の可否について争うことができます。那覇地裁の判決では、課税庁の「公式見

解」とはいえないとしても、納税者の3回の問い合わせに対して、税務職員がいずれも誤った回答をしたことから、「正当な理由」があるとして、過少申告加算税の賦課決定を違法と判断しています。

> **Point !**
> 税務職員の誤指導、税務職員の刊行物の誤りによる非違に対する課税処分への対応
> - 本　税……信義則で対応
>   ➡ 特別な事情がなければ認められない
> - 加算税……正当な理由での対応も可
>   ➡ 信義則よりも許容範囲が広い

Ⅱ　自主修正申告による減免（更正の予知なし）

1　概要

　修正申告書の提出が、更正があるべきことを予知してされたものでないときは、過少申告加算税は課されません（通則法65⑤）。「予知してされたもの」とは、納税者に対する当該国税に関する実地または呼出等の具体的な調査がされた後に提出された修正申告をいいます。調査とは何かについては、後述しますが、国税査察官による調査も、ここでいう調査に含まれます（国税不服審判所　昭和46年8月9日裁決）。

　外形的には調査に類似していますが、調査に該当しない課税庁の行為は、行政指導となります。行政指導に起因した修正申告書は、更正を予知したものには当たらず、過少申告加算税の対象とはなりません。

　なお、「行政指導」の意義は、行政手続法で定められています。

> ● 行政手続法 ●
>
> （定義）
> 第2条　この法律において、次の各号に掲げる用語の意義は、当該各号に定めるところによる。
> 六　**行政指導**　行政機関がその任務又は所掌事務の範囲内において一定の行政目的を実現するため特定の者に一定の作為又は不作為を求める**指導、勧告、助言**その他の行為であって処分に該当しないものをいう。

　平成23年の国税通則法の改正で重要なことは、課税庁からの接触が「調査」と「行政指導」とに峻別されたことです。税務署は納税者に接触する際には、調査と行政指導のいずれに当たるのかを納税者に明示することとされています。

［調査と行政指導と過少申告加算税の関係］

課税庁からの接触
- 行政指導（原則電話）→ 実地の調査以外の調査 → 自主修正申告（過少申告加算税免除）
- ↓移行
- 調査（予告）→ 実地の調査以外の調査 → 更正予知による修正申告（過少申告加算税賦課）
- 調査（予告）→ 実地の調査 → 自主修正申告　または　更正予知による修正申告

＊　「実地の調査」とは、当該職員が納税義務者の支配・管理する場所等に臨場して質問検査等を行うものをいいます。

2　免除する理由

　自主的な修正申告に対して加算税を免除するのは、申告納税制度の維持・普及のため、納税者の自発的な修正申告を歓迎し、奨励することにあります。

> **判例**
>
> **重加算税賦課決定処分取消請求事件（東京地裁 昭和56年7月16日 判決）**
>
> 　そもそも加算税制度の趣旨は、適法な申告をしない者に対し所定の率の加算税を課することによつて右のような納税義務違反の発生を防止し、もつて申告納税制度の信用を維持しその基礎を擁護するところにある。この加算税制度の趣旨にかんがみれば、前記法条の趣旨は、過少申告がなされた場合には修正申告書の提出があつたときでも原則として加算税は賦課されるのであるが、「申告に係る国税についての調査があつたことにより当該国税について更正があるべきことを予知」することなく自発的に修正申告を決意し、修正申告書を提出した者に対しては例外的に加算税を賦課しないこととし、もつて**納税者の自発的な修正申告を歓迎し、これを奨励することを目的とする**ものというべきである。

また、課税庁に調査という手間をかけさせないという側面もあります。

> **裁決**
>
> **TAINS J23-1-03（昭和57年3月26日 裁決）**
> 「更正があるべきことを予知して」なされた申告ではないとして過少申告加算税を取り消した事例
>
> 　……過少申告加算税の本来の趣旨が申告秩序を維持し、適正な申告を期待するための行政制裁であることにかんがみ、課税庁において先になされた申告が不適法であることを認識する以前に、**課税庁に手数をかけることなく納税者が自発的に先の申告が不適法であることを認め**、新たに適法な修正申告書を提出した場合には、これに対し過少申告加算税を賦課しないこととされているのである。

3　調査の意義

　国税通則法第65条第5項の「調査」は、同法第24条の「調査」と同義と解されています。

> ● 国税通則法 ●
>
> （更正）
> 第24条　税務署長は、納税申告書の提出があつた場合において、その納税申告書に記載された課税標準等又は税額等の計算が国税に関する法律の規定に従つていなかつたとき、その他当該課税標準等又は税額等がその調査したところと異なるときは、その調査により、当該申告書に係る課税標準等又は税額等を更正する。

同法第24条の「調査」の意義については、次の判例があります。

> 判例
> **課税処分等取消請求事件（大阪地裁　昭和45年9月22日　判決）**
> 　通則法24条にいう調査とは、被告住吉税務署長の主張するように、**課税標準等または税額等を認定するに至る一連の判断過程の一切**を意味すると解せられる。すなわち課税庁の証拠資料の収集、証拠の評価あるいは経験則を通じての要件事実の認定、租税法その他の法令の解釈適用を経て更正処分に至るまでの思考、判断を含むきわめて包括的な概念である。

平成23年の国税通則法の改正に基づいて、平成24年9月12日に発遣された事務運営指針は、調査と行政指導とを明確に区別しています。

◆調査手続の実施に当たっての基本的な考え方等について（事務運営指針）
　［別冊］調査手続の実施に当たっての基本的な考え方等について

> 第2章　基本的な事務手続及び留意事項
> 1　調査と行政指導の区分の明示
> 　納税義務者等に対し**調査**又は**行政指導**に当たる行為を行う際は、対面、電話、書面等の態様を問わず、**いずれの事務として行うかを明示**した上で、それぞれの行為を法令等に基づき適正に行う。

また、同じく平成24年9月12日に発遣された法令解釈通達では、調査の意義を定め、さらに、調査に該当しない行為までも、細かく定めています。

◆国税通則法第7章の2（国税の調査）関係通達の制定について（法令解釈通達）

［別冊］国税通則法第7章の2（国税の調査）関係通達

　　　　　第1章　法第74条の2～法第74条の6関係（質問検査権）

（「調査」の意義）

1－1

　(1)　法第7章の2において、「調査」とは、国税（法第74条の2から法第74条の6までに掲げる税目に限る。）に関する法律の規定に基づき、**特定の納税義務者の課税標準等又は税額等を認定する目的**その他国税に関する法律に基づく処分を行う目的で当該職員が行う一連の行為（証拠資料の収集、要件事実の認定、法令の解釈適用など）をいう。……

　　　　　　　　　（以下省略）

（「調査」に該当しない行為）

1－2　当該職員が行う行為であって、次に掲げる行為のように、**特定の納税義務者の課税標準等又は税額等を認定する目的で行う行為に至らないものは、調査には該当しない**ことに留意する。また、これらの行為のみに起因して修正申告書若しくは期限後申告書の提出又は源泉徴収に係る所得税の自主納付があった場合には、当該修正申告書等の提出等は**更正若しくは決定又は納税の告知があるべきことを予知して**なされたものには当たらないことに留意する。

　(1)　提出された納税申告書の自発的な見直しを要請する行為で、次に掲げるもの。

　　イ　提出された納税申告書に法令により添付すべきものとされている書類が添付されていない場合において、納税義務者に対して当該書類の**自発的な提出を要請**する行為。

　　ロ　当該職員が保有している情報又は提出された納税申告書の検算その他の形式的な審査の結果に照らして、提出された納税申告書に**計算誤り、転記誤り又は記載漏れ等**があるのではないかと思料される場合において、納税義務者に対して**自発的な見直しを要請**した上で、必要に応じて修正申告書又は更正の請求書の自発的な提出を要請する行為。

(2) 提出された納税申告書の記載事項の審査の結果に照らして、当該記載事項につき**税法の適用誤り**があるのではないかと思料される場合において、納税義務者に対して、適用誤りの有無を確認するために必要な**基礎的情報の自発的な提供を要請**した上で、必要に応じて修正申告書又は更正の請求書の自発的な提出を要請する行為。

(3) 納税申告書の提出がないため納税申告書の提出義務の有無を確認する必要がある場合において、当該義務があるのではないかと思料される者に対して、当該義務の有無を確認するために必要な基礎的情報（事業活動の有無等）の自発的な提供を要請した上で、必要に応じて納税申告書の自発的な提出を要請する行為。

(4) 当該職員が保有している情報又は提出された所得税徴収高計算書の記載事項の確認の結果に照らして、源泉徴収税額の納税額に過不足徴収額があるのではないかと思料される場合において、納税義務者に対して源泉徴収税額の自主納付等を要請する行為。

(5) 源泉徴収に係る所得税に関して源泉徴収義務の有無を確認する必要がある場合において、当該義務があるのではないかと思料される者に対して、当該義務の有無を確認するために必要な基礎的情報（源泉徴収の対象となる所得の支払の有無）の自発的な提供を要請した上で、必要に応じて源泉徴収税額の自主納付を要請する行為。

したがって、課税標準等または税額等を認定する目的で当該職員が行う、次のような事象が調査となります。

① 実地調査、反面調査、銀行調査
② 準備調査、机上調査、書面照会、証拠収集、資料整理
③ 証拠の評価、課税要件事実の認定、法令の解釈適用、一連の思考および判断
④ 更正処分、加算税の賦課決定、決裁文書等の作成

国税通則法第65条第5項では、「調査があったことにより」、「更正があるべきことを予知してされたものでない」と表現されていることから、過少申告加算税を賦課するためには、納税者が調査の事実を認識していることが前提となります。つまり、準備調査や机上調査などが開始された後に、自主的に修正申告書が提出された場合、納税者はそれらの

調査が開始されていることについて認識できないので、過少申告加算税は賦課されないことになります。

> **Point**
>
> - 調　　査　特定の納税義務者の課税標準または税額等を認定する目的その他国税に関する法律に基づく処分を行う目的で当該職員が行う一連の行為（証拠資料の収集、要件事実の認定、法令の解釈適用など）
>
> - 行政指導　（調査に該当しない行為）
> 　　　　　　当該職員が行う行為であって、特定の納税義務者の課税標準等または税額等を認定する目的で行う行為に至らないもの

4　更正の予知

　予知ということは、納税者の主観に属することであり、予知した時点を客観的に特定するのは困難です。実地の調査が開始される前であっても、更正処分を受けるべきことを予知できることもあります。しかし、平成25年1月1日以後は、課税庁が調査を行う旨明示される前の修正申告であれば、更正処分があるべきことを予知してされたものではない、と取り扱われることになりました。

　なお、調査の予告を受けた後に提出された修正申告書については、ケースバイケースであり、見解が分かれています。

(1) 調査開始説

　調査着手後に提出された修正申告書については、加算税を賦課すべきという考え方です。

> **判例**
> **所得税更正処分等取消請求上告事件（最高裁 昭和 51 年 12 月 9 日 判決）**
> 　亡 M が嘆願書を提出したのは、すでにその申告にかかる昭和 39 年分の所得税について**調査を受けたのち**であつたというのであり、仮に、税務職員の適切な指導・助言により、亡 M が、嘆願書を提出した時期に修正申告書を提出していたとしても、**更正処分を受けるべきことを予知**してこれを提出したことになるものというべきであつて、過少申告加算税の賦課を免れないところであるから、亡正夫が所論の事由により修正申告をすることができなかつたことと本件過少申告加算税の賦課の適否とは、無関係というべきである。

(2) 端緒把握説

　税務職員が、調査により脱漏所得を発見するに足る端緒を把握した後に、納税者が更正に至るべきことを認識した上で提出された修正申告書については、加算税を賦課すべきという考え方です。

> **判例**
> **重加算税賦課決定処分取消請求事件（東京地裁 昭和 56 年 7 月 16 日 判決）**
> 　修正申告書の提出が「調査があつたことにより……更正があるべきことを予知してされたものでないとき」というのは、税務職員がその申告に係る国税についての調査に着手してその申告が**不適正であることを発見**するに足るかあるいはその**端緒となる資料を発見**し、これによりその後調査が進行し先の申告が不適正で申告漏れの存することが発覚し更正に至るであろうということが客観的に相当程度の確実性をもって認められる段階に達した後に、**納税者がやがて更正に至るべきことを認識**したうえで修正申告を決意し修正申告書を提出したものでないこと、言い換えれば右事実を認識する以前に自ら進んで修正申告を確定的に決意して修正申告書を提出することを必要とし、かつ、それをもつて足りると解すべきである。

(3) 更正の予知の時期

イ　平成23年の国税通則法の改正前の議論

　国税通則法第65条第5項では、修正申告が「調査があつたことにより当該国税について更正があるべきことを予知してされたものでないとき」は、過少申告加算税は賦課しないと定めています。また、納税者が更正を予知するためには、調査があったとの納税者の認識が必要であると解されます。したがって、「更正の予知」で問題となる「調査」とは、実地調査に限定されず、概況調査、証拠資料の収集、反面調査、銀行調査、納税者の他税目の調査、取引先の調査、同業種の一斉調査などについても、納税者が認識することができる調査であるならば、「更正の予知」ができることになります。一方で、調査の事前通知、電話や文書による照会、来署依頼などがあった後に、臨場調査が行われる前に修正申告書が提出された場合には、「調査があったこと」にはならないと解するのが一般的でした。

　しかし、調査の実態は千種万別であり、課税庁の納税者に対する働きかけが、「調査」なのか「行政指導」なのかが曖昧だったこともあり、「更正の予知」の解釈に関しては、様々な見解が生じていました。国税通則法の改正前の過去の議論について、本書では深く入り込まないことにします。

> **Point**
> 「更正の予知の時期」に関する判例・裁決事例
> ➡国税通則法が改正されたことを念頭に置いて読むこと

ロ　改正国税通則法施行後の考え方

　平成23年の国税通則法改正により、第7章の2（国税の調査）が新設され、調査に係る一連の手続が定められ、各税法の質問検査権に関する条文が、横断的に国税通則法に規定されました。

平成25年1月1日以後に、新たに開始する税務調査については、改正された国税通則法が適用されているので、課税庁は「調査」と「行政指導」とを明瞭に区別して、税務行政を行うことになりました。調査と行政指導の区分は、加算税賦課の可否を検討する上で、極めて重要です。

税務官庁の行政指導として行われた行為に起因して修正申告書もしくは期限後申告書の提出または源泉徴収に係る所得税の自主納付があった場合には、当該修正申告書等の提出等は、国税通則法第65条（過少申告加算税）第5項、同法第66条（無申告加算税）第5項および同法第67条（不納付加算税）第2項の規定における「調査があったことにより当該国税について更正、決定または告知があるべきことを予知してされたものではない」ことになります。

> **Point**
> 修正申告に過少申告加算税が賦課される条件
> ・調査による増差税額……更正の予知　あり
> 　　　　　　　　　　　　➡（原則）加算税賦課
> ・行政指導による増差税額……更正の予知　なし
> 　　　　　　　　　　　　➡すべて加算税不可

(4) 事務運営指針

「法人税の過少申告加算税及び無申告加算税の取扱いについて」では、その法人に対する臨場調査、その法人の取引先の反面調査またはその法人の申告書の内容を検討した上での非違事項の指摘等により、当該法人が調査のあったことを了知したと認められた後に修正申告書が提出された場合の当該修正申告書の提出は、原則として、同項に規定する「更正があるべきことを予知してされたもの」に該当するが、臨場のための日時の連絡を行った段階で修正申告書が提出された場合には、原則として「更正

があるべきことを予知してされたもの」に該当しない、と規定しています。

[修正申告の時期と過少申告加算税]

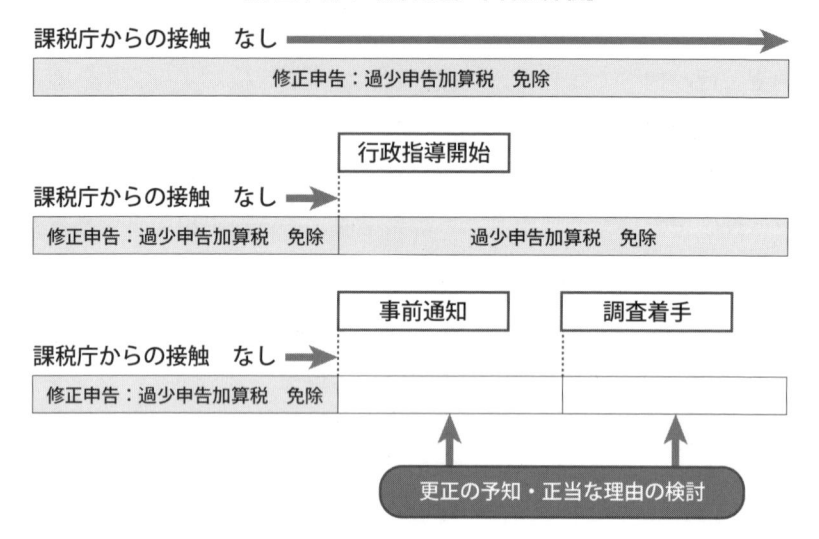

課税庁からの接触　なし ⟶
　　修正申告：過少申告加算税　免除

　　　　　　　　　　　　行政指導開始
課税庁からの接触　なし ⟶
　修正申告：過少申告加算税　免除　　　過少申告加算税　免除

　　　　　　　　　　　事前通知　　　調査着手
課税庁からの接触　なし ⟶
　修正申告：過少申告加算税　免除

　　　　　　　　　　　更正の予知・正当な理由の検討

> **Point !**
> 更正の予知と修正申告の時期の関係
> - 臨場のための事前通知段階の修正申告
>   ➡ 更正の予知には該当しない
> - 検討後の非違事項の指摘段階の修正申告
>   ➡ 更正の予知に該当する

(5) 更正の予知の主張・立証責任

　加算税の減免は、納税者にとって有利になる事項であることから、修正申告書の提出が、更正があるべきことを予知してされたものでないことの主張・立証責任は、納税者側にあると解されます。なお、平成23年の、国税通則法の改正に伴い、平成25年1月1日以後は、納税義務者等に対し調査または行政指導に当たる行為を行う際は、対面、電話、書面等の態様を問わず、いずれの事務として行うかを明示した上で行うことになりました。

5　税務調査手続に関するFAQ

　平成23年に改正された国税通則法が施行されてから1年あまりしか経過していないことから、実務がどのように運用されるのか、あるいは解釈を巡りどのような問題があるのか、といった情報が十分ではありません。
　国税庁の方針は、「税務調査手続に関するＦＡＱ（一般納税者向け）」で確認できます。

> （総論 問2）
> ……**行政指導**に基づき、納税者の方が自主的に修正申告書を提出された場合には、延滞税は納付していただく場合がありますが、**過少申告加算税は賦課されません**。

　課税庁からの接触により修正申告書を提出しても、調査である旨の意思表示がない段階での修正申告に対しては、過少申告加算税が賦課されることはありません。したがって、今後は、過少申告加算税の賦課決定処分の是非について争われる事例は減少すると見込まれます。
　実際の実務がどのように行われるのでしょうか。特に、「行政指導」か「調査」かの判断は、過少申告加算税の課否に影響します。行政文書「税務調査手続等に関するFAQ（職員用）」より、参考となるものを紹介し、コメントします。

> 問Ⅱ1－4
> 　調査省略における行政指導による接触と調査による接触の判断基準はあるのか。
>
> 　（答）　**調査省略**における接触は、原則として**行政指導**による接触となりますが、部内において申告内容を検討した結果、申告等に係る取引等の内容に疑義があり、調査により課税標準等又は税額等を認定する必要があると思料されるときは、再度、調査の要否判定を行うこととなります。
> 　　また、行政指導による接触を行った後であっても、**納税義務者が自発的な見直しの要請に応じない場合**などは、必要に応じ、納税義務者に対して「調査」により課税標準等又は税額等を認定する旨を説明し、**調査による接触に移行**することとなります。

調査省略とは、提出された申告書について、実地調査を行わずに処理することをいいます。省略のために納税者に接触するのは、行政指導による接触となるが、必要があれば、調査による接触に移行することもあります。

問Ⅱ1－6
　行政指導により接触する場合（添付資料の漏れ、計算誤り、法令の適用誤り）には、どのように納税義務者に対して説明すればよいか。

　（答）　納税義務者に接触する際は、電話等により、**行政指導である旨を示した**上、行政指導は、納税義務者の任意の協力により、申告内容の自発的な見直しや基礎的な情報（資料）の提供等を要請するものであり、**調査ではない旨を説明**します。
　　　また、申告内容に計算誤りや法令の適用誤りが疑われる場合は、**自発的な見直しを要請**した上で、自発的な修正申告書や更正の請求書の提出を要請することとなります。

　計算誤りや法令の適用誤りなどで、行政指導で納税者に接触する場合は、行政指導であることを納税者にはっきり認識させなさい、と強調しています。そして、単純な誤りの是正には、手間暇をかけないようにすることが、国税庁の基本方針と思われます。

問Ⅱ1－8
　行政指導を臨場により行った場合には、実地の調査となるのか。

　（答）　**行政指導**による納税義務者への接触は、電話による接触を基本としますが、行政指導を行う上では、納税義務者との**接触形態は問いません**ので、臨場又は来局等による接触であっても、申告書等の自発的な見直し等を要請するものは行政指導に該当します。

　行政指導は、原則として電話により行います。もし、調査官が行政指導で臨場するようなことがあっても、それは調査にはならないことを明確にしています。

> 問Ⅱ1−13
> 　行政指導による接触で、誤りがあることが判明したため、自主修正申告書（更正の請求書）の提出を促したが、納税義務者から、更正を強く要望された場合、どのように対応するのか。
>
> （答）　当局が納税義務者に接触する態様は、調査と行政指導の二つがありますが、**行政指導**は、納税義務者による申告内容の自発的な見直しを要請するものであって、調査ではないことを丁寧に説明し、自発的な修正申告書（更正の請求書）の提出を依頼します。また、**自発的な見直しの結果に基づき提出された修正申告書は、加算税の賦課決定の対象とならないこと**についても**十分説明し、理解を求めます**。

　「納税義務者から、更正を強く要望された」場合の対応について、「更正すること」と定めることができないところに、税務行政の難しさを垣間見ることができます。あくまでも修正申告で対応し、過少申告加算税を賦課しないことが国税庁の方針のようです。

> 問Ⅱ1−18
> 　どのような場合に行政指導から調査に移行することとなるのか。また、このような場合には、どのように納税義務者に説明したらよいか。
>
> （答）　行政指導は、納税義務者の任意の協力により行われるものですので、計算誤り又は法令の適用誤りが疑われるにもかかわらず、自発的な情報の提供、見直しの要請について**納税義務者の理解・協力を得られない場合**は、非違が疑われる項目の内容・金額、過去の調査状況、資料情報等を総合勘案した上で、「実地の調査」又は「実地の調査以外の調査」の要否を含めて**改めて判断すること**となります。
> 　　また、調査を行う場合は、納税義務者に対し「調査」により課税標準等又は税額等を認定することとなる旨説明することとなります。

　「計算誤り又は法令の適用誤りが疑われる」場合に、納税者が行政指導に非協力であっても、必ずしも調査に移行するとは限らないようです。現場の事務運営がうまく回転するように考えて、このような回答になったのかもしれません。

> 問Ⅱ1－19
> 　行政指導による接触を行っている過程で、多額な非違事項を把握した場合には、調査に移行することとなるのか。
>
> （答）　納税義務者に対し、行政指導である旨明示した上で接触した場合には、誤りのある金額の多寡にかかわらず、行政指導として**自発的な見直し**を要請することとなります。

　「行政指導」による接触であるにもかかわらず、予想外に増差所得が大きくなったとき、調査官には、それを「調査」に振替えようとする動機が働くと思われます。しかし、そのような場合であっても、あくまでも納税者に自発的な見直しをさせることとしています。

> 問Ⅱ1－20
> 　行政指導から調査に移行する必要がある場合には、速やかに調査着手する必要があるのか。
>
> （答）行政指導から**調査に移行**する場合における調査の着手時期については、特に定めはありませんので、**個別の事案の実情に応じて判断**することとなります。ただし、直ちに調査を実施しないような場合は、行政指導を終了した時点でその旨を納税義務者に説明する必要があります。

　行政指導の終了した時点で、調査に移行するとの説明がなければ、一安心です。

Ⅲ　書面添付制度と過少申告加算税

　書面添付制度は、税務代理する税理士等に限らず、広く税理士等が作成した申告書について、それが税務の専門家の立場からどのように調整されたかを明らかにすることにより正確な申告書の作成および提出に資

するとともに、税務当局が税務の専門家である税理士等の立場をより尊重し、税務執行の一層の円滑化・簡素化に資するとの趣旨により制定されました。課税庁が納税者の実地調査を行う際は、事前通知を行う前に、税務代理権限証書に記載された税理士等に対し添付書面の記載事項について意見聴取を行うことになっています。

　事前通知前の意見聴取を行った後に修正申告書が提出された場合の加算税の取扱いについては、意見聴取における質疑等のみに起因して修正申告書が提出されたとしても、その修正申告書の提出は更正があるべきことを予知してされたものには当たりません。

　平成21年4月1日に発遣された「法人課税部門における書面添付制度の運用に当たっての基本的な考え方及び事務手続等について」（事務運営指針）では、次のように定められていました。

第2節　意見聴取の実施
6　意見聴取後に提出された修正申告書に係る加算税の取扱い

　意見聴取を行い、その後に修正申告書が提出されたとしても、原則として、加算税は賦課しない。ただし、意見聴取を行った後に修正申告書が提出された場合の加算税の適用に当たっては、国税通則法第65条第5項並びに平成12年7月3日付課法2-9ほか3課共同「法人税の過少申告加算税及び無申告加算税の取扱いについて」（事務運営指針）及び……に基づき非違事項の指摘を行ったかどうかの具体的な事実認定により「更正の予知」の有無を判断することになるから、修正申告書が意見聴取の際の個別・具体的な非違事項の指摘に基づくものであり、「更正の予知」があったと認められる場合には、加算税を賦課することに留意する。

　これは、平成24年12月19日に改正、発遣されており（「法人課税部門における書面添付制度の運用に当たっての基本的な考え方及び事務手続等について」の一部改正について（事務運営指針））、この部分は削除され、新たに次の文言が加わりました。

第2節　意見聴取の実施
3　意見聴取の内容

なお、**意見聴取における質疑等**は、調査を行うかどうかを判断する前に行うものであり、特定の納税義務者の課税標準等又は税額等を認定する目的で行う行為に至らないものであることから、意見聴取における質疑等のみに基因して修正申告書が提出されたとしても、当該修正申告書の提出は更正があるべきことを予知してされたものには当たらないことに留意する。

[意見聴取と過少申告加算税]

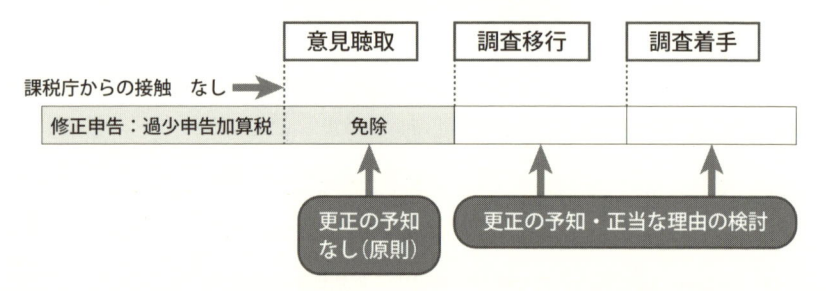

課税庁からの接触　なし→	意見聴取	調査移行	調査着手
修正申告：過少申告加算税	免除		

↑免除：更正の予知なし（原則）
↑調査移行・調査着手：更正の予知・正当な理由の検討

Point ! 意見聴取後の修正申告書に係る過少申告加算税
- 調査移行前に提出➡賦課されない（原則）
- 調査移行後に提出➡賦課される（減免の検討）

第3章
無申告加算税

① 概　要

I　国税通則法第 66 条

　申告納税制度による国税は、原則として、法定申告期限までに納税申告書を提出し、納税をしなければなりません。法定申告期限までに申告書を提出しなかった場合に、期限内に申告・納税した者との間に不公正が生じてしまいます。申告納税制度を維持するために、本来の納税申告期限までに申告書を提出しなかった者に対しては、一定の行政上の制裁を加えることが必要であり、無申告加算税の制度が国税通則法に定められました。

第 1 項　無申告加算税の計算

● 国税通則法 ●

（無申告加算税）

第 66 条　次の各号のいずれかに該当する場合には、当該納税者に対し、当該各号に規定する申告、更正又は決定に基づき第 35 条第 2 項（期限後申告等による納付）の規定により納付すべき税額に **100 分の 15** の割合を乗じて計算した金額に相当する無申告加算税を課する。ただし、期限内申告書の提出がなかつたことについて**正当な理由**があると認められる場合は、この限りでない。

　一　期限後申告書の提出又は第 25 条（決定）の規定による決定があつた場合
　二　期限後申告書の提出又は第 25 条の規定による決定があつた後に修正申告書の提出又は更正があつた場合

1 課税要件

申告納税方式による国税に関し、次に掲げる申告書の提出または決定もしくは更正があったとき、納付すべき税額があれば、無申告加算税が課されます

① 期限後申告書の提出または決定があった場合
② 期限後申告書の提出または決定があった後に、修正申告書の提出または更正があった場合

なお、当初の期限後申告書の提出について、期限内申告書の提出がなかったことについて正当な理由があると認められるときは、過少申告加算税が課されることになります。

> **Point**
> 期限後申告書の修正申告
> ➡原則として、無申告加算税の対象
> （過少申告加算税ではない）

2 無申告加算税の税額

納付税額とは、ここでは、期限後申告あるいは決定に基づき発生する税額、または、その後の修正申告書あるいは更正に基づき発生する税額のことです。無申告加算税の税額は、基本的には次の計算式で算出します。

納付税額 × 15% ＝ 無申告加算税の額

1万円未満切捨て　　　100円未満端数切捨て　　5千円未満全額切捨て

[無申告加算税の税額計算の概要]

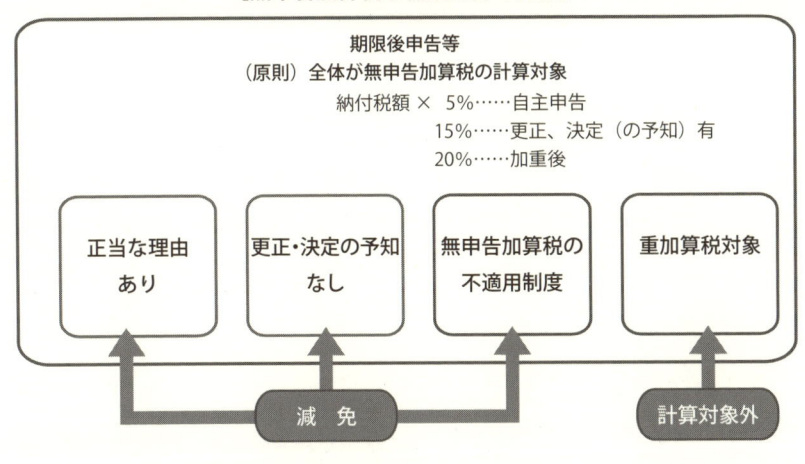

期限後申告等
（原則）全体が無申告加算税の計算対象
納付税額 × 5%……自主申告
15%……更正、決定（の予知）有
20%……加重後

| 正当な理由あり | 更正・決定の予知なし | 無申告加算税の不適用制度 | 重加算税対象 |

減免 ／ 計算対象外

3 重加算税との関係

　隠ぺいまたは仮装に基づき納税申告書を提出せず、または法定納期限後に提出していたときは、無申告加算税の額の計算の基礎となるべき税額に係る無申告加算税に代えて、重加算税が課されます（通則法68②）。

第2項　無申告加算税の加重

● 国税通則法 ●

（無申告加算税）
第66条
2　前項の規定に該当する場合において、同項に規定する納付すべき税額（同項第2号の修正申告書の提出又は更正があつたときは、その国税に係る累積納付税額を加算した金額）が50万円を超えるときは、同項の無申告加算税の額は、同項の規定にかかわらず、同項の規定により計算した金額に、当該超える部分に相当する税額（同項に規定する納付すべき税額が当該超える部分に相当する税額に満たないときは、当該納付すべき税額）に100分の5の割合を乗じて計算した金額を加算した金額とする。

1　無申告加算税の税額が加重される場合

　納付税額（修正申告書の提出または更正があったときは、その国税に係る累積納付税額を加算した金額）が、50万円を超えるときは、通常の無申告加算税の額に、さらにその超える部分の税額に5％を乗じて得た金額を加算した金額が、無申告加算税の金額となります。

　なお、当該無申告加算税について無申告加算税の規定により加算すべき金額があるときは、まず、加重対象税額に対する無申告加算税に代えて、重加算税を課すことになります（通則令27の3）。

[無申告加算税の加重分および累積税額の概念図]

期限後申告または決定	修正申告または増額更正
A　50万円 ／ B　50万円を超える金額	C　50万円を超える金額

累積増差税額
（A＋B）×15％
加重分　B×5％

C×15％
加重分　C×5％

2　無申告加算税の税率の意味

　申告納税制度を維持し、課税の公平を実現するために、過少申告加算税は、増差税額の10％または加重分5％を加えた15％が賦課され、無申告加算税は、増差税額の15％または加重分5％を加えた20％が賦課されます。

無申告は、申告義務を果たしていないという点で、期限内申告を前提とする過少申告よりも重い納税義務違反です。そこで、期限内申告の促進、無申告の抑止の観点から、無申告加算税の税率は、過少申告加算税の税率よりも高く設定されました。

　なお、自主修正申告の場合、過少申告加算税は賦課されないが、期限後の自主申告の無申告加算税の税率は5%となっています。

第3項　累積納付税額

●**国税通則法**●

（無申告加算税）
第66条
3　前項において、累積納付税額とは、第一項第二号の修正申告書の提出又は更正前にされたその国税についての次に掲げる納付すべき税額の合計額（当該国税について、当該納付すべき税額を減少させる更正又は更正若しくは第二十五条の規定による決定に係る不服申立て若しくは訴えについての決定、裁決若しくは判決による原処分の異動があつたときはこれらにより減少した部分の税額に相当する金額を控除した金額とし、次項において準用する前条第四項の規定の適用があつたときは同項の規定により控除すべきであつた金額を控除した金額とする。）をいう。
　一　期限後申告書の提出又は第二十五条の規定による決定に基づき第三十五条第二項の規定により納付すべき税額
　二　修正申告書の提出又は更正に基づき第三十五条第二項の規定により納付すべき税額

1　累積納付税額の意義

　前回までの期限後申告、決定、修正申告または更正により納付すべき税額の合計額を累積納付税額といいます。次の事由があるときは、それに相当する部分の金額は、その合計額から控除されます。

　①　期限後申告または決定により納付すべき税額を減額させる更正

② 修正申告または更正により納付すべき税額を減額させる更正
③ 不服申立または訴えの決定、裁決、または判決による更正の全部または一部の取消し
④ 納付すべき税額のうち、期限内申告の基礎とされなかったことについて正当な理由があると認められる金額

2 再度の増額更正

　期限後申告について、減額更正等により税額が減額になった後に再度の増額更正があった場合は、当初の申告金額を期限後申告税額として、無申告加算税の額を算出します。

[無申告加算税の税額計算の概要]

（自主分）　納付税額　×　5%　＝　無申告加算税の額
（通常分）　納付税額　×　15%　＝　通常分の税額　　イ
（加重分）　納付税額　－　控除税額　＝　加重対象の増差税額

　　　　　↓

　　　「50万円」のいずれか多い額

　　加重対象の増差税額　×　5%　＝　加重分の税額　　ロ
　　1万円未満切捨て

（合　計）　イ ＋ ロ ＝ 無申告加算税の額

　（注）（自主分）……国税通則法第66条第5項　更正、決定の予知　なし
　　　　（通常分）……国税通則法第66条第1項　更正、決定の予知　あり
　　　　（加重分）……国税通則法第66条第2項　納付税額　50万円超
　　　・計算の基礎となる増差税額　　10,000円未満　　　　→　全額切捨て
　　　・計算の基礎となる増差税額　　10,000円未満の端数　→　切捨て
　　　・無申告加算税額　　　　　　　5,000円未満　　　　→　全額切捨て
　　　・無申告加算税額　　　　　　　100円未満の端数　　→　切捨て

第4項　正当な理由

無申告加算税に係る正当な理由（通則法66④）は、過少申告加算税に係る正当な理由（通則法65④）を準用しています。

> ● 国税通則法 ●
>
> （無申告加算税）
> **第66条**
> 1　……ただし、期限内申告書の提出がなかつたことについて**正当な理由**があると認められる場合は、この限りでない。
> 4　前条第4項の規定は、第1項第二号の場合について準用する。
>
> （過少申告加算税）
> **第65条**
> 4　第1項又は第2項に規定する納付すべき税額の計算の基礎となつた事実のうちにその修正申告又は更正前の税額（還付金の額に相当する税額を含む。）の計算の基礎とされていなかつたことについて**正当な理由**があると認められるものがある場合には、これらの項に規定する納付すべき税額からその正当な理由があると認められる事実に基づく税額として政令で定めるところにより計算した金額を控除して、これらの項の規定を適用する。

➡次項「2　I　正当な理由による減免」で解説します。

第5項　更正・決定の予知

> ● 国税通則法 ●
>
> （無申告加算税）
> **第66条**
> 5　期限後申告書又は第1項第二号の修正申告書の提出があつた場合において、その提出が、その申告に係る国税についての調査があつたことにより当該国税について更正又は決定があるべきことを予知してされたものでないときは、その申告に基づき第35条第2項の規定により納付すべき税額に係る第1項の無申告加算税の額は、同項及び第2項の規定にかかわらず、当該納付すべき税額100分の5の割合を乗じて計算した金額とする。

➡次項「2 Ⅱ 自主申告による減免」で解説します。

第6項　無申告加算税の不適用

--- ● 国税通則法 ● ---

（無申告加算税）
第66条
6　第1項の規定は、前項の規定に該当する期限後申告書の提出があつた場合において、その提出が期限内申告書を提出する意思があつたと認められる場合として政令で定める場合に該当してされたものであり、かつ、当該期限後申告書の提出が法定申告期限から2週間を経過する日までに行われたものであるときは、適用しない。

➡次項「2 Ⅲ 無申告加算税の不適用制度による減免」で解説します。

Ⅱ　期限内申告と期限後申告

1　申告書の提出方法

　納税者は、確定申告書を法定納期限までに税務署長に提出しなければなりません（通則法17）。提出方法は、実務上、次の方法が考えられます。

① 郵便または信書便による　────────── 発信主義
② 提出税務署等へ持参
③ 小包郵便「EXPACK 500」「ゆうぱっく」等
④ 宅配便等による提出　　　　　　　　　　　　── 到達主義
⑤ 電子申告
⑥ 時間外収受箱への投函
　　（勤務時間開始時に開封、前日の収受日付印）

2　申告書の提出日

　納税申告書は、原則として、税務署に申告書が到達した日が提出日となります。しかし、申告書を、郵便または信書便を利用して税務署に提出する場合には、その郵便物または信書便物の通信日付印により表示された日が提出日とみなされます。

> ● 国税通則法 ●
>
> （郵送等に係る納税申告書等の提出時期）
> **第22条**　納税申告書（当該申告書に添付すべき書類その他当該申告書の提出に関連して提出するものとされている書類を含む。）その他国税庁長官が定める書類が郵便又は信書便により提出された場合には、その郵便物又は信書便物の通信日付印により表示された日（その表示がないとき、又はその表示が明瞭でないときは、その郵便物又は信書便物について通常要する送付日数を基準とした場合にその日に相当するものと認められる日）にその提出がされたものとみなす。

　なお、確定申告書の法定申告期限が土曜日または日曜日に当たるときは、その翌日または翌々日が期限とみなされます。確定申告書の提出は、要式行為であり、提出日は形式で判断され、期限後申告に対しては無申告加算税が課されます。したがって、その提出日の日付が重要となってきますが、次の点について、注意が必要です。

① 　期限内に決算書類だけを提出し、期限後に法人税の確定申告書を提出した場合、申告期限内に確定申告があったとはいえない（大阪地裁　昭和39年10月16日　判決）。

② 　法人税の確定申告書の別表1だけを期限内に提出し、その他の別表や決算書類を期限後に提出した場合、実務上は、期限内申告として取り扱われていると想定される。

③ 　法定申告期限の翌日、税務職員が出勤してポストを開ける前に、

確定申告書を税務署のポストに投函した場合、期限内かどうか確認する術がないので、期限内申告書として取り扱わざるをえない。

④　電子申告であれば、たとえば所得税の確定申告で、3月15日23時59分に送信しても、翌午前0時0分に着信した場合は、期限後申告になる。

⑤　電子申告では、納税者が期限内に送信し、通常であれば期限内に到着するにもかかわらず、納税者の責めに帰さない通信のトラブル等で到達が翌日になった場合でも、期限後申告になる。

⑥　期限内に確定申告書を郵便ポストに投函する様子をビデオで撮影しても、提出日の判定には利用できない。通信日付印等以外の方法では、提出日を判定することはできない（千葉地裁 平成12年4月26日 判決）。

⑦　法定納期限の日に、税務署に確定申告書を郵便で送付した場合は、通信日付印で期限内申告となるが、宅配便で提出し翌日に到達したならば、期限後申告となる。

⑧　確定申告書を、法定納期限の日に郵便ポストに投函した時間が、最終取集め時刻後であれば、通信日付印が翌日であり、期限後申告となる（平成12年10月10日 裁決）。

裁決

> **裁決事例集（平成25年7月26日 裁決）**
> ゆうメールによる納税申告書の提出に国税通則法第22条の適用はないとした事例
>
> ……しかしながら、租税法が私法上の概念を特段の定義なく用いている場合には、私法上の概念と同じ意義に解することが、租税法律主義や法的安定性の確保に資するところ、国税通則法第22条は、「郵便」及び「郵便物」と規定し、同法上にその定義規定を置いておらず、郵便法上の「郵便」及び「郵便物」と別意に解すべきことが国税通則法の明文又はその趣旨から明らかであるなどの事情も認められない。かえって、国税通則法第22条は、郵便及び信書便が郵便法又は信書便法の規定に従って配達されるため紛失する可能性が低いことなどの事情を考慮し、また、納税者と関係税務官庁との地理的間隔の差異に基づく不公平を是正する必要性も勘案して、特に郵便又は信書便により提出された納税申告書等については、民法上の到達主義の原則を緩和するものであることなどに照らせば、国税通則法第22条の「郵便」及び「郵便物」は、郵便法上の「郵便」及び「郵便物」と同じ意義に解するのが相当である。そして、郵便法第68条《郵便約款》に基づき定められた内国郵便約款及びゆうメールについて定めるポスパケット約款によれば、ゆうメールによる役務の提供は、荷物の運送であって、郵便法上の「郵便」には該当しない。したがって、ゆうメールによる本件確定申告書の提出について、国税通則法第22条の規定は適用されない。

3 還付申告

　それでは、還付申告であれば、無申告加算税を課されることもないので、申告期限にこだわらなくてもよいのでしょうか。税法には期限内申告を要件とする規定があり、慎重な対応が必要となります。

4 期限後申告の不利益

　2事業年度連続して期限内に申告書の提出がない場合、当該2事業年

度目の事業年度について、青色申告の承認が取り消されます。この場合には、無申告加算税よりも大きなダメージを受けることもあります。

なお、青色申告には、次のような特典が与えられています。

(1) 法人の場合

〈法人税法〉

- ・欠損金の9年間繰越控除（法法57）
- ・欠損金の繰戻還付（法法80）
- ・更正の制限（法法130①）
- ・更正の理由付記（法法130②）
- ・推計による更正又は決定の禁止（法法131）

〈租税特別措置法〉

- ・特別償却（措法42の5〜42の6、措法42の11③、43〜46の3、47、47の2、48）
- ・準備金の損金算入（措法55〜57の8、58、61の2）
- ・法人税額の特別控除（措法42の4〜42の4の2）
- ・所得の特別控除等（措法59〜60）
- ・中小企業者等の少額減価償却資産の取得価額の損金算入（措法67の5）

〈国税通則法〉

- ・直接審査請求（通則法75④）

(2) 個人の場合

〈所得税法〉

- ・青色事業専従者の必要経費算入（所法57①）
- ・現金主義による所得計算（所法67）
- ・純損失の3年間繰越控除（所法70①）
- ・純損失の繰戻還付（所法140,141）
- ・更正の制限（所法155①、156）
- ・更正の理由付記（所法155②）

- 引当金等の必要経費算入（所法 52、54）
- 低価法による評価（所令 99 ①）

〈租税特別措置法〉

- 青色申告特別控除 65 万円（措法 25 の 2）
- 少額減価償却資産の必要経費算入（措法 28 の 2）
- 特別償却（措法 10 の 2 の 2 ほか）
- 準備金の必要経費算入（措法 22 ほか）
- 所得税額の特別控除（措法 10、10 の 2 ほか）

〈国税通則法〉

- 直接審査請求（通則法 75 ④）

> **Point**
> 無申告加算税、青色承認取消を避けるためには、
> ① 申告書が完璧でなくても、期限内に確定申告書を提出すること
> ② 誤りがあれば、期限後に、修正か更正の請求をすること

Ⅲ 国外財産調書制度

平成 24 年度に、国外財産調書制度が制定されました。

国外財産調書を提出した場合には、記載された国外財産に関して所得税および相続税の申告もれが生じたときであっても、無申告加算税を 5％減額します。一方で、国外財産調書の提出がない場合（重要な事項の記載が不十分であると認められる場合を含みます）に所得税の申告もれが生じたときは、無申告加算税等を 5％加算する制度が設けられました。

② 減　免

Ⅰ　正当な理由による減免

1　概要

　期限内申告書の提出がなかったことについて正当な理由があると認められる場合には、無申告加算税は課されません（通則法66④）。なお、その後に修正申告または更正があった場合には、国税通則法第65条の規定により、別途、過少申告加算税が課されることになります（通則法65①）。

2　無申告加算税を課さない部分の税額の計算

　期限後申告または決定による納付すべき税額から、正当な理由のみに基づいて期限後申告書の提出または決定があったものとした場合における納付すべき税額を控除した金額が、無申告加算税の基礎となる納付すべき税額となります。

[正当な理由と無申告加算税額の計算図]

期限後申告・決定の計算の基礎となる税額	正当な理由なし	
	正当な理由あり	無申告加算税の税額の計算から控除

3　正当な理由と憲法

　無申告加算税の「正当な理由」は、不確定概念であるが憲法第84条の租税法律主義には反せず、また、明確性を欠くが憲法第31条の罪刑法定主義にも反していないのは、過少申告加算税の場合と同様です（第2章2 Ⅰ 3（2））。

> **Point**
> 国税通則法第66条の「正当な理由」は合憲
> - 憲法第84条「租税法律主義」
>   ➡ 課税要件法定主義、課税要件明確主義に反しない
> - 憲法第31条「罪刑法定主義」
>   ➡ 明確性の原則　に反しない

4　主張・立証責任

　無申告加算税の「正当な理由」の主張・立証責任は、過少申告加算税における「正当な理由」の主張・立証責任と同様に、納税者が負うことになります（第2章2 Ⅰ イ）。

> **判例**
> **無申告加算税賦課処分取消請求事件（神戸地裁　平成5年3月29日　判決）**
> 　なお、無申告加算税は、納税者が法定期限内に申告書を提出しない場合に原則として課されるものであり、「正当な理由」が存在すると認められる場合、例外的に無申告加算税を課さないとするための要件であるから、加算税の申告を免れようとする**納税義務者の側にそれが存在することの主張立証責任**があると解するのが相当である。

5　正当な理由の判断基準

　税務の実務で、「正当な理由」を判断する際の基準として重要なのは、過少申告加算税に係る最高裁判所の判例です。無申告加算税についても、過少申告加算税と同様に、それを賦課することが不当または酷な場合は、「正当な理由」に該当します（第2章 2 Ⅰ 5）。

> **判例**
> **法人税賦課決定処分取消請求事件（東京地裁 平成3年6月26日 判決）**
>
> 　無申告加算税は、申告納税制度を維持するためには納税者により期限内に適正な申告が自主的にされることが不可欠であることに鑑みて、申告書の提出が期限内にされなかつた場合の行政上の制裁として課されるものであるから、国税通則法66条1項ただし書の「正当な理由」とは、期限内に申告ができなかつたことについて**納税者に責められる事由がなく**、このような**制裁を課すことが不当と考えられる事情**のある場合をいうものと解すべきである。（因みに、**納税者の法の不知や法令解釈の誤解**により期限内申告書の提出がなかつたというような事情は、例えば税法の解釈について期限内申告書を提出すべき当時国税当局から公表されていた見解がその後に変更された場合や税務職員の誤つた指導に従つた場合を除いて、右の正当な理由がある場合に当たらないものと解すべきである。）。

> **Point　正当な理由の判断基準**
> ● 真に納税者の責めに帰すことのできない客観的事情
> ● 納税者に無申告加算税を課することは不当または酷

> **判例**
> **法人税額決定等取消請求控訴事件（高松高裁 昭和45年11月16日 判決）**
>
> 　また、控訴会社代表者が株式を買受ければ納税の義務が発生することを知らなかつたとしても、それは**法令の不知**にほかならず、清算所得についての確定申告書を法定の期間内に提出しなかつたことについての**正当の事由**となるものではない。

> **Point**
> 法の不知・解釈の誤解
> ● 原則…正当な理由なし
> ● 例外…正当な理由あり
> 　　　（国税当局の見解の変更・税務職員の誤指導）

　したがって、病気等の個人的な事情や交通、通信の途絶等の社会的な事情が「正当な理由」となることもあるが、その認定のハードルは高くなっています。次の採決事例は、納税者の病状等を検討した上で、正当な理由を否定していますが、見方を変えれば、病状等により正当な理由があると認められる場合も、多々あると思われます。

裁決

裁決事例集 No.67- 46頁（昭和16年6月8日 裁決）
期限内申告書の提出がなかったことについて、申告書を提出できないほどの病状等にあったとは認められず、国税通則法第66条第1項に規定する「正当な理由があると認められる場合」には該当しないと判断した事例

　請求人は、
[1]　退院後も意思能力、判断能力のない状態が続いていたので、相続の開始があったことを知ったのは被相続人死亡後3年余を経過した日であること、
[2]　相続税法第27条第1項に規定する「相続の開始があったことを知った日から10月以内」の期間には**意思能力、判断能力が停止**していた期間を控除すべきであること、
[3]　本件申告書を法定申告期限内に提出できなかったのは、**意思能力、判断能力が停止**していたためであり、国税通則法第66条第1項ただし書に規定する「正当な理由があると認められる場合」に該当すること、
[4]　本件申告書は自主的に提出したものであるから、国税通則法第66条第3項の規定に該当すると主張する。
　しかしながら、
[1]　請求人は、被相続人の死亡から1月以内までに、被相続人から遺贈を受けた不動産の移転登記手続を遺言執行者Eに自ら依頼していることから、それまでには、被相続人の死亡事実と自己が受遺者となったことを

認知していたものと認められる。また、
[2]　請求人が手術後の経過や後遺症のため通院、加療していたことは認められるが、請求人は移転登記手続を依頼するに当たり普通どおりの受け答えができる状態であったとのEの答述や、法定申告期限までの間において請求人自ら預金取引を継続して行っていた事実によれば、請求人は**法定申告期限までに本件申告書を提出できないほどの病状**にあったとか、あるいは、同居中の長女Gや税理士等に**申告を依頼するなどの意思表示すらできない状態**にあったとも**認められない**。

そして、他に法定申告期限までに本件申告書の提出を不可能にするような特段の事情も認められず、単に請求人の**失念**や**税法の不知や誤解**に基づき期限後申告となったものと認められる。よって、期限内申告書の提出がなかったことについて、正当な理由があると認められる場合には該当しない。

また、本件申告書は、調査担当職員による調査及び申告のしょうように基づき提出されたものであることは明らかであり、請求人自身がその調査を契機とせず、自発的に提出したものであるとは認められない。

相続事案では、遺産分割を巡る相続人間の争いにより、遺産分割協議ができないことはよくありますが、それは正当な理由とはなりません。

判例
課税処分取消請求併合事件（大阪地裁　昭和50年10月22日）

期限内に相続税申告書を提出できなかつたことにつき同法66条1項但書の正当な理由があつたから無申告加算税賦課処分は違法である旨主張し、……原告○○が昭和37年8月ころ破傷風にかかり、同月11日から同月10月1日まで大阪府立病院に入院し、また同原告の娘である訴外△△が同年4月10日から26日まで右病院に入院していた事実を認めることができるけれども、仮に右事情によつて遺産分割の協議ができなかつたとしても、相続税の申告においては、実際に遺産が分割されていることを必要としない……のであるから、旧原告らの間において**遺産分割の協議ができなかつた**ことは国税通則法66条1項但書にいう**正当な理由たりえず**、また前記認定事実だけでは期限内申告書の提出がなかつたことにつき正当な理由があつたとは認めることができず、他にこれを認めるにたる事実の主張立証はない。

課税庁の誤指導あるいは不適切な対応により無申告となり、無申告加算税を賦課されるといったことが納税者にとって極めて酷である場合「正当な理由」に当たると判断されることがあります

> **判 例**
>
> **加算税賦課取消請求事件（大阪地裁　昭和43年4月22日　判決）**
>
> 　……本件土地建物が原告より訴外〇〇に譲渡された事実を察知して原告を西宮税務署に呼出した被告もしくは同税務署の担当係員が、原告が居住用財産の買換の特例の適用を受けたい旨の意向を示したのに対して、買換財産の取得価額の見積額等を記載すべき前記申請書の提出事務のみを代行したにとどまり、これとともに確定申告書用紙を原告に交付もしくは送付し、所定の記載をなして右承認書とともにこれを期限内に提出するよう指導し説明することはもちろん、確定申告書の提出についてなんら言及するところがなかつたのは、担当係員として**行き届いた態度**であつたとはとうてい認めることができず、また、原告が前記において認定したように思い込んで、期限内に確定申告書を提出しなかつたのは誠に無理からぬところであるといわざるをえないのであつて、したがつて、右確定申告書の提出がなかつたことを理由に、これが税法上の義務の不履行にあたるものとして行政上の制裁を課することは原告にとつて**きわめて酷**であるといわなければならない。
>
> 　このように考えてくると、原告が本件譲渡所得に関して確定申告書を提出しなかつたことについては**正当な理由**があつたというべきであつて、これが提出されなかつたことを理由になされた被告の本件無申告加算税額の決定は、その点において違法であるといわなければならない。

　期限後申告書を提出した場合、無申告加算税は自動的に賦課されるものと認識されています。しかし、正当な理由があれば、無申告加算税を賦課されない場合もあることは、過少申告加算税の場合と同じです（第2章 2 Ⅰ 5）。

6 事務運営指針における正当な理由

(1) 事務運営指針

　無申告加算税の取扱いについては、過少申告加算税における事務運営指針と同じです。

イ　法人税の過少申告加算税及び無申告加算税の取扱いについて

　　（事務運営指針）

　　　第2　無申告加算税の取扱い
（期限内申告書の提出がなかったことについて正当な理由があると認められる事実）
1　通則法第66条の規定を適用する場合において、災害、交通・通信の途絶その他期限内に申告書を提出しなかったことについて真にやむを得ない事由があると認められたときは、期限内申告書の提出がなかったことについて正当な理由があるものとして取り扱う。
（期限後申告書等の提出が決定又は更正があるべきことを予知してされたと認められる場合）
2　第1の2の取扱いは、通則法第66条第5項の規定を適用する場合において、期限後申告書又は修正申告書の提出が決定又は更正があるべきことを予知してされたものである場合の判定について準用する。
　（無申告加算税を課す場合の留意事項）
3　通則法第66条の規定による無申告加算税は、正当な理由がないにもかかわらず、期限内に申告書の提出がなかったことに基づいて課されるものであるから、次のことに留意する。
　(1)　申告書が期限後に提出され、その期限後に提出されたことについて**正当な理由**があると認められた場合において、当該申告について、更に修正申告書の提出があり、又は更正があったときは、当該修正申告又は更正による納付することとなる税額については**無申告加算税を課さないで過少申告加算税を課す**。
　(2)　通則法第66条第4項により準用する第65条第4項に定める**正当な理由**があると認められる事実がある場合は、第1《過少申告加算税の取扱い》による。

ロ 消費税及び地方消費税の更正等及び加算税の取扱いについて
　（事務運営指針）

第2　消費税及び地方消費税の加算税の取扱い
Ⅲ　無申告加算税の取扱い

（期限内申告書の提出がなかったことについて正当な理由があると認められる事実）
1　通則法第66条の規定を適用する場合において、災害、交通・通信の途絶その他期限内に申告書を提出しなかったことについて真にやむを得ない事由があると認められる場合は、期限内申告書の提出がなかったことについて正当な理由があるものとして取り扱う。

（期限後申告書等の提出が決定又は更正があるべきことを予知してされたと認める場合）
2　Ⅱの2《修正申告書の提出が更正があるべきことを予知してされたと認める場合》の取扱いは、通則法第66条第3項の規定を適用する場合において、期限後申告書又は修正申告書の提出が、決定又は更正があるべきことを予知してされたものであるかどうかの判定について準用する。

3　通則法第66条の規定による無申告加算税は、**正当な理由**がないにもかかわらず、期限内に申告書の提出がなかったことに基づいて課されるのであるから、次のことに留意する。
　(1)　申告書が期限後に提出され、その期限後に提出されたことについて正当な理由があると認められた場合において、当該申告書について、更に修正申告書の提出があり、又は更正があったときは、当該修正申告又は更正による増差税額については**無申告加算税を課さないで過少申告加算税を課する**。
　(2)　通則法第66条第2項において準用する同法第65条第4項に定める**正当な理由**があると認められる事実がある場合については、《過少申告加算税の取扱い》による。
　(3)　その課税期間について法第9条第1項《小規模事業者に係る納税義務の免除》の規定により消費税の納税義務が免除されていた事業者が、調査等の結果、その課税期間の基準期間における課税売上高が1,000万円を超えるためその課税期間について同項の適用を受けられなくなった場合、これに起因して生じた増差税額は、基準期間における課税売上高が1,000万円を超えることとなった事実について**正当な理由**がある場合を除き、通則法第66条第1項に規定する納付すべき税額に含まれる。

ハ　申告所得税及び復興特別所得税の過少申告加算税及び無申告加算税の取扱いについて（事務運営指針）

第2　無申告加算税の取扱い
（期限内申告書の提出がなかったことについて正当な理由があると認められる事実）
1　通則法第66条の規定を適用する場合において、災害、交通・通信の途絶その他期限内に申告書を提出しなかったことについて真にやむを得ない事由があると認められるときは、期限内申告書の提出がなかったことについて正当な理由があるものとして取り扱う。
（期限後申告書等の提出が決定又は更正があるべきことを予知してされたと認められる場合）
2　第1の2の取扱いは、通則法第66条第3項の規定を適用する場合において、期限後申告書又は修正申告書の提出が決定又は更正があるべきことを予知してされたものである場合の判定について準用する。
（無申告加算税を課す場合の留意事項）
3　通則法第66条の規定による無申告加算税は、**正当な理由**がないにもかかわらず、期限内に申告書の提出がなかったことに基づいて課されるものであるから、次のことに留意する。
　(1)　申告書が期限後に提出され、その期限後に提出されたことについて**正当な理由**があると認められる場合において、当該申告について、更に修正申告書の提出があり、又は更正があったときは、当該修正申告又は更正により納付することとなる税額については**無申告加算税を課さないで過少申告加算税を課す**。
　(2)　通則法第66条第4項により準用する第65条第4項に定める**正当な理由**があると認められる事実がある場合は、第1≪過少申告加算税の取扱い≫による。

ニ　相続税、贈与税の過少申告加算税及び無申告加算税の取扱いについて（事務運営指針）

第2　無申告加算税の取扱い

（期限内申告書の提出がなかったことについて正当な理由があると認められる事実）
1　通則法第66条の規定を適用する場合において、災害、交通・通信の途絶その他期限内に申告書を提出しなかったことについて真にやむを得ない事由があると認められるときは、期限内申告書の提出がなかったことについて正当な理由があるものとして取り扱う。
　（注）　相続人間に争いがある等の理由により、相続財産の全容を知り得なかったこと又は遺産分割協議が行えなかったことは、正当な理由に当たらない。

（期限後申告書等の提出が更正又は決定があるべきことを予知してされたと認められる場合）
2　第1の2の取扱いは、通則法第66条第3項の規定を適用する場合において、期限後申告書又は修正申告書の提出が決定又は更正があるべきことを予知してされたものである場合の判定について準用する。

（無申告加算税を課す場合の留意事項）
3　通則法第66条の規定による無申告加算税は、正当な理由がないにもかかわらず、期限内に申告書の提出がなかったことに基づいて課されるものであるから、次のことに留意する。
　(1)　申告書が期限後に提出され、その期限後に提出されたことについて正当な理由があると認められた場合において、当該申告について、更に修正申告書の提出があり、又は更正があったときは、当該修正申告又は更正により納付することとなる税額については、**無申告加算税を課さないで過少申告加算税を課す**。
　(2)　通則法第66条第2項により準用する第65条第4項に定める正当な理由があると認められる事実がある場合は、第1（（過少申告加算税の取扱い））による。

---

(2) 各事務運営指針に共通な規定

　無申告加算税は国税通則法で定められており、その解釈について、本質的に、各税目間で差異は生じません。「正当な理由」に関して各事務運営指針は、「災害、交通・通信の途絶その他期限内に申告書を提出しなかったことについて真にやむを得ない事由」があると認められたとき、と説明しています。

Ⅱ 自主申告による減免（決定・更正の予知なし）

1 概要

期限後申告書またはその修正申告書の提出が、その申告に係る国税について、調査による更正または決定があることを予知してされたものでないときは、無申告加算税の額は、当該納付すべき税額に5％の割合を乗じて計算した金額とします（通則法66⑤）。自主的な申告に基づく無申告加算税は、自主申告による過少申告加算税の免除と同様の趣旨で、税額が軽減されることになります。

［過少申告加算税と無申告加算税との税率比較］

	自主申告	通　常	加重後
過少申告加算税	0%	10%	15%
無申告加算税	5%	15%	20%

> **Point**
> 無申告加算税が軽減される条件
> ●自主的な期限後申告であること
> 　（決定の予知なし）
> ●自主的な期限後申告の修正申告であること
> 　（更正の予知なし）

2　調査と行政指導

　ここでの「調査」とは何かについては、すでに述べました（第2章 2 Ⅱ）。外形的には調査に類似しているが、調査に該当しない課税庁の行為は、行政指導となります。行政指導に起因した期限後申告書は、決定を予知したものには当たりません。決定を予知したものでなければ、無申告加算税の税率は5％に軽減されます。

　平成23年改正の国税通則法の基での「更正の予知」を理解する上で重要なことは、国税庁が「調査」と「行政指導」を峻別したことです。これらの無申告加算税については、次の関係図のとおりです。

[調査と行政指導と無申告加算税の関係]

課税庁からの接触 → 行政指導（原則電話） → 実地の調査以外の調査 → 自主期限後申告（無申告加算税軽減）

行政指導 →（移行）→ 調査（予告）

実地の調査 → 決定の予知による期限後申告（無申告加算税賦課）

調査（予告） → 自主期限後申告または決定の予知による期限後申告

＊実地の調査とは、当該職員が納税義務者の支配・管理する場所等に臨場して質問検査等を行うものをいいます。

Ⅲ　無申告加算税の不適用制度による減免

1　概　要

　期限後申告であっても、次の要件をすべて満たす場合には無申告加算税は課されません（通則法66⑥）。

イ　その期限後申告が、法定申告期限から 2 週間以内に自主的に行われていること
ロ　期限内申告をする意思があったと認められる一定の場合に該当すること

　　なお、一定の場合とは、次の①および②のいずれにも該当する場合をいいます。

① 　その期限後申告に係る納付すべき税額の全額を法定納期限までに納付していること

（ただし、口座振替を選択していた場合は、法定納期限内に納付することが事実上できないことから、期限後申告書を提出した日までに全額が納付されていることが要件となっています）

② 　その期限後申告を提出した日の前日から起算して 5 年前までの間に、無申告加算税または重加算税を課されたことがなく、かつ、期限内申告をする意思があったと認められる場合の無申告加算税の不適用を受けていないこと

●国税通則法施行令●

(期限内申告書を提出する意思等があつたと認められる場合)
第 27 条の 2

一　法第 66 条第 6 項に規定する期限後申告書の提出があつた日の前日から起算して 5 年前の日……までの間に、当該期限後申告書に係る国税の属する税目について、法第 66 条第 1 項第 1 号に該当することにより無申告加算税又は重加算税を課されたことがない場合であつて、同条第 6 項の規定の適用を受けていないとき。

これ（通則令27の2）は、期限後申告の常習者については、無申告加算税の不適用制度の対象とすべきではない、という理由から定められました。

5 年前とは、具体的には次の期間です。

[「過去5年間」の図解]

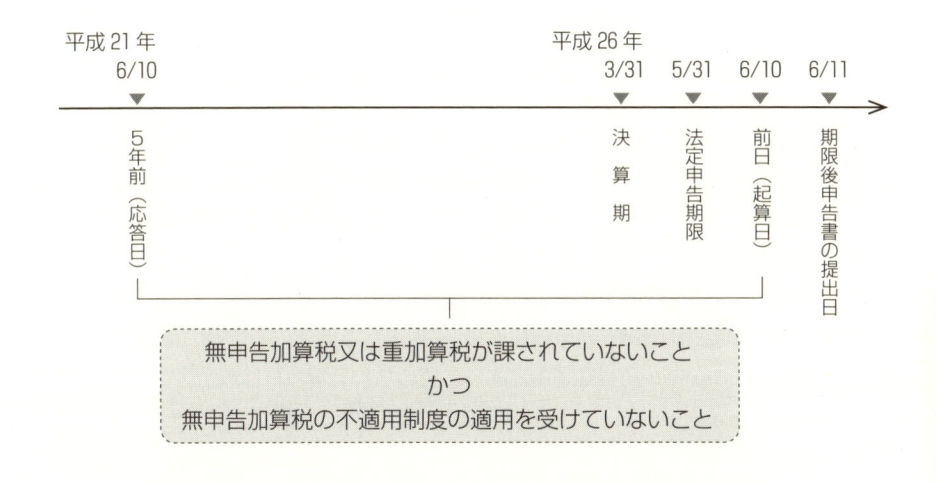

```
平成21年                          平成26年
 6/10                         3/31  5/31  6/10  6/11
  ▼                            ▼    ▼    ▼    ▼
──┼────────────────────────────┼────┼────┼────┼──→
  5                            決   法   前   期
  年                            算   定   日   限
  前                            期   申   （   後
  （                                告   起   申
  応                                期   算   告
  答                                限   日   書
  日                                     ）   の
  ）                                          提
                                             出
                                             日
```

　　　無申告加算税又は重加算税が課されていないこと
　　　　　　　　　　　　かつ
　　　無申告加算税の不適用制度の適用を受けていないこと

2　法人税と消費税の申告期限

　法定納期限までに納税しているにもかかわらず、期限内の申告書提出を失念することは、実務上、少なからず発生します。特に、法人税の確定申告書の提出期限を1月延長した法人が、消費税の確定申告書の延長期限も1か月延長できると誤認し、期限後申告する事例が続出しました。

裁決

裁決事例集 No.47－38頁（平成6年5月24日 裁決）
法人税の申告期限延長の特例適用を受けていることをもって、消費税の期限後申告について、正当な理由があるとはいえないとした事例

　　請求人は、法人税について法人税法第75条の2の申告書提出期限の延長の特例を受けており、消費税についても消費税法第45条による提出期限までに決算が確定しないから、
　　［1］　この状況で確定申告書を提出すると、決算確定後、修正申告又は更正の請求等事務負担が増加することになり、また、
　　［2］　法定申告期限内に納付税額を納付しているから、期限内申告できない

93

ことについて無申告加算税を賦課しないこととする正当な理由が存すると主張する。
　しかし、消費税の納税義務は、課税資産の譲渡等の時に成立しており、継続して事業を行っている事業者は、その課税期間を通じて各日ごとに取引があり、その取引ごとに消費税相当額を受領し、消費税を転嫁しているのであるから、確定した決算に基づくことは、消費税の確定申告書を提出する上での要件となるものではなく、消費税法にも提出期限の延長を認める旨の規定は設けられていない。また、法人税の申告期限の延長の適用の有無が消費税の確定申告期限に影響を及ぼすものではない。
　したがって、**決算が確定していないことは、真にやむを得ない理由に該当せず**、国税通則法第66条"無申告加算税"に規定する期限内申告書の提出がなかったことについて、正当な理由があると認められる場合には該当しない。
　また、請求人主張の［1］、［2］の理由は、いずれも、真にやむを得ない理由に該当しない。

　なお、国税庁のホームページでは、次の質疑応答事例が掲載されています。

法人税の確定申告期限の延長と消費税の確定申告期限

【照会要旨】
　会社法の規定に基づき監査役や会計監査人の監査を受けなければならない等の理由により決算が確定しないため、法人税法第75条の2《確定申告書の提出期限の延長の特例》の規定により確定申告期限の1月間延長を受けている法人は、決算額が確定する前に消費税の申告期限が到来することになります。この場合、監査役や会計監査人の監査によって、決算額が変更する場合もあると考えられますが、どのように対応したらよいのでしょうか。

【回答要旨】
　消費税法においては、法人税法と同様な申告期限の延長の特例は設けられていません。
　なお、会計監査人等の監査により納付すべき税額に異動を生じた場合には、修正申告又は更正の請求を行うこととなります。

【関係法令通達】
　消費税法第45条第1項

消費税の無申告加算税の賦課決定に関する訴訟では、関西電力事件が有名です。

　関西電力は、平成14年4月1日から1年間の消費税約247億8,000万円を法定納期限までに全額納付したが、失念により消費税の申告書を期限内に提出しませんでした。所轄税務署長は、5％の無申告加算税12億4,000万円の賦課決定処分を行いました。関西電力は大阪地裁に、無申告加算税の賦課決定処分の取消しを求めて訴訟を提議したが、失念は「正当な理由」に当たらないと斥けられ、判決は確定しました（平成17年9月16日）。

　しかし、このようなケースでの無申告加算税の賦課は納税者に酷な面もあり、平成18年度税制改正で国税通則法第66条第6項が定められました。

第4章

不納付加算税

① 概要

◆ 国税通則法第67条

　源泉徴収による国税は、徴収義務者が納税義務者の納税額を徴収して国に納付するものであり、一般の国税のように納税義務者が直接国に納税するものと異なる納付形態となっています。徴収義務者が不納付加算税を正当に国に納付しない場合には、国は、納税義務者から直接徴収することなく、徴収義務者のみを相手として徴収手続を進めることになります。

第1項　不納付加算税の計算

> ● 国税通則法 ●
>
> （不納付加算税）
> 第67条　源泉徴収による国税がその法定納期限までに完納されなかつた場合には、税務署長は、当該納税者から、第36条第1項第2号（源泉徴収による国税の納税の告知）の規定による納税の告知に係る税額又はその法定納期限後に当該告知を受けることなく納付された税額に**100分の10**の割合を乗じて計算した金額に相当する不納付加算税を徴収する。ただし、当該告知又は納付に係る国税を法定納期限までに納付しなかつたことについて**正当な理由**があると認められる場合は、この限りでない。

1　徴収要件

　源泉所得税の納税義務は支払いの時に成立し、成立と同時に納付する税額が確定します。納税額は、課税庁の賦課決定処分がなくても、法令

99

の定めに従って自動的に確定します。不納付加算税は、源泉徴収による国税が法定納期限までに完納されなかった場合に、法定納期限の経過の時に成立します。

　法定納期限とは、国税を納付すべき期限をいい、源泉徴収に係る所得税であれば、納期の特例の場合を除いて、原則として、その税額を徴収した日の翌月10日となります。不納付加算税の具体的な納期限は、納税告知書が発せられる日の翌日から起算して1月後となります。

---●　国税通則法　●---

（納税義務の成立及びその納付すべき税額の確定）
第15条
2　税納税義務は、次の各号に掲げる国税（第一号から第十二号までにおいて、附帯税を除く。）については、当該各号に定める時（当該国税のうち政令で定めるものについては、政令で定める時）に成立する。
　　十四　不納付加算税又は第68条第3項の規定による重加算税　法定納期限の経過の時

　支払い時に確定した税額が納付されなかったときに、税務署長は滞納処分を行うことになりますが、納税の告知は、滞納処分に至る最初の徴収手続となります。納税の告知は更正あるいは決定のような課税処分とは異なり、確定された納税額に関する税務署長の見解という性質を有しています。

---●　国税通則法　●---

（納税の告知）
第36条　税務署長は、国税に関する法律の規定により次に掲げる国税（その滞納処分費を除く。以下次条において同じ。）を徴収しようとするときは、**納税の告知**をしなければならない。
　　一　賦課課税方式による国税（過少申告加算税、無申告加算税及び前条第三項に規定する重加算税を除く。）
　　二　源泉徴収による国税でその法定納期限までに納付されなかつたもの

---●国税通則法施行令●---

（納税の告知に係る納期限等）

第8条 法第 36 条第 1 項 各号（納税の告知）に掲げる国税につきその法定納期限後に納税の告知をする場合又は過怠税につき納税の告知をする場合には、当該告知に係る納税告知書に記載すべき**納期限**は、当該告知書を発する日の翌日から起算して**1 月を経過する日**（国税に関する法律の規定により一定の事実が生じた場合に直ちに徴収するものとされている国税については、当該告知書の送達に要すると見込まれる期間を経過した日）とする。

実務上は、担当者が徴収義務者から、源泉所得税の対象となる支払金額および税額を電話で聴取し、それに基づき納税の告知を行っていることが多いようです。電話で聴取されたときが、実質的な徴収手続の開始であり、源泉徴収義務者は納税の告知を予知したことになります。

なお、過少申告加算税、無申告加算税、重加算税は、自主的に納付するものとされている（通則法35③）ため、条文では「課する」と規定されています。一方、不納付加算税は、自主的な納付ではなく、納税の告知により徴収されることから、条文では「徴収する」と規定されています。

第4章 不納付加算税 概要

[不納付加算税の税額計算の概要]

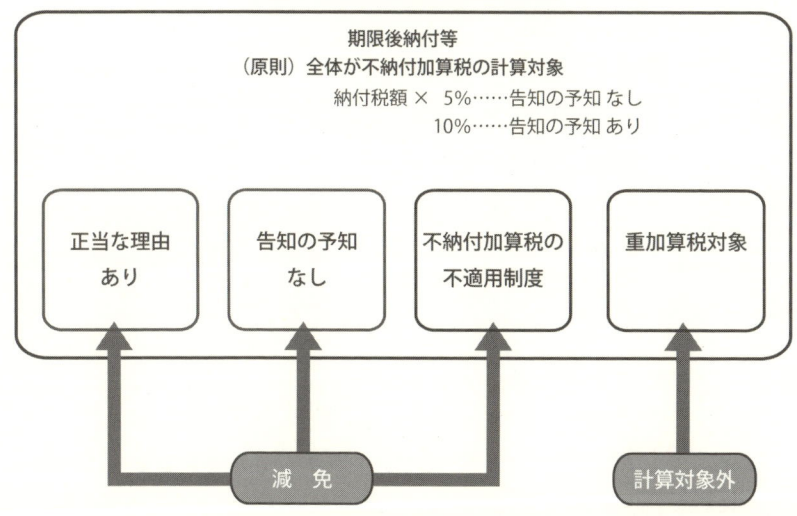

期限後納付等
（原則）全体が不納付加算税の計算対象

納付税額 × 5% ……告知の予知 なし
　　　　　 10% ……告知の予知 あり

| 正当な理由あり | 告知の予知なし | 不納付加算税の不適用制度 | 重加算税対象 |

↓　　↓　　↓　　　　　　↓

減　免　　　　　　　　計算対象外

101

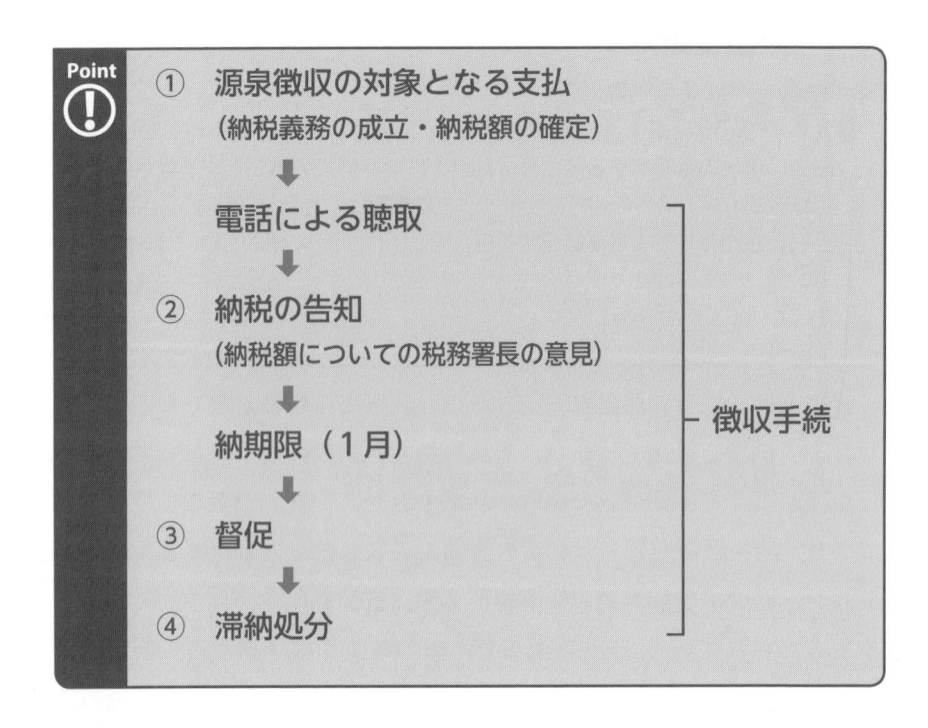

> **Point**
> ① 源泉徴収の対象となる支払
>   （納税義務の成立・納税額の確定）
>   ↓
>   電話による聴取
>   ↓
> ② 納税の告知
>   （納税額についての税務署長の意見）
>   ↓
>   納期限（1月）
>   ↓
> ③ 督促
>   ↓
> ④ 滞納処分
>
> ②～④：徴収手続

2　不納付加算税の負担者

　源泉徴収制度は、源泉徴収義務者である支払者（納税者）が受給者に代わって所得税を納付する制度です。支払者が所得税の源泉徴収をもらしてしまい、後日税務署長から徴収された場合は、支払者は受給者に求償することができます。受給者の横領等の不正その他の行為により未納税額が生じ、それに対して課させられる不納付加算税等は、源泉徴収による所得税の納税者が、受給者ではなく支払者であることから、支払者が負担することになります。

受給者 ←――支払――― 支払者（納税者） ―――源泉所得税納付――→ 税務署

> **判例**
>
> ### 金員支払請求事件 （最高裁 昭和45年12月24日 判決）
>
> 一、源泉徴収による所得税についての**納税の告知**は、徴収処分であつて**課税処分ではない**。
>
> 二、支払者は、源泉徴収による所得税の徴収・納付義務の存否または範囲を争つて、納税の告知（徴収処分）に対する**抗告訴訟を提起**することができ、また、これにあわせてまたはこれと別個に、右徴収・納付義務の存否または範囲を訴訟上確定させるため、右義務の全部または一部の**不存在確認の訴**を提起することができる。
>
> 三、受給者は、源泉徴収による所得税を税務署長から徴収されまたは期限後に納付した支払者から、その税額に相当する金額につき求償権の行使を受けたときは、自己の負担すべき源泉納税義務の存否または範囲を争つて、支払者の請求を拒むことができる。
>
> 四、源泉徴収による所得税を税務署長から徴収されまたは期限後に納付した支払者の受給者に対する**求償権**は、右所得税の本税相当額についてのみ行使することができ、**附帯税相当額には及ばない**。

［不納付加算税と過少申告加算税・無申告加算税との相違点］

	不納付加算税 不納付に係る重加算税	過少申告加算税 無申告加算税 無・過少申告に係る重加算税
納税者	源泉徴収義務者	納税義務者
対象税目	源泉徴収等による国税	申告納税方式による国税
加算税の成立	法定納期限経過時	法定納期限経過時
加算税の負担者	源泉徴収義務者	納税義務者
具体的納期限	納税告知書の発送日の翌日から1月	賦課決定通知書の発送日の翌日から1月
性　格	徴収処分	課税処分
条文の規定	徴収する	課する・納付する

3　不納付加算税の税額

　納付税額の 10％の金額が加算税の対象となります。

　納付税額とは、ここでは、源泉徴収による国税がその法定納期限までに完納されなかった場合の、納税の告知に係る税額または告知を受けることなく納付された税額のことです。不納付加算税の税額は、基本的には次の計算式で算出します。

[不納付加算税の税額計算の概要]

```
（自主分）　不納付税額　×　 5％　＝　不納付加算税の額

（通常分）　不納付税額　×　10％　＝　不納付加算税の額

（加重分）　なし

（注）（自主分）…国税通則法第3項　告知の予知なし
　　　（通常分）…国税通則法第1項　告知の予知あり

・計算の基礎となる納付税額 10,000 円未満　　→　全額切捨て
・計算の基礎となる増差税額 10,000 円未満の端数　→　切捨て
・不納付加算税額 5,000 円未満　　　　　　　　→　全額切捨て
・不納付加算税額 100 円未満の端数　　　　　　→　切捨て
```

　なお、不納付加算税の税額計算では、過少申告加算税あるいは無申告加算税における加重の制度はありません。

[不納付加算税と過少申告加算税・無申告加算税との税率の比較]

	自主申告・納付	通　常	加重後
過少申告加算税	0%	10%	15%
無申告加算税	5%	15%	20%
不納付加算税	5%	10%	—

4　重加算税との関係

　隠ぺいまたは仮装に基づき、源泉徴収による国税がその法定納期限までに完納されなかった場合には、不納付加算税の額の計算の基礎となるべき税額に係る無申告加算税に代えて、重加算税が課されます。

――● 国税通則法 ●――

（重加算税）
第68条
3　前条第1項の規定に該当する場合（同項ただし書又は同条第2項若しくは第3項の規定の適用がある場合を除く。）において、納税者が事実の全部又は一部を**隠ぺい**し、又は**仮装**し、その隠ぺいし、又は仮装したところに基づきその国税をその法定納期限までに納付しなかつたときは、税務署長は、当該納税者から、不納付加算税の額の計算の基礎となるべき税額（その税額の計算の基礎となるべき事実で隠ぺいし、又は仮装されていないものに基づくことが明らかであるものがあるときは、当該隠ぺいし、又は仮装されていない事実に基づく税額として政令で定めるところにより計算した金額を控除した税額）に係る**不納付加算税に代え**、当該基礎となるべき税額に**100分の35**の割合を乗じて計算した金額に相当する重加算税を徴収する。

5　正当な理由

➡次項「2　Ⅰ　正当な理由による減免」で解説します。

第2項　納税の告知の予知

● 国税通則法 ●

(不納付加算税の不適用)
第67条
2　源泉徴収による国税が第36条第1項第2号の規定による**納税の告知**を受けることなくその法定納期限後に納付された場合において、その納付が、当該国税についての調査があつたことにより当該国税について当該告知があるべきことを**予知してされたものでない**ときは、その納付された税額に係る前項の不納付加算税の額は、同項の規定にかかわらず、当該納付された税額に**100分の5**の割合を乗じて計算した金額とする。

➡次項「2　Ⅱ　自主納付による減免」で解説します。

第3項　不納付加算税の不適用

● 国税通則法 ●

(不納付申告加算税)
第67条
3　第一項の規定は、前項の規定に該当する納付がされた場合において、その**納付が法定納期限までに納付する意思**があつたと認められる場合として政令で定める場合に該当してされたものであり、かつ、当該納付に係る源泉徴収による国税が法定納期限から1月を経過する日までに納付されたものであるときは、適用しない。

➡次項「2　Ⅲ　不納付加算税の不適用制度による減免」で解説します。

② 減　免

I　正当な理由による減免

1　概要

源泉徴収等に係る国税を法定納期限までに完納しなかった場合であっても、「正当な理由」があれば、不納付加算税の徴収が免除されます（通則法67①）。

2　正当な理由に関する論点

過少申告加算税あるいは無申告加算税の「正当な理由」とおおむね同様な内容であり、次のような論点があります。

　イ　「正当な理由」は不確定概念ですが、租税法律主義（憲法84）あるいは罪刑法定主義（憲法31）に反していない

　ロ　「正当な理由」の主張・立証責任は、納税者が負う

　ハ　「正当な理由」の判断基準は、「不当又は酷」であり、次のような場合は、不納付加算税を賦課することが「不当又は酷な場合」は「正当な理由」に該当する

　　① 税法の解釈に関し、給与等の支払後の取扱いが公表され、その取扱いと源泉徴収義務者の解釈とが異なることとなった場合において、その源泉徴収義務者の解釈について相当の理由があると認められるとき

　　　（ただし、税法の不知もしくは誤解または事実誤認に基づくものはこれに当たりません）

② 災害、交通・通信の途絶その他法定納期限内に納付しなかったことについて真にやむをえない事由があると認められるとき

③ 給与所得者の扶養控除等申告書、給与所得者の配偶者特別控除申告書または給与所得者の保険料控除申告書等に基づいてした控除が過大であった等の場合において、これらの申告書に基づき控除したことにつき源泉徴収義務者の責めに帰すべき事由があると認められないとき

④ 源泉徴収義務者が収納機関以外の金融機関に 税金の納付を委託した場合において、その委託が通常であれば法定納期限内に納付されるに足る時日の余裕をもってされているにもかかわらず、委託を受けた金融機関の事務処理誤り等により、収納機関への納付が法定納期限後となったことが、当該金融機関の証明書等により証明されたとき

⑤ 税務官庁の指摘に誤りがあり、または源泉徴収義務者からの照会に対して明確な回答を行わなかったため、納付すべき税額を徴収して納付しなかったが、納付するべきことを知った後、速やかに当該税額を納付したとき

3 正当な理由の判例等

風俗会社のホステスに支払った報酬に係る源泉所得税の不納付に関しての不納付加算税に賦課決定について、正当の理由の有無について争われた事案があります。

〈原告（源泉徴収義務者）の主張する正当な理由〉

① ホステス報酬の所得税が源泉徴収制度に変更されたことを知らなかった

② その法律改正に関して、課税庁は指導あるいは説明をしなかった

〈東京地方裁判の判示〉
(1) 正当な理由とは、「制裁を課することが不当あるいは苛酷とされるような事情」とした
(2) 原告が徴収納付義務を知っていたと認定した
(3) たとえ知らなかったとしても、原告には過失があり、正当な理由とはならない

> **判例**
>
> **納税告知処分等取消請求事件（東京地裁 昭和51年7月20日 判決）**
>
> 　ところで、国税通則法67条1項ただし書にいう「**正当な理由**」とは、同条に規定する不納付加算税が適正な源泉徴収による国税の確保のため課せられる**税法上の義務の不履行に対する一種の行政上の制裁**であることにかんがみ、このような**制裁を課することが不当あるいは苛酷とされるような事情**をいい、法定納期限までの不納付の事実が単に納税義務者の**法律の不知あるいは錯誤**に基づくというのみでは、これにあたらないというべきであるが、必ずしも納税義務者のまったくの無過失までをも要するものではなく、**諸般の事情を考慮して過失があったとしてもその者のみに不納付の責を帰することが妥当でないような場合を含む**ものと解するのが相当である。
> 　これを本件についてみると次のとおりである。
> 　ホステス等の報酬についての所得税は…従来の申告制から源泉徴収制になった…被告は、毎年末になると管内対象者に対して年末調整及び法定調書提出に関する説明会を開催しており……右説明会の開催にあたっては、その日時を知らせる案内とともに、年末調整及び法定調書提出に関する説明書を、事前に管内の法人及び官公庁、個人に対して送付していたこと、右送付の対象となった法人は、東京国税局あるいは被告官署法人課が法人名及び所在地等を把握している被告管内のすべての法人であったこと、そして右送付される法定調書提出に関する説明書は、前記の法改正の後はホステス等の報酬等の支払者が被告に提出すべき所得税法225条所定の支払調書についての説明が含まれており、その記載を見ればホステス等に報酬等を支払った者がその所得税について源泉徴収及び納付義務を負っていることが明瞭にわかる内容のものであることが認められる。
> 　……ホステスに支払った報酬等の所得税が源泉徴収制となり、原告が徴収及び納付義務を負うことになったことについて、遅くとも本件処分の対象た

> る源泉所得税のうち最初に法定納期限が到来する昭和４５年１月分の報酬等の支払いのときまでには、これを知り得る機会が十分にあったものであり、その後も同様であったと推認できるのであって、仮に原告が本件処分対象たる源泉所得税についての**徴収及び納付義務の存在を**、その報酬等を支払った**当時知らなかったとすれば、この点について原告に過失のあることは到底否定できない**ものというべきである。
> 　……、被告としても担当部署間の連絡体制を整備していれば、本件処分よりは早い時期に、遅くとも被告係官の前記指導がなされた昭和46年12月ころには、原告の本件の源泉所得税の不納付の事実を知り得たはずであり、そうすれば原告に対し不納付の事実を直接指摘する等のことによって不納付の発生あるいは拡大を防止できた可能性があったものと解せられる。
> 　しかしながら……被告が**不納付を指摘しなかったとの事実は原告の本件所得税の不納付の正当理由の有無の判断についてさほどの影響を与えるものではない**というべきであるから、右の不納付につき原告に正当な理由があるものとは認められないといわざるをえない。

　納税者が税法の解釈を誤解したことにやむをえない事情があり、かつ、再度にわたる源泉徴収するべきかどうかの請求人の問い合わせに対して、課税庁の指導が行われなかったことに起因する源泉所得税の不納付について、正当な理由があると認定された事例があります。

裁決

> **裁決事例集 No.19- 7頁（昭和55年3月11日 裁決）**
> 源泉所得税の不納付について国税通則法第67条第1項に規定する正当な理由があるとした事例
>
> 　源泉徴収に係る所得税の不納付について、請求人は、ストリップショウの出演料について源泉徴収の必要はないとの税理士の説明をいったん信じたが、その後、同税理士独自の法解釈について疑義が生じたので、「ストリップショウの出演者に対する支払報酬、料金が所得税法第204条第1項第5号に規定する報酬、料金に該当するかどうかの取扱いが所轄税務署により異なることについて」なる**上申書を原処分庁に提出している**こと等から、国税通則法第67条第1項に規定する**正当な理由**があると認められるので、本件不納付加算税の賦課決定は、これを取り消すのが相当である。

天候等の自然現象あるいは交通遅延等の社会的な事情に起因して、納期限後になされた納付については、なかなか、正当な理由が認められない傾向にあります。

> **裁決**
>
> **裁決事例集 No.21- 8 頁（昭和 56 年 3 月 31 日 裁決）**
> 法定納期限後になされた源泉所得税の納付について国税通則法第 67 条第 1 項に規定する正当な理由が認められないとした事例
>
> 　積雪寒冷地においては、**冬季の天候不順による航空機の遅延・欠航等**は通常発生し得るものであり、少なくとも週に一度以上航空機を利用する請求人にとっては、このことを考慮して、あらかじめ法定納期限内に納付できるよう必要な措置を家族ないし事務所員に指示しておくことは、社会通念上当然のことと認められるから、請求人が航空機の遅延によって源泉所得税を法定納期限までに納付できなかったことについては、国税通則法第 67 条第 1 項に規定する**正当な理由がある場合に当たらない**。

　過少申告加算税や無申告加算税と同様に、病気等の個人的な事情や交通、通信の途絶等の社会的な事情が「正当な理由」となると認められることは、実務上、ほとんどないようです。しかし、源泉徴収等に係る国税を法定納期限までに完納しなかったことに、「正当な理由」があれば、不納付加算税の徴収が免除される規定になっているので、そのような事情があれば、それを主張するべきです。

　また、納付書の送付がない等の行政サービスの不備を「正当な理由」と主張しても、それが「不当または酷」と認められることはないでしょう。

> **裁決**
>
> **裁決事例集 No.24- 7頁（昭和57年5月31日 裁決）**
> 納付書が源泉徴収義務者に送付されなかったとしても源泉所得税の納付遅延につき正当な理由があったとは認められないとした事例
>
> 　源泉所得税の納付が遅延したのは、原処分庁から当納期分に係る**納付書の送付がなく**、また、**納付書用紙は税務署等の窓口に備え付けてあることを全く知らなかった**ためであるから、国税通則法第67条第1項ただし書にいう「**正当な理由**」に該当するとの主張について、請求人へ送付した「年末調整用紙の配付及び年末調整説明会のお知らせ」状における記事及び請求人の代表者が自発的に原処分庁へ赴き、関係用紙の交付を受けたことがあること、さらに、原処分庁において通常実施している関係諸用紙の送付事務は、源泉徴収義務者に対するサービスの一環として行われているものであることからすると、請求人の「**正当な理由**」に当たるとする主張は**失当**である。

　源泉徴収義務者が、源泉徴収による国税を期限後に自主的に納付した場合は、不納付加算税が10％から5％に軽減されますが、それが更正を予知してされたものであれば、軽減されません。

Ⅱ　自主納付による減免（告知の予知なし）

1　概要

　源泉徴収等による国税が、納税の告知を受けることなく法定納期限後に納付された場合において、その納付が、納税の告知があるべきことを予知されたものでないときは、不納付加算税の額は、その納付税額に5％の割合を乗じて計算した金額に軽減されます（通則法67②）。

2　未納整理と告知の予知

　納税の告知の予知の論点は、過少申告加算税と無申告加算税の場合とおおむね同様ですが、不納付加算税特有の問題もあります。

　源泉所得税の未納が発生したとき、課税庁の担当者は、徴収義務者に対して源泉所得税の対象となる支払金額および税額を電話で聴取して、未納の税金を整理し、それに基づき納税の告知を行います。したがって、少なくとも、課税庁の担当者から電話があったことから、徴収義務者は納税の告知があるべきことを予知しているはずです。しかし、実務では、納税の告知が行われる前に納付されれば、軽減税率で不納付加算税の税額を算出しているようです。

　以下の国税庁の事務運営指針では、納付確認を行った結果、自主納付された場合は、納税の告知を予知したものではない、と整理しています。

源泉所得税及び復興特別所得税の不納付加算税の取扱いについて
（事務運営指針）

第1　不納付加算税の取扱い
（納付が、告知があるべきことを予知してされたものである場合）
2　省略
　（注）次に掲げる場合は、原則として「告知があるべきことを予知してされたもの」には該当しない。
　1　臨場のための日時の連絡を行った段階で自主納付された場合
　2　納付確認（臨場によるものを除く。）を行った結果、自主納付された場合
　3　説明会等により一般的な説明を行った結果、自主納付された場合

[源泉所得税の未納整理と告知の予知]

```
                  税務署より
                  未納額の
法定納期限          電話照会                    納税の告知
   ▼               ▼                         ▼
───┼───────────────┼─────────────────────────┼────────────→
                   └─────────────────────────┘
                   この期間で納付した場合
                     ●実態は、告知の予知あり
                     ●事務運営指針では、告知の予知なし
```

Point !　税務署から未納源泉所得税に関する電話照会があったら、
　　① 納税の告知を待ってもらい
　　② すぐに納付する（税率：告知なしは５％
　　　　　　　　　　　　　告知ありは10％）

Ⅲ　不納付加算税の不適用制度による減免

　源泉徴収による国税がその法定納期限後に納付され、それが納税の告知があるべきことを予知してされたものでない場合、次の要件をすべて満たすときには、不納付加算税は課されません（通則法67③）。
　イ　納付に係る源泉徴収による国税が、法定納期限から１月を経過する日までに納付されていること
　ロ　法定納期限までに納付する意思があったと認められる一定の場合に該当すること
　なお、一定の場合とは、その納付に係る法定納期限の属する月の前月

の末日から起算して1年前までの日の間に法定納期限が到来する源泉徴収による国税について、次の①および②のいずれにも該当する場合をいいます。

① 納税の告知を受けたことがない場合
② 納税の告知を受けることなく法定納期限後に納付された事実がない場合

● **国税通則法施行令** ●

（期限内申告書を提出する意思等があつたと認められる場合）
第27条の2
1　法第67条第3項（不納付加算税）に規定する法定納期限までに納付する意思があつたと認められる場合として政令で定める場合は、同項に規定する納付に係る**法定納期限の属する月の前月の末日から起算して1年前の日までの間に法定納期限が到来**する源泉徴収による国税について、次の各号のいずれにも該当する場合とする。

　一　法第36条第1項第二号（納税の告知）の規定による**納税の告知**（法第67条第1項ただし書に該当する場合における納税の告知を除く。）**を受けたことがない場合**

　二　法第36条第1項第二号の規定による**納税の告知を受けることなく法定納期限後に納付された事実**（その源泉徴収による国税に相当する金銭が法定納期限までに法第34条の3の規定により納付受託者に交付されていた場合及び法第67条第1項ただし書に該当する場合における法定納期限後に納付された事実を除く。）**がない場合**

[「1年前の日」の図解]

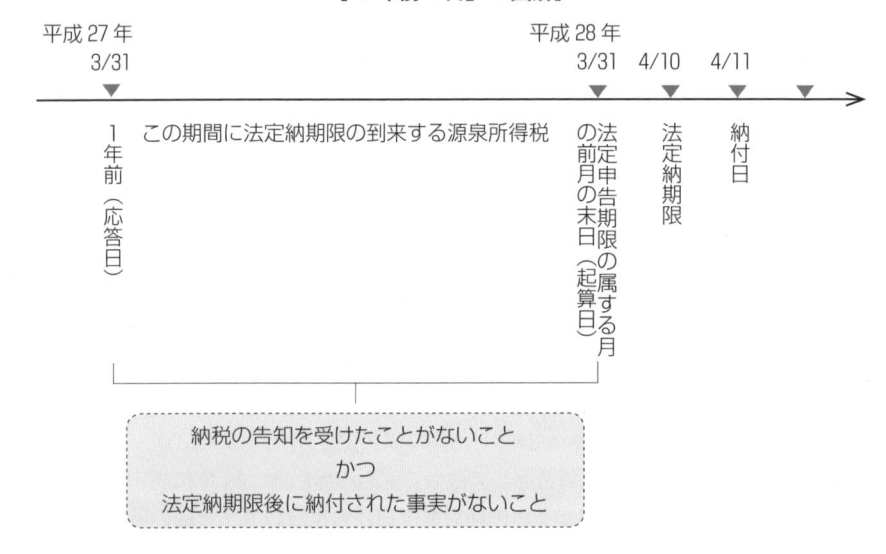

```
平成27年                        平成28年
 3/31                           3/31   4/10  4/11
  ▼                              ▼      ▼     ▼
──┼──────────────────────────────┼──────┼─────┼────→
  │                              │      │     │
 1                この期間に法定納期限の到来する源泉所得税  法  納
 年                              の                  定  付
 前                              法                  納  日
 （                              定前月              期
 応                              申の                限
 答                              告末
 日                              期日
 ）                              限（
                                 の起
                                 属算
                                 す日
                                 る）
                                 月

                  ┌─────────────┴─────────────┐
                  │ 納税の告知を受けたことがないこと │
                  │          かつ           │
                  │ 法定納期限後に納付された事実がないこと │
                  └─────────────────────────┘
```

Ⅳ 事務運営指針

源泉所得税及び復興特別所得税の不納付加算税の取扱いについて
（事務運営指針）

> **第1 不納付加算税の取扱い**
> （源泉所得税及び復興特別所得税を法定納期限までに納付しなかったことについて正当な理由があると認められる場合）
> 1 通則法第67条の規定の適用に当たり、例えば、源泉徴収義務者の責めに帰すべき事由のない次のような場合は、同条第1項ただし書きに規定する正当な理由があると認められる場合として取り扱う。
> 　(1) 税法の解釈に関し、給与等の支払後取扱いが公表されたため、その公表された取扱いと源泉徴収義務者の解釈とが異なることとなった場合において、その**源泉徴収義務者の解釈について相当の理由**があると認められるとき。
> 　　（注） 税法の不知若しくは**誤解**又は**事実誤認**に基づくものはこれに当たらない。
> 　(2) 給与所得者の扶養控除等申告書、給与所得者の配偶者特別控除申告書又は給

与所得者の保険料控除申告書等に基づいてした控除が過大であった等の場合において、これらの申告書に基づき控除したことにつき**源泉徴収義務者の責めに帰すべき事由**があると認められないとき。
(3) 最寄りの収納機関が遠隔地であるため、源泉徴収義務者が収納機関以外の金融機関に税金の納付を委託した場合において、その委託が通常であれば法定納期限内に納付されるに足る時日の余裕をもってされているにもかかわらず、委託を受けた**金融機関の事務処理誤り**等により、収納機関への納付が法定納期限後となったことが、当該金融機関の証明書等により証明されたとき。
(4) **災害、交通・通信の途絶**その他法定納期限内に納付しなかったことについて**真にやむを得ない事由**があると認められるとき。

(納付が、告知があるべきことを予知してされたものである場合)
2 通則法第67条第2項の規定を適用する場合において、その源泉徴収義務者に対する臨場調査、その源泉徴収義務者の取引先に対する反面調査等、当該源泉徴収義務者が**調査のあったことを了知した**と認められる後に自主納付された場合の当該自主納付は、原則として、同項に規定する「告知があるべきことを予知してされたもの」に該当する。
(注) 次に掲げる場合は、原則として「告知があるべきことを予知してされたもの」には該当しない。
1 臨場のための日時の連絡を行った段階で自主納付された場合
2 **納付確認(臨場によるものを除く。)を行った結果、自主納付された場合**
3 説明会等により一般的な説明を行った結果、自主納付された場合

(法定納期限の属する月の前月の末日から起算して一年前の日)
3 通則法施行令第27条の2第2項に規定する「法定納期限の属する月の前月の末日から起算して一年前の日」とは、当該「前月の末日」の1年前の応当日をいうのであるから、例えば、「前月の末日」が6月30日である場合には、「一年前の日」は前年の6月30日となる。

第2 不納付加算税の計算

(不納付加算税の計算の基礎となる税額の計算方法)
4 不納付加算税の計算の基礎となる税額は、所得の種類(給与所得、退職所得、報酬・料金等の所得、公的年金等所得、利子所得等、配当所得、非居住者等所得、定期積金の給付補てん金等、上場株式等の譲渡所得等及び償還差益等の区分による。)ごとに、かつ、法定納期限の異なるごとの税額によることに留意する。
(注) 通則法第119条第4項《国税の確定金額の端数計算等》の規定により加算税の金額が5千円未満であるときは、その全額を切り捨てることとされているが、この場合、加算税の金額が5千円未満であるかどうかは、所得の種

類ごとに、かつ、法定納期限の異なるごとに判定することに留意する。
(重加算税について少額不徴収に該当する場合の不納付加算税の計算)
5　通則法第119条第4項の規定により重加算税を徴収しない場合には、その徴収しない部分に対応する税額は、不納付加算税対象税額に含まれないのであるから留意する。

第5章 重加算税

① 概　要

I　国税通則法第68条

　重加算税は、国税通則法に定められている附帯税の一つであり、過少申告加算税、無申告加算税または不納付加算税を課すべき納税義務違反が、事実の隠ぺいまたは仮装という行為に基づいて行われた場合に課されます。「隠ぺい・仮装」行為があれば、申告義務違反あるいは納付義務違反の程度が重いと判断されるため、重加算税の税率は高く設定され、その基礎となる税額に35％または40％を掛けて算出します。

[重加算税と他の加算税との関係]

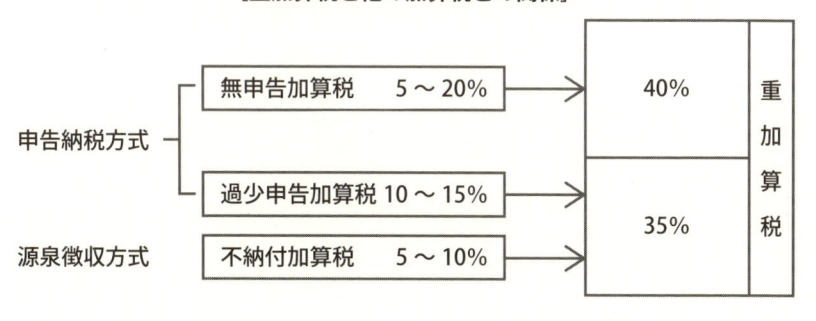

方式	加算税	重加算税
申告納税方式	無申告加算税　5〜20％	40％
申告納税方式	過少申告加算税 10〜15％	35％
源泉徴収方式	不納付加算税　5〜10％	35％

　無申告加算税、過少申告加算税および不納付加算税については、実務上、一定の要件のもとに機会的に課され、その適否について争われることはそれほど多くはありません。一方で、重加算税に関しては、機械的に課されることはなく、調査官の事実認定に基づき、税務官庁内で検討を行い、高いレベルでの了解を経て賦課決定されます。重加算税の課否については、税務調査でのトラブルも多く、訴訟に至るケースも少なくありません。争いが多い原因の一つは、重加算税の課税要件である「隠

ぺい・仮装」の概念が一義的とは言い難く、不明確なことにあります。

まずは、国税通則法の条文をよく読むことから始めます。

第1項　過少申告加算税に代えて

> ● 国税通則法 ●
>
> （重加算税）
> **第68条**　第65条第1項（過少申告加算税）の規定に該当する場合（同条第5項の規定の適用がある場合を除く。）において、**納税者**がその国税の課税標準等又は税額等の計算の基礎となるべき**事実の全部又は一部を隠ぺいし、又は仮装**し、その**隠ぺいし、又は仮装したところに基づき納税申告書を提出**していたときは、当該納税者に対し、政令で定めるところにより、過少申告加算税の額の計算の基礎となるべき税額（その税額の計算の基礎となるべき事実で隠ぺいし、又は仮装されていないものに基づくことが明らかであるものがあるときは、当該隠ぺいし、又は仮装されていない事実に基づく税額として政令で定めるところにより計算した金額を控除した税額）に係る**過少申告加算税に代え**、当該基礎となるべき税額に**100分の35の割合**を乗じて計算した金額に相当する重加算税を課する。

第1項を簡単にまとめると、次のようになります。

	内　容
前　提	過少申告加算税（通則法65①）に該当
行為の主体	納税者
行為の内容	事実の隠ぺい・仮装
行為の時期	納税申告書の提出前
減　免	自主修正申告（更正の予知なし）（通則法65⑤）
税　率	過少申告加算税に代え、 基礎税額の35%

なお、国税通則法第65条第2項により加重された過少申告加算税が課される場合において、重加算税が課されるときは、重加算税は加重された過少申告加算税に代えて課されます（通則令27の3①）。つまり、過少申告加算税に通常分10%と加重分15%があるときは、重加算税35%

は、まず加重分に代えて課されます。

また、重加算税は、過少申告加算税、無申告加算税に代えて課し、または不納付加算税（以下「過少申告加算税等」という）に代えて徴収されます。したがって、過少申告加算税等が取り消された場合は、重加算税も取り消されます。重加算税が取り消された場合、文字通りに解すれば、加算税額35％または40％は、全額取り消されることになり、課税庁は、その後に過少申告加算税等を賦課決定しなくてはなりません。しかし、除斥期間の関係で、過少申告加算税等を賦課決定できなくなる事態も生じます。それでは、加算税制度を定めた法の趣旨を没却することになりかねません。

最高裁判所は、重加算税の税額の中に過少申告加算税の税額に相当する部分を含んでいると解しています。したがって、重加算税の賦課処分が取り消される場合は、過少申告加算税等を超える部分についてのみ取り消されることになります。

第2項　無申告加算税に代えて

●国税通則法●

（重加算税）
第68条
2　第66条第1項（無申告加算税）の規定に該当する場合（同項ただし書又は同条第5項若しくは第6項の規定の適用がある場合を除く。）において、**納税者**がその国税の課税標準等又は税額等の計算の基礎となるべき**事実の全部又は一部を隠ぺいし、又は仮装し**、その**隠ぺいし、又は仮装したところに基づき法定申告期限までに納税申告書を提出せず、又は法定申告期限後に納税申告書を提出**していたときは、当該納税者に対し、政令で定めるところにより、無申告加算税の額の計算の基礎となるべき税額（その税額の計算の基礎となるべき事実で隠ぺいし、又は仮装されていないものに基づくことが明らかであるものがあるときは、当該隠ぺいし、又は仮装されていない事実に基づく税額として政令で定めるところにより計算した金額を控除した税額）に係る**無申告加算税に代え**、当該基礎となるべき税額に**100分の40の割合**を乗じて計算した金額に相当する重加算税を課する。

第2項をまとめると、次のようになります。

	内　　容
前　　提	無申告加算税（通則法66①）に該当
行為の主体	納税者
行為の内容	事実の隠ぺい・仮装
行為の時期	無申告（法定申告期限前）
	期限後申告（納税申告書の提出日前）
減　　免	無申告についての正当な理由（通則法66①但）
	自主期限後申告、修正申告（決定、更正の予知なし）（通則法66⑤）
	自主期限後申告（法定申告期限内での申告の意思あり）（通法則66⑥）
税　　率	無申告加算税に代え、
	基礎税額の40%

　なお、国税通則法第66条第2項により加重された無申告加算税が課される場合において、重加算税が課されるときは、重加算税は加重された無申告加算税に代えて課されます（通則令27の3②）。つまり、無申告加算税に通常分15%と加重分20%があるときは、重加算税40%は、まず加重分に代えて課されます。

第3項　不納付加算税に代えて

●　国税通則法　●

（重加算税）
第68条
3　前条第1項の規定に該当する場合（同項ただし書又は同条第2項若しくは第3項の規定の適用がある場合を除く。）において、**納税者が事実の全部又は一部を隠ぺいし、又は仮装し、その隠ぺいし、又は仮装したところに基づきその国税をその法定納期限までに納付しなかつたときは、**税務署長は、当該納税者から、不納付加算税の額の計算の基礎となるべき税額（その税額の計算の基礎となるべき事実で隠ぺいし、又は仮装されていないものに基づくことが明らかであるものがあるときは、当該隠ぺいし、又は仮装されていない事実に基づく税額として政令で定めるところにより計算した金額を控除した税額）に係る**不納付加算税に代え、**当該基礎となるべき税額に**100分の35の割合**を乗じて計算した金額に相当する重加算税を徴収する。

第1項、第2項では、「重加算税を課する」と規定されているが、第3項では「重加算税を徴収する」と規定されています。これは、過少申告加算税と無申告加算税が自主納付することとされているのに対し、不納付加算税は納税の告知により徴収されることとされているからです。

第3項をまとめると、次のようになります。

	内　　容
前　　提	不納付加算税（通則法67①）に該当
行為の主体	納税者
行為の内容	事実の隠ぺい・仮装
行為の時期	法定納期限前
減　　免	不納付についての正当な理由（通則法67①）
	期限後自主納付（告知の予知なし）（通則法67②）
	期限後自主納付（法定納期限内での自主納付の意思あり）（通則法67③）
税　　率	不納付加算税に代え、
	基礎税額の35%

第4項　消費税等

● 国税通則法 ●

（重加算税）
第68条
4　第1項又は第2項の規定は、消費税等（消費税を除く。）については、適用しない。

重加算税は消費税に適用されるが、酒税、たばこ税、揮発油税、地方揮発油税、石油ガス税および石油石炭税には適用されます。ただし、過少申告加算税、無申告加算税は課されます。重加算税が課されないのは、間接税には通告処分の制度があり、行政官庁により犯則事件の処理が行われるためだと考えられます。

通告処分とは、犯則事件の調査によって犯則の心証を得たときに、国

税局長または税務署長が罰金または科料に相当する金額ならびに没収品に該当する物品等を納付すべきことを犯則者に通知する処分をいいます。これを履行するかどうかは犯則者の任意であるが、通告を履行しない場合には、告発され刑事訴追を受けることになります。

Ⅱ 重加算税と二重処罰の禁止

　重加算税は、追徴税の形式をとり、申告秩序維持のための行政制裁といえるが、税率が高く負担が重いことから、実質的には刑罰と変わらないとの見解もあります。その見解に従えば、重加算税は憲法の禁止する二重処罰に該当することになります。

●憲法●

（二重処罰の禁止）
第39条　何人も、実行の時に適法であつた行為又は既に無罪とされた行為については、刑事上の責任を問はれない。又、同一の犯罪について、重ねて刑事上の責任を問はれない。

　最高裁判所は、一貫して二重処罰を否定し、重加算税を課すことは憲法に反しないと判断しています。

> **判例**
>
> **法人税額更正決定取消等請求事件（最高裁 昭和33年4月30日 判決）**
>
> 　43条の追徴税は、**申告納税の実を挙げるために**、**本来の租税に附加して租税の形式により賦課せられるもの**であつて、これを課することが申告納税を怠つたものに対し制裁的意義を有することは否定し得ないところであるが、詐欺その他不正の行為により法人税を免れた場合に、その違反行為者および法人に科せられる同法48条1項および51条の罰金とは、その性質を異にするものと解すべきである。
>
> 　逋脱犯に対する**刑罰**が脱税者の不正行為の**反社会性ないし反道義性に着目し、これに対する制裁として科せられるもの**であるに反し、法43条の追徴税は、単に過少申告・不申告による納税義務違反の事実があれば、同条所定の已むを得ない事由のない限り、その違反の法人に対し課せられるものであり、これによつて、過少申告・不申告による**納税義務違反の発生を防止**し、以つて納税の実を挙げんとする趣旨に出でた**行政上の措置**である……。

　つまり、重加算税は納税義務違反の発生を防止し、もって徴税の実を挙げようとする趣旨に出た行政上の措置であり、ほ脱犯に対する罰則は、違反者の不正行為の反社会性ないし反道徳性に着目してこれに対する制裁として科せられる刑事罰であり、同一の租税逋脱行為について重加算税のほかに刑罰を科しても憲法第39条に違反しない、ということになります。ただし、現行の重加算税の税率は35%〜40%と非常に高いです。もしこの税率が100%あるいは200%と大幅に引き上げられることがあれば、実質的には罰金と変わりないとも解されるため、憲法第39条に違反する可能性が高くなると考えられます。

　二重処罰の禁止は、国税局査察部の犯則調査を念頭に置くと理解しやすいです。犯則調査は、脱税に対して懲役または罰金という刑罰を科すことを目的としているが、それと同時に、否認事項に重加算税を課することが一般的です。重加算税を罰金としてとらえたと仮定した場合は、罰金と重加算税の二重処罰となり、憲法第39条に違反することになり

ます。

　任意の税務調査では、申告もれがあり重加算税を課しても罰則の対象となることはないので、二重処罰が問題にはなることはありません。この場合は、たとえ重加算税を罰金と位置づけたとしても憲法上の問題は生じません。しかし、犯則調査であるのか任意の税務調査であるかによって、重加算税の意義を変えるわけにはいきません。

　なお、独占禁止法や証券取引法における行政措置である課徴金も、同様に、刑事罰と併科されていますが、憲法第39条には違反しないと解されています。

> **Point !**
> 　　　　　重加算税　　　罰　則
> 　　　　行政上の措置⟷ほ脱犯に対する刑罰
> 　納税義務違反の発生の防止⟷不正行為の反社会性、反道徳性に対する制裁
> 　徴収手続…国税徴収法⟷刑事訴訟法…納付手続

　実務家あるいはメディアによる重加算税についてのコメントでは、多くの場合、それは脱税に対する制裁であるとして、あたかも罰金であるかのごとく解説しています。重加算税と罰金、隠ぺい・仮装と不正の行為との相違が意識されていないために混同が生じているのです。

　前掲の最高裁判所の判決（昭和33年4月30日）には次の補足意見があり、重加算税が法人税そのものであること、つまり税であり罰金ではないことを強調しています。

> **判例**
>
> ### 法人税額更正決定取消等請求事件（最高裁 昭和33年4月30日 判決）
>
> 　裁判官下飯坂潤夫の補足意見は次のとおりである。……
> 　従つて追徴税と言つても、また**重加算税**と言つても、ひとしく**法人税そのもの**であり、しかも、独立科目の税種ではないのである。このことは旧法人税法 43 条が明規している「前略……割合を乗じて算出した金額に相当する税額の法人税を追徴する」との文言によつても明らかであろう。因に、改正前の所得税法にいわゆる追徴税も、また現行所得税法にいう重加算税も、法人税に於けると同じように所得税そのものであつて、それ以外の何ものでもないのである。（これら税金の徴収は**国税徴収法所定**の手続によるべきであるに反し罰金、科料は**刑事訴訟法**により裁判の執行として納付されるものであることを記憶する必要がある。）
> 　上叙のとおりであるからわが法律体系の下において所論追徴税は税金そのものであり、憲法 36 条後段にいう刑事上の責任を、刑罰そのものと解しても、また学者のいわゆる二重の危険と解しても、そのいずれの範ちゆうにも属しないものなのである。もし所論追徴税を強いて憲法上の論議の対象とするならば、国民の納税義務に関する憲法 30 条ないしは正当手続の保障に関する憲法 31 条が取上げられるべきであろう。これを要するに私は所論が憲法 39 条後段を論拠とする限り到底首肯し難いものとするのである

[税務調査と二重処罰]

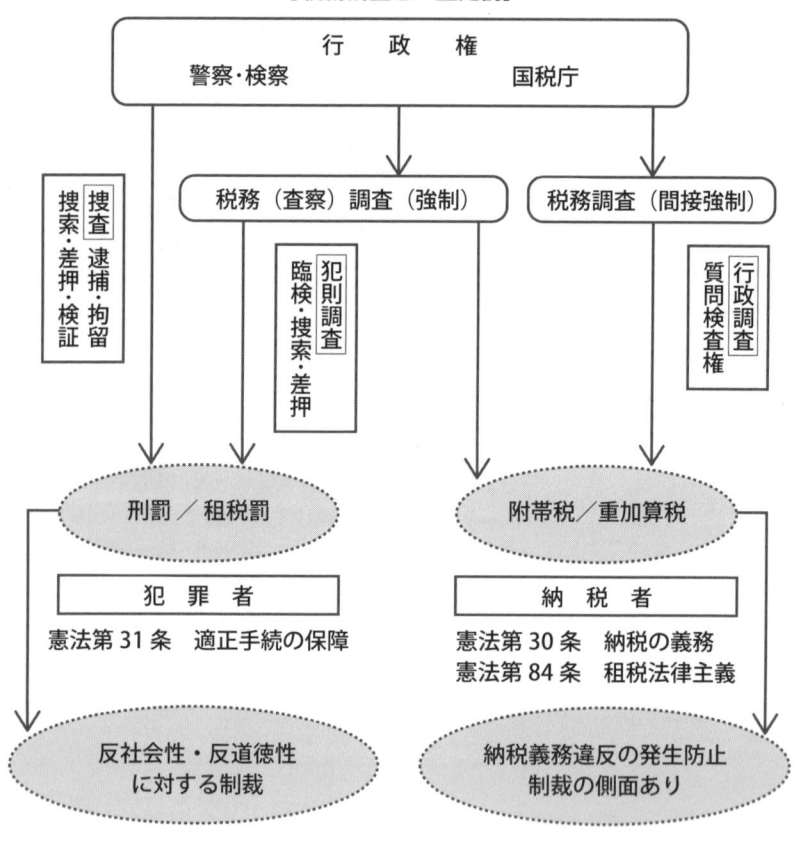

```
                        行 政 権
            警察・検察              国税庁
                │                    │
         ┌──────┴──────┐             │
         │             │             │
              税務（査察）調査（強制）   税務調査（間接強制）
   捜査              犯則調査              行政調査
   逮捕・拘留          臨検・捜索・差押      質問検査権
   捜索・差押・検証

         │             │             │
         ▼             ▼             ▼
      刑罰／租税罰              附帯税／重加算税

       犯 罪 者                   納 税 者
   憲法第31条 適正手続の保障    憲法第30条 納税の義務
                              憲法第84条 租税法律主義

   反社会性・反道徳性          納税義務違反の発生防止
   に対する制裁               制裁の側面あり
```

III　隠ぺい・仮装の行為の主体

1　納税者の範囲

　国税通則法第68条第1項、第2項、第3項とも「納税者が……事実の全部又は一部を隠ぺいし、又は仮装し」と規定しています。国税通則法での納税者の定義は次のとおりです。

> ● 国税通則法 ●
>
> （定義）
> **第2条**
> 　五　納税者　国税に関する法律の規定により国税（源泉徴収による国税を除く。）を納める義務がある者（国税徴収法（昭和34年法律第147号）に規定する第2次納税義務者及び国税の保証人を除く。）及び源泉徴収による国税を徴収して国に納付しなければならない者をいう。

　隠ぺい・仮装行為の主体は、文理解釈では、個人は納税者本人、法人は代表者となります。納税者以外の第三者が隠ぺい・仮装し、それに基づいて納税申告書を提出した場合は、重加算税の対象とはなりません。租税法律主義を厳密に貫けば、本人が不知の家族や従業員の隠ぺい・仮装行為について、本人がその事実を知らなければ、重加算税を賦課することはできないことになります。しかし、通説判例は、隠ぺい・仮装行為の主体は、納税者本人に限定するべきではないとしています。

2　第三者による隠ぺい・仮装（法人）

　法人の納税義務は、代表者以外の役員や従業員等により履行されることが多く、隠ぺい・仮装行為の主体を納税者本人に限定した場合、納税義務違反に対し行政制裁を課すことが困難となり、重加算税制度を設けた趣旨が没却されてしまいます。また、ほ脱犯については、「代理人、使用人その他の従業者」が脱税行為をした場合の罰則規定が設けられていることからも、行政上の制裁である国税通則法の規定は、隠ぺい・仮装行為の主体者を納税者本人に限定してないと考えられています。

> ● 法人税法 ●
>
> （罰則）
> **第159条**　偽りその他不正の行為により、……法人税を免れ、又は……法人税の還付を受けた場合には、法人の代表者……代理人、使用人その他の従業者……でその違反行為をした者は、10年以下の懲役若しくは千万円以下の罰金に処し、又はこれを併科する。

その範囲については、会社の従業者等であっても、役員、部課長、一般社員等の職制上の地位あるいは総務、経理、営業といった職務の内容、実質的経営者か否か等に加えて、個別の事情を斟酌して判定されます。納税者はできるだけその範囲を狭く解釈しようとし、調査官は広く解釈しようとします。この点に関する争いでの判例、裁決例では、おおむね課税庁の主張が認められています。

> **判例**
> **重加算税賦課決定取消等請求事件（大津地裁　平成17年12月5日　判決）**
> 　元仕入担当者は原告会社の一**従業員**に過ぎず、代表者らは同人の架空仕入を知らなかったのであるから、原告会社に対する重加算税の賦課要件を欠く旨の原告会社の主張が、会社に重加算税を賦課できる場合を限定的に解することは、経済活動の実態や重加算税の制度趣旨から見て相当ではなく、会社が被害者でありながら重加算税の負担を負う事態は、会社の代表者が会社に被害を与えた場合にも生じるのであって、納税者は会社であって会社代表者個人ではないのであるから、**会社内部の問題から、結果的に原告会社が隠ぺい・仮装を手段とした過少申告を犯して適正な徴税を妨げている以上、会社に重加算税を課すことには合理性がある**……

　一従業員の行為であっても、結果的に隠ぺい・仮装の事実があれば重加算税は課されます。しかし、一従業員の行為が、自らの利得を目的として行われた横領のような行為であれば、納税者本人の行為とは同視できず、隠ぺいまたは仮装を論ずる前に、法人の税務上の問題として否認できるのかが争点となります。
　ただし、従業員が経営に参画していると認められる場合は、それが横領目的であったとしても、請求人の行為と同視されます。

> **裁決**
>
> **裁決事例集 No.58-9頁（平成11年7月1日 裁決）**
> 請求人が経営するパチンコ店のフロアー責任者及び経理責任者として実質的に経営に参画していた従業員が行った売上除外による隠ぺい行為について、それが横領目的であったとしても請求人の行為と同視すべきであるとして、重加算税の賦課決定処分を認容した事例
>
> ---
>
> 　以上のことから、本件従業員は**経理責任者等**として請求人の**経営に参画**していたものと認められ、このような地位にあった従業員が売上金等の管理を担当し、故意に売上金の一部を除外したものである以上、それが同人の**私的利益を図るため**に行われたものであり、また、それを**代表者が知らなかったとしても**、当該**従業員の行為は、請求人の行為と同一視すべき**であって、請求人に対して重加算税を賦課した原処分は適法である。

3　第三者による隠ぺい・仮装（個人）

　家族の隠ぺい・仮装行為に基づいて過少申告をした場合、本人がその隠ぺい・仮装の事実を知らなくても、重加算税制度の趣旨等から、重加算税の賦課決定が是認されるケースが多くなっています。

> **判例**
>
> **所得税課税処分取消等請求事件（東京地裁 平成17年9月9日 判決）**
> 　実弟は、納税者の不動産の売買に係る譲渡所得金額を隠ぺいしようという意図の下に、真実の売買代金総額の一部を除外して、不動産の譲渡所得の過少申告をしたということができ、納税者は実弟から不動産の売買代金の総額を告げられていたことから、**譲渡所得の金額を過少申告することは認識**していたということができるから、**実弟**の同金員に係る隠ぺい、仮装行為は、**納税者の行為と同一視**することができ、納税者に対し、国税通則法68条1項（重加算税）により、重加算税を課することができる

この判例では、納税者が隠ぺい・仮装の具体的な方法を知らなかったとしても、過少申告することを認識していれば重加算税を課すことができるとしています。もし、本人に過少申告の認識もなかったとしたら、重加算税を課すことはできるのでしょうか。

　次の裁決では、納税者本人の関知に関わらず、重加算税の賦課決定を肯定しています。

裁決

裁決事例集 No.21-13頁（昭和55年10月1日 裁決）
譲渡した土地の共有者である兄が売買契約書を仮装し、他の共有者である弟の譲渡所得について過少に申告したことは、弟にも仮装行為があったことになるとした事例

　請求人は、譲渡した土地の共有者である兄に当該土地の売却先の決定、売買契約の締結及び売買代金の受領等の行為を依頼したこと、また、当該土地の譲渡所得に係る確定申告から納付行為までの一連の行為をすべて兄に行わせていたことが認められ、請求人としては兄が当該土地の譲渡に関して仮装行為をし、その所得を過少に申告した行為について否認できない関係にあったことが認められることから、**請求人がこれを関知していなかったかどうかを判断するまでもなく**、国税通則法第68条第1項の規定に該当するとして重加算税を賦課決定した原処分は相当である。

4　税理士による隠ぺい・仮装

　納税者が第三者である税理士に申告を一任した場合、その申告行為は納税者自身の行為として取り扱われます。納税者は、税理士が適法に申告するよう監視、監督するべきであり、税理士により不正な申告がなされた場合には、納税者自身が制裁を受けることになります。もっとも、税理士の着服横領等を目的とした不正行為であれば、納税者に重加算税を賦課することは相当でないと思われます。

> **裁決**
>
> **裁決事例集 No.42-13頁（平成3年7月25日 裁決）**
> 顧問契約を締結している税理士が、重加算税の課税要件を満たす過少申告をした場合、これを請求人が認識していたか否かにかかわらず、請求人は重加算税を負うとした事例
>
> 　税理士が、請求人に代わって行った税務申告等の行為は、納税義務者である請求人が行ったと同様に扱われるべきであるから、これに付随する重加算税の責任も、**請求人が本件確定申告について不適正であることを認識していたか否かにかかわらず**、当然請求人が負うと解すべきである。

5　M税理士事件

　国税OBのM税理士が、現役の税務職員と共謀して起こした複数の脱税事件であり、税理士と複数の税務職員が逮捕されました。その典型的な手口は次のとおりです。

　i　協力者である税務職員に依頼して、税務署内の納税者に係る課税資料を廃棄させ、あるいは、台帳から抜き取って脱税が発覚しないように工作させました。

　ii　その報酬として税務職員に賄賂を支払いました。

　iii　依頼者である納税者の譲渡所得を過少に申告し、あるいは無申告にしました。

　iv　依頼者から謝礼を受け取り、あるいは納税のために預かった資金を騙取しました。

　平成9年に事件が発覚し、納税者は修正申告書を提出しましたが、税務署は重加算税を賦課決定したので、その取消を求めて訴訟が提議されました。

　ここでは、3つの最高裁判所の判例を取り上げるが、判決を簡単にまとめると次のとおりです。

	最判	①H17.1.17	②H18.4.20	③H18.4.25
重加算税	原審判決（賦課決定について）	取消	取消	取消
	最高裁判決（同上）	破棄・差戻	維持	維持
	最終結論（同上）	可	不可	不可
	納税者の脱税の認識	有	無	無
	税務職員の加担	有	無	有
過少申告加算税	賦課	ー	可	不可
	正当な理由	ー	無	有
偽りその他不正の行為	除斥期間7年間	可	ー	可
	税理士の不正行為	有	ー	有

① 納税者が、税理士が違法な手段で税額を減少させようと企てることを、了知していたケース。

> **判例**
>
> **過少申告加算税賦課処分取消等請求事件（最高裁 平成17年1月17日 判決）**
>
> 　（要約）納税者が、土地の譲渡所得を得た年分の所得税の申告を委任した税理士から、委任に先立ち、実際に出費していない土地の買手の紹介料等が経費として記載されたメモを示され、多額の税額を減少させて得をすることができる旨の説明を受けた上で、同税理士に上記の申告を委任したものであり、**同税理士が架空経費の計上などの違法な手段により税額を減少させようと企図していることを了知**していたとみることができるなど判示の事情の下においては、税理士に申告を委任する者は法律に違反しない方法と範囲で必要最小限の税負担となるように節税することを期待して委任するのが一般的であることなどを理由として、上記納税者が脱税を意図し、その意図に基づいて行動したとは認められないとした原審の認定には、経験則に違反する違法がある。

② 納税申告手続を委任された税理士が、納税者に無断で隠ぺい仮装行為に基づく過少申告をした場合に、納税者本人につき国税通則法第68条第1項所定の重加算税賦課の要件を満たすものということはできないとされたケース

> **判例**
>
> **所得税更正処分等取消請求上告事件**（最高裁 平成18年4月20日 判決）
>
> 　納税者は、①専門家である税理士を信頼して適正な申告を依頼したものであり、税理士が脱税を行っていた事実を知っていたとうかがうこともできないこと、②納税者が、税理士資格を有し、長年税務署に勤務していた税理士を信じたとしてもやむを得ず、同税理士が隠ぺい仮装行為を行うことまでを容易に予測し得たということはできないこと、③納税者が、本件確定申告書に虚偽の記載がされていることその他税理士による隠ぺい仮装行為を認識した事実も認められず、また、容易に認識し得たというべき事情もうかがわれないこと、④他方、税務職員や長男から税額を800万円程度と言われながらこれが５５０万円で済むとの税理士の言葉を信じた点や、確定申告書の内容をあらかじめ確認せず、申告書の控えや納付済みの領収証等の確認すらしなかった点など、納税者にも落ち度はあるものの、これをもって税理士による隠ぺい仮装行為を納税者本人の行為と同視することができる事情に当たるとまでは認められないことから、納税者につき国税通則法68条1項所定の重加算税賦課の要件を満たすということはできない……

③　納税申告手続を委任された税理士が、納税者に無断で税務署職員と共謀した上で虚偽の記載をした確定申告書を提出するなどして過少申告をした場合に、納税者本人に対する過少申告加算税の賦課に関し、国税通則法第65条第4項にいう「正当な理由」があると認められたケース。

> **判例**
>
> **所得税更正処分等取消上告事件**（最高裁 平成18年4月25日 判決）
>
> 　納税者には、税理士から税務相談において教示された金額よりも180万円近く低い税額を示されながら、その根拠等について確認をすることなく、本件確定申告書の控え等の確認をすることなどもしていないといった落ち度が見受けられ、同税理士が本件不正行為に及ぶことを予測し得なかったからといって、それだけで、国税通則法65条4項にいう「正当な理由」があるということはできないが、税理士が本件不正行為のような態様の隠ぺい仮装行為をして脱税をするなどとは通常想定し難く、納税者としては適法な確定申

告手続を行ってもらうことを前提として必要な納税資金を提供していたといった事情があるだけではなく、それらに加えて、本件確定申告書を受理した税務署の職員が、収賄の上、本件不正行為に積極的に共謀加担した事実が認められ、租税債権者である国の、しかも課税庁の職員のこのような積極的な関与がなければ本件不正行為は不可能であったともいえるのであって、過少申告加算税の賦課を不当とすべき極めて特殊な事情が認められるから、真に納税者の責めに帰することのできない客観的な事情があり、過少申告加算税の趣旨に照らしてもなお納税者に過少申告加算税を賦課することが不当又は酷になる場合に当たるということができるから、同項にいう「正当な理由」があると認められる……

6 重加算税の取消

　申告納税方式による国税について過少な申告を納税者に対する行政上の制裁として、過少申告加算税と重加算税があります。重加算税の賦課には、過少申告加算税の賦課に相当する部分をその中に含んでいると解されています。したがって、重加算税の賦課決定について隠ぺい・仮装の事実がないことが判明した場合は、過少申告加算税の部分を超える重加算税額を取り消せば足りることになります。

> **Point** M税理士事件における重加算税の課否判定のポイント
> - 納税者の過少申告の認識
> - 納税者の隠ぺい・仮装行為の了知
> - 納税者の落度
> - 税務職員の関与

> **判例**
>
> **所得税更正処分等取消請求上告事件（最高裁 昭和58年10月27日 判決）**
>
> 　国税通則法（以下「法」という。）65条の規定による過少申告加算税と法68条1項の規定による重加算税とは、ともに申告納税方式による国税について過少な申告を行つた納税者に対する行政上の制裁として賦課されるものであつて、同一の修正申告又は更正に係るものである限り、その賦課及び税額計算の基礎を同じくし、ただ、後者の重加算税は、前者の過少申告加算税の賦課要件に該当することに加えて、当該納税者がその国税の課税標準等又は税額等の計算の基礎となるべき事実の全部又は一部を隠ぺいし、又は仮装し、その隠ぺいし、又は仮装したところに基づき納税申告書を提出するという不正手段を用いたとの特別の事由が存する場合に、当該基礎となる税額に対し、過少申告加算税におけるよりも重い一定比率を乗じて得られる金額の制裁を課することとしたものと考えられるから、両者は相互に無関係な別個独立の処分ではなく、**重加算税の賦課**は、過少申告加算税として賦課されるべき一定の税額に前記加重額に当たる一定の金額を加えた額の税を賦課する処分として、右**過少申告加算税の賦課に相当する部分をその中に含んでいる**ものと解するのが相当である。

> **Point**
> 重加算税の賦課決定の取消
> 　過少申告加算税等の相当額は取り消されない

Ⅳ　事実の隠ぺい・仮装

1　隠ぺい・仮装の意味

　重加算税の要件は、事実の隠ぺいまたは仮装です。その意味について国語辞典で調べると、「隠ぺい」とは、事の真相などを故意に覆い隠すことであり、「仮装」とは、仮に他のものの姿をすること、それらしく見せかけること、と説明されています。覆い隠すあるいは見せかけるという言葉には、故意の意味合いが含まれていることに留意してください。

　なお、国税不服審判所は次のように説明しています。

> **裁決**
>
> **裁決事例集 No.79（平成 22 年 1 月 19 日 裁決）**
>
> 「事実を隠ぺいした」とは、課税標準等又は税額等の計算の基礎となる**事実を隠ぺい**しあるいは**故意に脱漏**したことをいい、また、「事実を仮装した」とは、所得、財産あるいは取引上の名義等に関し、あたかも、それが真実であるかのように装うなど、**故意に事実をわい曲**したことをいうと解するのが相当である。

2　隠ぺいまたは仮装行為の要件

　重加算税の課税要件は、その元となる加算税ごとに、国税通則法第68条第1項、第2項、第3項に定められています。ここでは、税務調査で調査官から重加算税対象と指摘されたときに、その指摘に対して重加算税の要件をどのように当てはめるのか、という視点で考察します。

　イ　隠ぺいまたは仮装と評価すべき事実があること

　　納税者が意識的な過少申告を行ったとしても、隠ぺいまたは仮装と評価すべき事実が認められなければ、重加算税対象とはなりません。また、過少申告の意図がなくても、隠ぺい・仮装の事実があれば、重加算税対象となります。重加算税に対する世間一般の認識である「悪質な脱税」とはニュアンスが異なります。

> **裁決**
>
> **裁決事例集 No.54 - 94 頁（平成 9 年 12 月 9 日 裁決）**
>
> 　国税通則法第68条第1項の規定によれば、重加算税の賦課決定処分については、納税者が国税の課税標準又は税額等の計算の基礎となるべき事実の全部又は一部を隠ぺい又は仮装し、その隠ぺい又は仮装したところに基づき納税申告書を提出したことが要件となっている。これは、重加算税の賦課要件を充足するためには、過少申告行為とは別に**隠ぺい又は仮装と評価すべき行為の存在**を必要としているものであると解される。
>
> 　原処分庁の主張は、請求人が**意識的な過少申告**を行ったものであるというにすぎず、隠ぺい又は仮装であると評価すべき行為の存在について何らの主張・立証をしておらず、また、当審判所の調査その他本件に関する全資料をもってしても、本件貸付金について隠ぺい又は仮装の事実を認めることはできない。

ロ　事実の隠ぺい・仮装が故意に行われたこと

　隠ぺい・仮装の言葉には、本来、故意という意味合いが含まれています。しかし、故意性の有無は重加算税を検討する上では重要な要素であり、あえて、独立の要件としました。

　調査官から隠ぺい・仮装を示す証憑を提示されたとき、その証憑に故意性があるのか、検討する必要があります。例えば、3月決算の法人が、3月末に納品した商品に係る売上を、翌期の4月に計上したとします。納品書の日付を故意に4月末としたのであれば、虚偽の記載であり、隠ぺい・仮装があると判断され、重加算税が課される可能性が高くなります。しかし、その日付が担当者のミスにより誤って記載されたものであるならば、隠ぺい・仮装ではなく、単なる売上計上もれとなります。

　故意なのか、故意でないのかは、個々の事案の調査の過程で自ずと察しがつきますが、それを疎明するのは調査官です。故意でなければ事実の隠ぺい・仮装がないのだから、重加算税の賦課を認めてはいけません。

ハ　過少申告の認識は不要

　納税者あるいは税理士は、「脱税をしてお金を個人的に費消し蓄財したわけでもなく、悪質ではないのに、重加算税とはけしからん」、と主張することがあります。しかし、それは考え違いであり、重加算税は脱税に対する罰則規定ではなく、納税義務違反の発生を防止し、もって徴税の実を挙げようとする趣旨に出た行政上の措置です。重加算税は、原則として、過少申告の認識は不要です。

　大規模法人が重加算税を賦課された場合、その原因となった隠ぺい・仮装行為の多くは、過少申告を行うことの認識を有しないで行われています。

　営業担当者が自己の成績を調整するための売上の繰延べ、予算制を採用している会社の予算消化のための経費の繰上計上、現業部門で行われる談合資金の捻出等は、過少申告の認識がないままに行われた

「隠ぺい・仮装」行為ですが、重加算税が賦課されます。

> **判例**
>
> **所得税法違反事件（最高裁 昭和45年9月11日 判決）**
>
> 　国税通則法68条に規定する重加算税は、同法65条ないし67条に規定する各種の加算税を課すべき納税義務違反が**課税要件事実を隠ぺい**し、または仮装する方法によつて行なわれた場合に、行政機関の行政手続により違反者に課せられるもので、これによつてかかる方法による**納税義務違反の発生を防止**し、もつて徴税の実を挙げようとする趣旨に出た**行政上の措置**であり、**違反者の不正行為の反社会性ないし反道徳性に着目してこれに対する制裁として科せられる刑罰とは趣旨、性質を異にするもの**と解すべきであつて、それゆえ、同一の租税逋脱行為について重加算税のほかに刑罰を科しても憲法39条に違反するものでない。

　ニ　総合勘案（つまみ申告・ことさらの過少申告）

　いわゆる「つまみ申告」とは、納税者が自己の所得の一部のみを抽出して、所得を過少に申告することをいいます。小売りなどの現金商売で、その売上金額の一部しか収入に計上しない場合が、その典型例です。法人課税部門の調査官は、売上がもれていれば重加算税が賦課できる、と解していますが、隠ぺい・仮装と評価すべき行為が存在し、それに合わせた過少申告がなければ重加算税対象とはなりません。

　しかし、隠ぺい・仮装の具体的な行為がなくても、個別に総合勘案して、重加算税の賦課要件を満たすと判断される場合があります。「つまみ申告」と評価される行為については、納税者に過少申告をなすという確定的な意図があり、その意図を外部からもうかがいうる特段の行動をした場合は、「ことさらの過少申告」として重加算税の賦課要件を満たすと解されています。"ことさら"とは、考えがあってわざとすることであり、故意に、格別にといった意味合いがあり、税をほ脱する積極的な意思の存在と、あえてその申告に及ぶ行為であると解されています。

裁決

裁決事例集 No.63－86頁（平成14年4月17日 裁決）
被相続人が所得金額をことさら過少に申告した行為が国税通則法第70条第5項及び同法第68条第1項に該当し、被相続人の国税の納付義務を承継した請求人らが更正処分及び重加算税の賦課決定処分の対象となることを認めた事例

　請求人らは、被相続人には偽りその他不正の行為は存在しないから法定申告期限から3年を経過して行われた更正処分は違法であり、また、被相続人には仮装、隠ぺいの事実はないから重加算税の賦課決定処分は違法である旨主張する。

　しかしながら、被相続人は、各月分の収入金額等を記載した書類から真実の所得金額を申告すべきことを十分認識しながら、当初からこれを過少に申告する意図の下、同書類上に印をするなどして特定した月分の合計金額のみを収入金額として記載した確定申告書を提出し、真実の所得金額の大部分を申告しなかったものと認められ、被相続人のこの行為は、**当初から所得を過少に申告することを意図し、その意図を外部からもうかがい得る特段の行為をした**上、その意図に基づき**所得金額をことさら過少にした内容虚偽の確定申告書を提出**した場合に該当するから、被相続人の国税の納付義務を承継した請求人らに対する更正処分及び重加算税の賦課決定処分は適法である。

「つまみ申告」と「ことさらの過少申告」との関係は次のとおりです。

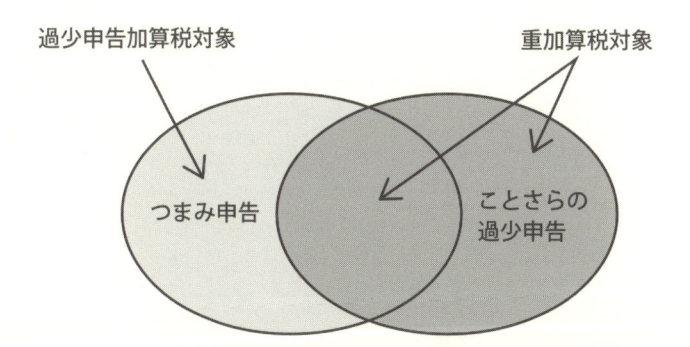

ただし、法人調査の実務では、つまみ申告がことさらの過少申告に該当しなくても、重加算税対象として処理されてしまうこともあるので、調査官に対して、理路整然と説明し、間違った処理がされないよう対応することが重要です。
　なお、「つまみ申告」と「ことさらの過少申告」は実務上の言葉です。これらの言葉を理解するポイントは次のとおりです

> **Point**
> - つまみ申告
>   - つまみ申告は必ずしも重加算税対象ではない
>   - 隠ぺい・仮装があれば、重加算税対象
>   - ことさらの過少申告であれば、重加算税対象
> - ことさらの過少申告
>   - 当初から所得を過少に申告することを意図
>   - その意図を外部からもうかがい得る特段の行為
>   - 所得金額をことさら過少にした内容虚偽の確定申告書を提出

　以上、重加算税の課否判定において重要な論点なので、関連する最高裁の判例を紹介します。

> **判例**
>
> ### 所得税の重加算税賦課決定処分取消（最高裁 平成7年4月28日 判決）
>
> 　過少申告をした納税者が、その国税の課税標準等又は税額等の計算の基礎となるべき事実の全部又は一部を隠ぺいし、又は仮装し、その隠ぺいし、又は仮装したところに基づき納税申告書を提出していたときは、その納税者に対して重加算税を課することとされている（国税通則法68条1項）。この重加算税の制度は、納税者が過少申告をするについて隠ぺい、仮装という不正手段を用いていた場合に、過少申告加算税よりも重い行政上の制裁を科することによって、悪質な納税義務違反の発生を防止し、もって申告納税制度による適正な徴税の実現を確保しようとするものである。
>
> 　したがって、重加算税を課するためには、納税者のした過少申告行為そのものが隠ぺい、仮装に当たるというだけでは足りず、過少申告行為そのものとは別に、隠ぺい、仮装と評価すべき行為が存在し、これに合わせた過少申告がされたことを要するものである。しかし、右の重加算税制度の趣旨にかんがみれば、架空名義の利用や資料の隠匿等の積極的な行為が存在したことまで必要であると解するのは相当でなく、納税者が、**当初から所得を過少に申告することを意図し**、**その意図を外部からもうかがい得る特段の行動**をした上、**その意図に基づく過少申告**をしたような場合には、重加算税の右賦課要件が満たされるものと解すべきである。

　つまり、最高裁判所は、次の条件を満たせば、重加算税の賦課要件を満たすと判示しました。

　①　納税者が、当初から所得を過少に申告することを意図し、

　②　その意図を外部からもうかがい得る特段の行動をした上、

　③　その意図に基づいて過少申告をした。

次の判決も同旨です。

> **判例**
>
> **所得税重加算税賦課決定処分取消（最高裁 平成6年11月22日 判決）**
>
> 　亡Dは、正確な所得金額を把握し得る会計帳簿類を作成していながら、3年間にわたり極めてわずかな所得金額のみを作為的に記載した申告書を提出し続け、しかも、その後の税務調査に際しても過少の店舗数等を記載した内容虚偽の資料を提出するなどの対応をして、真実の所得金額を隠ぺいする態度、行動をできる限り貫こうとしているのであって、申告当初から、**真実の所得金額を隠ぺいする意図**を有していたことはもちろん、税務調査があれば、更に隠ぺいのための具体的工作を行うことをも予定していたことも明らかといわざるを得ない。以上のような事情からすると、亡Dは、単に真実の所得金額よりも少ない所得金額を記載した確定申告書であることを認識しながらこれを提出したというにとどまらず、本件各確定申告の時点において、白色申告のため当時帳簿の備付け等につきこれを義務付ける税法上の規定がなく、真実の所得の調査解明に困難が伴う状況を利用し、**真実の所得金額を隠ぺいしようという確定的な意図**の下に、必要に応じ事後的にも隠ぺいのための具体的工作を行うことも予定しつつ、前記会計帳簿類から明らかに算出し得る所得金額の大部分を脱漏し、**所得金額を殊更過少に記載した内容虚偽の確定申告書**を提出したことが明らかである。したがって、本件各確定申告は、単なる過少申告行為にとどまるものではなく、国税通則法68条1項にいう税額等の計算の基礎となるべき所得の存在を一部隠ぺいし、その隠ぺいしたところに基づき納税申告書を提出した場合に当たるというべきである。

　ただし、最高裁判所の結論は、国税通則法第68条第1項の文理解釈では導くことができないと解されます。通常の調査における重加算税の課否判定は、上記イ、ロ、ハで行うべきだと考えます。

3　重加算税の3要素図

　重加算税の3つの要素（上記イ、ロ、ハ）を図示すると、次の3要素図になります。網掛けの部分が重加算税の対象となります。税務調査で否認項目が重加算税対象として指摘された際は、この図に当てはめると整理が容易になります。

なお、隠ぺい・仮装は故意の意味を含んでいるが、あえて故意を強調するために、1つの要素として独立されました。

[重加算税の3要素図]

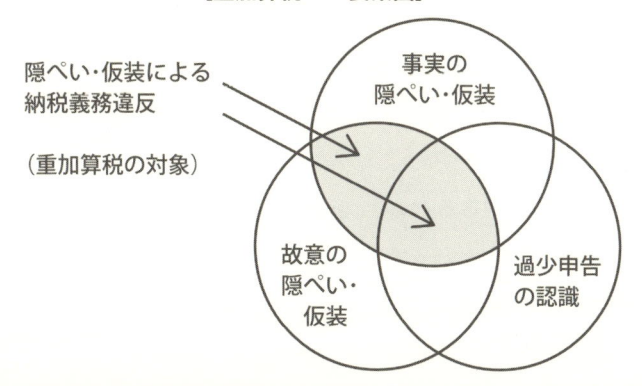

隠ぺい・仮装による
納税義務違反

（重加算税の対象）

事実の隠ぺい・仮装

故意の隠ぺい・仮装

過少申告の認識

> **Point**
> **重加算税の3要素**
> - 隠ぺいまたは仮装と評価すべき事実があること
> - 事実の隠ぺい・仮装が故意に行われたこと
> - 過少申告の認識は不要
>   （ただし、ことさらの過少申告の場合は、納税者の主観が重視される）

V 国税庁事務運営指針（重加算税通達）

1 重加算税の取扱い

重加算税の賦課に関する取扱基準を定めた事務運営指針は、平成12年7月（その後改正あり）に税目ごとに発遣・公開されました。

① 申告所得税及び復興特別所得税の重加算税の取扱いについて
② 源泉所得税及び復興特別所得税の重加算税の取扱いについて
③ 相続税及び贈与税の重加算税の取扱いについて

④　法人税の重加算税の取扱いについて
⑤　消費税及び地方消費税の更正等及び加算税の取扱いについて
⑥　連結法人税の重加算税の取扱いについて（平成 16 年 3 月に制定）

　国税庁の重加算税の取扱いについての事務運営指針は、重加算税の課否判定の判断基準になります。納税者は拘束されませんが、調査官はこれに反する重加算税の賦課決定ができません。税務調査において、調査官から否認項目が重加算税対象と指摘されたときは、その指摘のどこに隠ぺい・仮装の事実があるのか、を事務運営指針に照らして検討することが重要になります。

　そうであるにもかかわらず、事務運営指針はその内容が当然すぎたり、あるいは、複雑かつ難解であったりして、調査官にも税理士にもあまり読まれていないのが実情です。しかし、調査官は事務運営指針に拘束されるので、調査で重加算税対象であると指摘されたら、事務運営指針のどの条項に該当するのか、チェックすることが不可欠です。

　たとえ、納税者に国税通則法上の隠ぺい・仮装と評価される行為があったとしても、事務運営指針の隠ぺい・仮装に該当しなければ、納税者は重加算税の賦課を許容するべきではありません。

[隠ぺい・仮装と事務運営指針]

事務運営指針は調査官を拘束。納税者の引用は自由

　　国税通則法上の隠ぺい・仮装
　　　［過少申告加算税対象］

　　　　　事務運営指針

| 隠ぺい・仮装に該当 | 隠ぺい・仮装に非該当 |
| ［重加算税対象］ | ［過少申告加算税対象］ |

事務運営指針が言及しない事象は隠ぺい・仮装には当たらない、との納税者の主張を補強

2　隠ぺい・仮装と不正事実

　各税目の事務運営指針では、「隠ぺい又は仮装に該当する場合」として、次のように定めています。

（1）各税目の重加算税の取扱い

> （隠ぺい又は仮装に該当する場合）
> 　通則法第68条第○○項に規定する「……事実の全部又は一部を隠ぺいし、又は仮装し」とは、例えば、次に掲げるような事実（以下「**不正事実**」という。）がある場合をいう。

　国税庁が「不正事実」という用語を採用したことにより、税務職員や税理士だけではなく、世間一般にとっても以下のような、先入観につながっている部分もあるでしょう。

　　　　重加算税　＝　隠ぺい・仮装　＝　不正

　国税通則法では「隠ぺい・仮装」と表現しているのに、事務運営指針ではなぜ「不正」と表現するのでしょうか。国税庁における「不正」の定義を探しましたが、見当たりませんでした。事務運営指針では、「不正事実」ではなく、国税通則法第68条の文言を変えずに「隠ぺい・仮装事実」とすれば、無用な混乱を引き起こさなかったと考えられます。

> **Point !**　重加算税の取扱いについて（事務運営指針）の読み方
> 　不正事実　⇨　隠ぺい・仮装の事実

　あとで説明しますが、各税法の罰則規定（法人税法159条等）では、「偽りその他不正の行為」という表現があります。国税庁が重加算税について「不正」という単語を使うことにより、「偽りその他不正の行為」の

「不正」と、重加算税の課税要件である「隠ぺい・仮装」とを区別するという思考過程が、実務家の頭から抜け落ちてしまいがちとなりました。つまり、

　　　重加算税 ＝ 隠ぺい・仮装 ＝ 不正 ＝ 偽りその他不正の行為 ＝ 脱税

との認識広がってしまったのです。メディアが重加算税を課された事案について報道するときに、「脱税した」と伝えるのは、その一端です。

　今一度、国税庁が各税目の事務運営指針で定められている「不正事実」の定義を読み直すと、脱税の意図、税を軽減する意思、利益調整といったことは、不正事実の要件とされていません。また、各税目の事務運営指針を読んでも、同様の表現は、一部の例外（所得税の事務運営指針第11（3）①等）を除き、使われていません。つまり、事務運営指針では、重加算税と脱税を別物として取り扱っていることがわかります。

> **Point!　重加算税の取扱いについて（事務運営指針）の着目点**
> - 脱税、利益調整、税逃れ等について、明記されていない
> - 脱税、利益調整、税逃れ等は、通常、重加算税の要件ではない
>   （ことさらの過少申告の場合は、主観面が重視される）

　重加算税賦課の課否判定をする際の判例等では、脱税の意図に言及することがあります。しかし、それは様々な状況の中での判断するための一つの要素と考えます。税務調査の現場で隠ぺい・仮装の有無を論じるとき、調査官が脱税の意図を根拠としてきた場合は、その主張を認める必要はありません。

3 重加算税の取扱い（事務運営指針）

① 申告所得税の重加算税の取扱い

第1　賦課基準
（隠ぺい又は仮装に該当する場合）
1　通則法第68条第1項又は第2項に規定する「国税の課税標準等又は税額等の計算の基礎となるべき事実の全部又は一部を隠ぺいし、又は仮装し」とは、例えば、次に掲げるような事実（以下「**不正事実**」という。）がある場合をいう。
　なお、隠ぺい又は仮装の行為については、特段の事情がない限り、納税者本人が当該行為を行っている場合だけでなく、**配偶者又はその他の親族等が当該行為を行っている場合**であっても納税者本人が当該行為を行っているものとして取り扱う。
（1）　いわゆる二重帳簿を作成していること。
（2）　（1）以外の場合で、次に掲げる事実（以下「帳簿書類の隠匿、虚偽記載等」という。）があること。
　①　帳簿、決算書類、契約書、請求書、領収書その他取引に関する書類（以下「**帳簿書類**」という。）を、破棄又は隠匿していること
　②　帳簿書類の改ざん、偽造、変造若しくは虚偽記載、**相手方との通謀**による虚偽若しくは架空の契約書、請求書、領収書その他取引に関する書類の作成又は帳簿書類の意図的な集計違算その他の方法により仮装を行っていること
　③　取引先に虚偽の帳簿書類を**作成させる**等していること
（3）　事業の経営、売買、賃貸借、消費貸借、資産の譲渡又はその他の取引（以下「事業の経営又は取引等」という。）について、**本人以外の名義又は架空名義**で行っていること。
　ただし、次の①又は②の場合を除くものとする。
　①　配偶者、その他同居親族の名義により事業の経営又は取引等を行っているが、当該名義人が実際の住所地等において申告等をしているなど、**税のほ脱を目的としていないこと**が明らかな場合
　②　本人以外の名義（配偶者、その他同居親族の名義を除く。）で事業の経営又は取引等を行っていることについて正当な事由がある場合
（4）　所得の源泉となる資産（株式、不動産等）を**本人以外の名義又は架空名義**により所有していること。
　ただし、（3）の①又は②の場合を除くものとする。
（5）　秘匿した売上代金等をもって**本人以外の名義又は架空名義**の預貯金その他の資産を取得していること。

(6) 居住用財産の買換えその他各種の課税の特例の適用を受けるため、所得控除若しくは税額控除を過大にするため、又は変動・臨時所得の調整課税の利益を受けるため、虚偽の証明書その他の書類を自ら作成し、又は他人をして作成させていること。

(7) 源泉徴収票、支払調書等（以下「源泉徴収票等」という。）の記載事項を改ざんし、若しくは架空の源泉徴収票等を作成し、又は他人をして源泉徴収票等に虚偽の記載をさせ、若しくは源泉徴収票等を提出させていないこと。

(8) 調査等の際の具体的事実についての質問に対し、**虚偽の答弁等**を行い、又は相手先をして**虚偽の答弁等**を行わせていること及びその他の事実関係を総合的に判断して、**申告時における隠ぺい又は仮装が合理的に推認**できること。

（帳簿書類の隠匿、虚偽記載等に該当しない場合）

2　次に掲げる場合で、当該行為が、相手方との通謀による虚偽若しくは架空の契約書等の作成等又は帳簿書類の破棄、隠匿、改ざん、偽造、変造等によるもの等でないときは、帳簿書類の隠匿、虚偽記載等に該当しない。

(1) 収入金額を過少に計上している場合において、当該過少に計上した部分の収入金額を、**翌年分に繰り越して計上**していること。

(2) 売上げに計上すべき収入金額を、仮受金、前受金等で経理している場合において、当該収入金額を**翌年分の収入金額**に計上していること。

(3) 翌年分以後の必要経費に算入すべき費用を当年分の必要経費として経理している場合において、当該費用が**翌年分以後の必要経費**に算入されていないこと。

第2　重加算税の計算

（重加対象税額の計算の基本原則）

1　重加算税の計算の基礎となる税額は、通則法第68条及び国税通則法施行令第28条の規定により、その基因となった更正、決定、修正申告又は期限後申告（以下「更正等」という。）があった後の所得税及び復興特別所得税の額から隠ぺい又は仮装されていない事実のみに基づいて計算した所得税及び復興特別所得税の額を控除して計算するのであるが、この場合、その隠ぺい又は仮装されていない事実のみに基づいて計算した所得税及び復興特別所得税の額の基礎となる所得金額は、その更正等のあった後の所得金額から不正事実に基づく所得金額（以下「**重加対象所得**」という。）を控除した金額を基に計算する。

（重加対象所得の計算）

2　第2の1の場合において、重加対象所得の計算については、次による。

(1) 必要経費として新たに認容する経費のうちに、不正事実に基づく収入金額を得るのに必要な経費と認められるものがある場合には、当該経費を不正事実に基づく収入金額から控除する。

　ただし、簿外の収入から簿外の必要経費を支出している場合において、簿外

の収入に不正事実に基づく部分の金額とその他の部分の金額とがある場合には、当該簿外の必要経費は、まず、不正事実に基づく部分の金額から控除し、控除しきれない場合に限り、当該控除しきれない必要経費の金額を当該その他の部分の金額から控除する。

（2） 過大に繰越控除をした純損失の金額又は雑損失の金額のうちに、不正事実に基づく過大控除部分とその他の部分とがあり、当該損失の金額の全部又は一部が否認された場合における重加対象所得の計算に当たっては、まず、不正事実以外の事実に基づく損失の金額のみが否認されたものとして計算することに留意する。

　すなわち、不正事実に基づく過大の純損失又は雑損失から順次繰越控除していたものとすることに留意する。

　なお、純損失の金額又は雑損失の金額は正当であっても、その損失を生じた年分の翌年分以後の年分において、不正事実に基づき所得金額を過少にすることにより、当該所得金額を過少にした年分の翌年分以後の年分に繰越控除した損失の金額を否認した場合には、不正事実に基づく純損失又は雑損失を繰り越していたものとみなして重加対象所得の計算を行うこととする。

②　源泉所得税の重加算税の取扱い

第1　徴収基準

（隠ぺい又は仮装に該当する場合）

1　通則法第68条第3項に規定する「事実の全部又は一部を隠ぺいし、又は仮装し」とは、例えば、次に掲げるような事実（以下「**不正事実**」という。）がある場合をいう。

（1）　いわゆる二重帳簿を作成していること。

（2）　帳簿書類を破棄又は隠匿していること。

（3）　帳簿書類の改ざん（偽造及び変造を含む。）、帳簿書類への虚偽記載、相手方との通謀による虚偽の証ひょう書類の作成、帳簿書類の意図的な集計違算その他の方法により仮装の経理を行っていること。

（4）　帳簿書類の作成又は帳簿書類への記録をせず、源泉徴収の対象となる支払事実の全部又は一部を隠ぺいしていること。

（帳簿書類の範囲）

2　「1」の**帳簿書類**とは、**源泉所得税及び復興特別所得税の徴収又は納付に関する一切のもの**をいうのであるから、会計帳簿、原始記録、証ひょう書類その他会計に関する帳簿書類のほか、次に掲げるような帳簿書類を含むことに留意する。

（1） 給与所得及び退職所得に対する源泉徴収簿その他源泉所得税及び復興特別所得税の徴収に関する備付帳簿
（2） 株主総会・取締役会等の議事録、報酬・料金等に係る契約書、給与等の支給規則、出勤簿、出張・超過勤務・宿日直等の命令簿又は事績簿、社会保険事務所、労働基準監督署又は地方公共団体等の官公署に対する申請又は届出等に関する書類その他の帳簿書類のうち、源泉所得税及び復興特別所得税の税額計算の基礎資料となるもの
（3） 支払調書、源泉徴収票、給与支払事務所等の開設届出書、給与所得又は退職所得の支払明細書その他源泉徴収義務者が法令の規定に基づいて作成し、かつ、交付し又は提出する書類
（4） 給与所得者の扶養控除等申告書、給与所得者の配偶者特別控除申告書、給与所得者の保険料控除申告書、退職所得の受給に関する申告書、非課税貯蓄申告書、非課税貯蓄申込書、配当所得の源泉分離課税の選択申告書、年末調整による過納額還付請求書、租税条約に関する届出書その他源泉所得税及び復興特別所得税を徴収される者が法令の規定に基づいて提出し又は提示する書類

（源泉徴収義務者が直接不正に関与していない場合の取扱い）

3　不正事実は、源泉徴収義務者に係るものに限られるのであるから、例えば、源泉所得税及び復興特別所得税を徴収される者に係る不正の事実で、源泉徴収義務者が直接関与していないものは、不正事実に該当しないことに留意する。

（認定賞与等に対する重加算税の取扱い）

4　源泉所得税及び復興特別所得税が法定納期限までに完納されなかったことが不正事実に基づいている限り、重加算税の対象となる。

　　ただし、**法人税について重加算税が賦課される場合**において、法人税の所得金額の計算上損金の額に算入されない役員又は使用人の賞与、報酬、給与若しくは退職給与と認められるもの又は配当等として支出したと認められるもの（以下「認定賞与等」という。）の金額が当該重加算税の計算の基礎とされているときは、原則として、当該基礎とされている認定賞与等の金額のうち、当該重加算税の対象とされる所得の金額に達するまでの**認定賞与等の金額については、源泉所得税及び復興特別所得税の重加算税の対象として取り扱わない。**

　　（注）当該認定賞与等の金額のうち、法人税の重加算税の対象とされる所得の金額に達するまでの金額は、事業年度首から順に成っているものとして取り扱う。

第2　重加算税の計算

（重加算税額算出の基礎となるべき源泉所得税及び復興特別所得税の税額の計算）

5　源泉所得税及び復興特別所得税が納付漏れとなった給与等又は退職手当等の金額のうちに、不正事実に係るものとその他のものとがある場合には、重加算税の基礎となる税額は、当該不正事実に係るものをその他のものに上積みして計算した場合の当該不正事実に係るものに対応する増差税額によることに留意する。

③ 相続税及び贈与税の重加算税の取扱い

第1 賦課基準
　通則法第68条第1項又は第2項に規定する「納税者がその国税の課税標準等又は税額等の計算の基礎となるべき事実の全部又は一部を隠ぺいし、又は仮装し」とは、例えば、次に掲げるような事実（以下「**不正事実**」という。）がある場合をいう。
1　相続税関係
　（1）　相続人（受遺者を含む。）又は相続人から遺産（債務及び葬式費用を含む。）の調査、申告等を任せられた者（以下「相続人等」という。）が、帳簿、決算書類、契約書、請求書、領収書その他財産に関する書類（以下「**帳簿書類**」という。）について改ざん、偽造、変造、虚偽の表示、破棄又は隠匿をしていること。
　（2）　相続人等が、課税財産を隠匿し、架空の債務をつくり、又は事実をねつ造して課税財産の価額を圧縮していること。
　（3）　相続人等が、取引先その他の関係者と**通謀**してそれらの者の帳簿書類について改ざん、偽造、変造、虚偽の表示、破棄又は隠匿を行わせていること。
　（4）　相続人等が、自ら**虚偽の答弁**を行い又は取引先その他の関係者をして**虚偽の答弁**を行わせていること及びその他の事実関係を総合的に判断して、相続人等が**課税財産の存在を知りながらそれを申告していない**ことなどが合理的に推認し得ること。
　（5）　相続人等が、その取得した課税財産について、例えば、被相続人の名義以外の名義、架空名義、無記名等であったこと若しくは遠隔地にあったこと又は架空の債務がつくられてあったこと等を認識し、その状態を利用して、これを課税財産として申告していないこと又は債務として申告していること。
2　贈与税関係
　（1）　受贈者又は受贈者から受贈財産（受贈財産に係る債務を含む。）の調査、申告等を任せられた者（以下「受贈者等」という。）が、帳簿書類について改ざん、偽造、変造、虚偽の表示、破棄又は隠匿をしていること。
　（2）受贈者等が、課税財産を隠匿し、又は事実をねつ造して課税財産の価額を圧縮していること。
　（3）受贈者等が、課税財産の取得について架空の債務をつくり、又は虚偽若しくは架空の契約書を作成していること。
　（4）受贈者等が、贈与者、取引先その他の関係者と通謀してそれらの者の帳簿書類について改ざん、偽造、変造、虚偽の表示、破棄又は隠匿を行わせていること。
　（5）受贈者等が、自ら**虚偽の答弁**を行い又は贈与者、取引先その他の関係者をして**虚偽の答弁**を行わせていること及びその他の事実関係を総合的に判断して、受贈者等が**課税財産の存在を知りながらそれを申告していない**ことなどが合理

的に推認し得ること。
（6）受贈者等が、その取得した課税財産について、例えば、贈与者の名義以外の名義、架空名義、無記名等であったこと又は遠隔地にあったこと等の状態を利用して、これを課税財産として申告していないこと。

第2　重加算税の計算

重加算税の計算の基礎となる税額は、通則法第68条及び国税通則法施行令第28条の規定により、その基因となった更正、決定、修正申告又は期限後申告（以下「更正等」という。）があった後の税額から隠ぺい又は仮装されていない事実のみに基づいて計算した税額（A）を控除して計算するのであるが、この場合、次の点に留意する。

（1）　相続税の場合

　イ　上記Aを算出する上で基となる相続税の総額の基礎となる各人の課税価格の合計額は、その更正等のあった後の各人の課税価格の合計額からその者の不正事実に基づく部分の価額（以下「**重加対象価額**」という。）を控除した金額を基に計算する。

　ロ　各人の税額計算を行う上で、上記Aの基礎となるその者の課税価格は、その更正等のあった後のその者の課税価格から当該課税価格に係るその者の重加対象価額を控除した金額を基に計算する。

　（注）　重加対象価額の基となる財産に対応することが明らかな控除もれの債務（控除不足の債務を含む。）がある場合には、当該財産の価額から当該債務の金額を控除した額が重加対象価額となる。

（2）　贈与税の場合

上記Aの基礎となる課税価格は、その更正等のあった後の課税価格から重加対象価額を控除した金額を基に計算する。

④　法人税の重加算税の取扱い

第1　賦課基準

（隠ぺい又は仮装に該当する場合）

1　通則法第68条第1項又は第2項に規定する「国税の課税標準等又は税額等の計算の基礎となるべき事実の全部又は一部を隠ぺいし、又は仮装し」とは、例えば、次に掲げるような事実（以下「**不正事実**」という。）がある場合をいう。

（1）　いわゆる二重帳簿を作成していること。

（2）　次に掲げる事実（以下「**帳簿書類の隠匿、虚偽記載等**」という。）があること。

①　帳簿、原始記録、証ひょう書類、貸借対照表、損益計算書、勘定科目内訳明細書、棚卸表その他決算に関係のある書類（以下「**帳簿書類**」という。）を、破棄又は隠匿していること
　②　帳簿書類の改ざん（偽造及び変造を含む。以下同じ。）、帳簿書類への虚偽記載、相手方との通謀による虚偽の証ひょう書類の作成、帳簿書類の意図的な集計違算その他の方法により仮装の経理を行っていること
　③　帳簿書類の作成又は帳簿書類への記録をせず、売上げその他の収入（営業外の収入を含む。）の脱ろう又は棚卸資産の除外をしていること
（3）　特定の損金算入又は税額控除の要件とされる証明書その他の書類を改ざんし、又は虚偽の申請に基づき当該書類の交付を受けていること。
（4）　簿外資産（確定した決算の基礎となった帳簿の資産勘定に計上されていない資産をいう。）に係る利息収入、賃貸料収入等の果実を計上していないこと。
（5）　簿外資金（確定した決算の基礎となった帳簿に計上していない収入金又は当該帳簿に費用を過大若しくは架空に計上することにより当該帳簿から除外した資金をいう。）をもって役員賞与その他の費用を支出していること。
（6）　同族会社であるにもかかわらず、その判定の基礎となる株主等の所有株式等を架空の者又は単なる名義人に分割する等により非同族会社としていること。

（使途不明金及び使途秘匿金の取扱い）
2　使途不明の支出金に係る否認金につき、次のいずれかの事実がある場合には、当該事実は、不正事実に該当することに留意する。
　なお、当該事実により使途秘匿金課税を行う場合の当該使途秘匿金に係る税額に対しても重加算税を課すことに留意する。
（1）　帳簿書類の破棄、隠匿、改ざん等があること。
（2）　取引の慣行、取引の形態等から勘案して通常その支出金の属する勘定科目として計上すべき勘定科目に計上されていないこと。

（帳簿書類の隠匿、虚偽記載等に該当しない場合）
3　次に掲げる場合で、当該行為が相手方との通謀又は証ひょう書類等の破棄、隠匿若しくは改ざんによるもの等でないときは、帳簿書類の隠匿、虚偽記載等に該当しない。
（1）　売上げ等の収入の計上を繰り延べている場合において、その売上げ等の収入が**翌事業年度**（その事業年度が連結事業年度に該当する場合には、翌連結事業年度。（2）において同じ。）**の収益**に計上されていることが確認されたとき。
（2）　経費（原価に算入される費用を含む。）の繰上計上をしている場合において、その経費がその**翌事業年度に支出**されたことが確認されたとき。
（3）　棚卸資産の評価換えにより過少評価をしている場合。
（4）　確定した決算の基礎となった帳簿に、交際費等又は寄附金のように損金算入

について制限のある費用を単に他の費用科目に計上している場合。

(不正に繰戻し還付を受けた場合の取扱い)

4 法人が法人税法第80条の規定により欠損金額につき繰戻し還付を受けた場合において、当該欠損金額の計算の基礎となった事実のうちに不正事実に該当するものがあるときは、重加算税を課すことになる。

(隠ぺい仮装に基づく欠損金額の繰越しに係る重加算税の課税年度)

5 前事業年度以前の事業年度において、不正事実に基づき欠損金額を過大に申告し、その過大な欠損金額を基礎として欠損金額の繰越控除をしていた場合において、その繰越控除額を否認したときは、その繰越控除をした事業年度について重加算税を課すことになる。

　なお、欠損金額の生じた事業年度は正しい申告であったが、繰越欠損金額を控除した事業年度に不正事実に基づく過少な申告があり、その後の事業年度に繰り越す欠損金額が過大となっている場合に、当該その後の事業年度において過大な繰越欠損金額を基礎として繰越控除をしているときも同様とする。

(注) 繰越控除をした欠損金額のうちに法人税法第57条第5項の規定により欠損金額とみなされた連結欠損金個別帰属額がある場合において、その欠損金額とみなされた金額が不正事実に基づき過大に繰り越されているときについては、本文の取扱いを準用する。

(隠ぺい仮装に基づく最後事業年度の欠損金相当額の損金算入に係る重加算税の課税年度)

6 法人税法施行令第112条第14項の規定を適用するに当たり、同項に規定する被合併法人となる連結法人又は残余財産が確定した連結法人がそれぞれ同項に規定する合併の日の前日又は残余財産の確定の日の属する事業年度において欠損金額を不正事実に基づき過大に申告し、その過大な欠損金額を同項に規定する連結子法人である内国法人の最後事業年度の損金の額に算入していた場合において、その損金算入額を否認したときは、その損金算入をした最後事業年度(所得金額が生じるものに限る。)について重加算税を課すことになる。

第2 重加算税の計算

(重加対象税額の計算の基本原則)

1 重加算税の計算の基礎となる税額は、通則法第68条及び国税通則法施行令第28条の規定により、その基因となった更正、決定、修正申告又は期限後申告(以下「更正等」という。)があった後の税額から隠ぺい又は仮装をされていない事実だけに基づいて計算した税額を控除して計算するのであるが、この場合、その隠ぺい又は仮装をされていない事実だけに基づいて計算した税額の基礎となる所得金額は、その更正等のあった後の所得金額から不正事実に基づく所得金額(以下「重加対象所得」という。)を控除した金額を基に計算する。

(重加対象所得の計算)
2 第2の1の場合において、重加対象所得の計算については、次による。
　(1)　不正事実に基づく費用の支出等を認容する場合には、当該支出等が不正事実に基づく益金等の額（益金の額又は損金不算入額として所得金額に加算するものをいう。以下同じ。）との間に関連性を有するものであるときに限り、当該支出等の金額は不正事実に基づく益金等の額の減算項目とする。
　(2)　交際費等又は寄附金のうちに不正事実に基づく支出金から成るものとその他の支出金から成るものとがあり、かつ、その交際費等又は寄附金のうちに損金不算入額がある場合において、当該損金不算入額のうち重加算税の対象となる金額は、その損金不算入額から不正事実に基づく支出がないものとして計算した場合に計算される損金不算入額を控除した金額とする。
　(3)　過大に繰越控除をした欠損金額のうちに、不正事実に基づく過大控除部分と不正事実以外の事実に基づく過大控除部分とがある場合には、過大に繰越控除をした欠損金額は、まず不正事実に基づく過大控除部分の欠損金額から成るものとする。

(不正に繰戻し還付を受けた場合の重加対象税額の計算)
3 第1の4に該当する場合において、当該欠損金額のうちに不正事実に基づく部分と不正事実以外の事実に基づく部分とがあるときは、重加算税の計算の基礎となる税額は、次の算式により計算した金額による。

$$\text{法人税法第80条の規定により還付した金額} \times \frac{\text{不正事実に基づく欠損金額}}{\text{繰戻しをした欠損金額}}$$

(重加算税を課す留保金額の計算等)
4 特定同族会社が重加対象所得から留保した部分の金額（以下「留保金額」という。）に対して課される法人税法第67条第1項《特定同族会社の特別税率》の規定による法人税額については、重加算税を課すことになる。この場合、その課税の対象となる留保金額は、更正等の後の留保金額から重加算税を課さない部分の留保金額を控除して計算するものとし、その重加算税を課さない部分の留保金額の計算については、その計算上控除すべき同法第67条第3項の法人税額並びに道府県民税及び市町村民税の額は、その不正事実以外の事実に基づく所得金額について計算した金額による。

⑤ 消費税の重加算税の取扱い

第1 消費税及び地方消費税の更正等の取扱い
　　……省　略……
第2 消費税及び地方消費税の加算税の取扱い
　　……省　略……
Ⅳ 重加算税の取扱い
（地方消費税に係る重加算税の賦課決定）
1 地方消費税と消費税の課税対象は同一であることから、事業者が消費税の通則法第68条第1項又は第2項《重加算税》に規定する課税標準等又は税額等の計算の基礎となるべき事実の全部又は一部を隠ぺいし、又は仮装していたこと（以下「不正事実」という。）により重加算税を課する場合には、地方消費税についても当然に重加算税を課することになるのであるから留意する。

（所得税等に不正事実がある場合）
2 所得税又は法人税（以下「所得税等」という。）につき不正事実があり、所得税等について重加算税を賦課する場合には、当該不正事実が影響する消費税の不正事実に係る増差税額については**重加算税を課する**。

（重加算税を課す消費税固有の不正事実）
3 所得税等の所得金額には影響しないが、消費税額に影響する不正事実（**消費税固有の不正事実**）により、消費税が過少申告となった場合については、消費税の重加算税を課するのであるが、この場合には、例えば、次のような不正事実が該当する。
　イ　課税売上げを免税売上げに仮装する。
　ロ　架空の免税売上げを計上し、同額の架空の課税仕入れを計上する。
　ハ　不課税又は非課税仕入れを課税仕入れに仮装する。
　ニ　非課税売上げを不課税売上げに仮装し、課税売上割合を引き上げる。
　ホ　簡易課税制度の適用を受けている事業者が、資産の譲渡等の相手方、内容等を仮装し、高いみなし仕入率を適用する。

（重加算税対象税額の計算）
4 重加算税の計算の基礎となる税額（以下「**重加算税対象税額**」という。）は、通則法第68条及び国税通則法施行令第28条の規定により、その原因となった更正等があった後の税額から隠ぺい又は仮装をされていない事実だけに基づいて計算した税額を控除して計算するのであるが、例えば、次のような場合の重加算税対象税額は、更正等があった後の税額から、不正事実がなかったとして計算した納付すべき税額を控除した残額となる。
　（1）不正事実に基づく課税売上げ又は非課税売上げの除外があったことに伴い、課税売上割合が変動した結果、仕入控除税額が増加又は減少した場合

(2) 簡易課税制度を適用している場合において、不正事実に基づく課税売上げの除外があったこと等により、みなし仕入率が変動した結果、仕入控除税額が増加又は減少した場合

（重加算税を課する場合の留意事項）

5 その課税期間の基準期間たる課税期間（以下「前々課税期間」という。）に係る消費税の増差税額に対して重加算税を課す場合（通則法第119条第4項の規定により、重加算税の全額が切り捨てられる場合を含む。）には、その原因たる前々課税期間の不正事実に連動した次の事実に起因して当該課税期間に係る消費税額が増加するときであっても、その増加額に重加算税を課すべきことにならないのであるから留意する。

(1) 基準期間における課税売上高が1,000万円を超え、当該課税期間について課税事業者となることが判明した場合

(2) 基準期間の課税売上高が5,000万円を超え、簡易課税制度の適用を受けられないことが判明した場合

⑥ 連結法人税の重加算税の取扱い

第1 賦課基準

（隠ぺい又は仮装に該当する場合）

1 通則法第68条第1項又は第2項に規定する「国税の課税標準等又は税額等の計算の基礎となるべき事実の全部又は一部を隠ぺいし、又は仮装し」とは、連結法人に、例えば、次に掲げるような事実(以下「**不正事実**」という。）がある場合をいう。

(1) いわゆる二重帳簿を作成していること。

(2) 次に掲げる事実（以下「**帳簿書類の隠匿、虚偽記載等**」という。）があること。

① 帳簿、原始記録、証ひょう書類、貸借対照表、損益計算書、勘定科目内訳明細書、棚卸表その他決算に関係のある書類（以下「**帳簿書類**」という。）を、破棄又は隠匿していること

② 帳簿書類の改ざん（偽造及び変造を含む。以下同じ。）、帳簿書類への虚偽記載、相手方との通謀による虚偽の証ひょう書類の作成、帳簿書類の意図的な集計違算その他の方法により仮装の経理を行っていること

③ 帳簿書類の作成又は帳簿書類への記録をせず、売上げその他の収入（営業外の収入を含む。）の脱ろう又は棚卸資産の除外をしていること

(3) 特定の損金算入又は税額控除の要件とされる証明書その他の書類を改ざんし、又は虚偽の申請に基づき当該書類の交付を受けていること。

(4) 簿外資産（確定した決算の基礎となった帳簿の資産勘定に計上されていない資産をいう。）に係る利息収入、賃貸料収入等の果実を計上していないこと。

(5)　簿外資金（確定した決算の基礎となった帳簿に計上していない収入金又は当該帳簿に費用を過大若しくは架空に計上することにより当該帳簿から除外した資金をいう。）をもって役員賞与その他の費用を支出していること。
　(6)　連結親法人が同族会社であるにもかかわらず、その判定の基礎となる株主等の所有株式等を架空の者又は単なる名義人に分割する等により非同族会社としていること。

(使途不明金及び使途秘匿金の取扱い)
2　連結法人の使途不明の支出金に係る否認金につき、次のいずれかの事実がある場合には、当該事実は、不正事実に該当することに留意する。
　なお、当該事実により使途秘匿金課税を行う場合の当該使途秘匿金に係る税額に対しても重加算税を課すことに留意する。
　(1)　帳簿書類の破棄、隠匿、改ざん等があること。
　(2)　取引の慣行、取引の形態等から勘案して通常その支出金の属する勘定科目として計上すべき勘定科目に計上されていないこと。

(帳簿書類の隠蔽、虚偽記載等に該当しない場合)
3　次に掲げる場合で、連結法人の当該行為が相手方との通謀又は証ひょう書類等の破棄、隠匿若しくは改ざんによるもの等でないときは、帳簿書類の隠匿、虚偽記載等に該当しない。
　(1)　売上げ等の収入の計上を繰り延べている場合において、その売上げ等の収入が翌連結事業年度（その事業年度が連結事業年度に該当しない場合には、翌事業年度。(2)において同じ。）の収益に計上されていることが確認されたとき。
　(2)　経費（原価に算入される費用を含む。）の繰上げ計上をしている場合において、その経費がその翌連結事業年度に支出されたことが確認されたとき。
　(3)　棚卸資産の評価換えにより過少評価をしている場合。
　(4)　確定した決算の基礎となった帳簿に、交際費等又は寄附金のように損金算入について制限のある費用を単に他の費用科目に計上している場合。

(不正に繰戻し還付を受けた場合の取扱い)
4　連結親法人が法人税法第81条の31の規定により連結欠損金額につき繰戻し還付を受けた場合において、当該連結欠損金額の計算の基礎となった事実のうちに不正事実に該当するものがあるときは、重加算税を課すことになる。

(隠ぺい仮装に基づく連結欠損金額の繰越しに係る重加算税の課税年度)
5　前連結事業年度以前の連結事業年度において、不正事実に基づき連結欠損金額を過大に申告し、その過大な連結欠損金額を基礎として連結欠損金額の繰越控除をしていた場合において、その繰越控除額を否認したときは、その繰越控除をした連結事業年度について重加算税を課すことになる。

なお、連結欠損金額の生じた連結事業年度は正しい申告であったが、繰越連結欠損金額を控除した連結事業年度に不正事実に基づく過少な申告があり、その後の連結事業年度に繰り越す連結欠損金額が過大となっている場合に、当該その後の連結事業年度において過大な繰越連結欠損金額を基礎として繰越控除をしているときも同様とする。
　（注）　繰越控除をした連結欠損金額のうちに法人税法第81条の9第2項の規定により連結欠損金額とみなされた欠損金額又は連結欠損金個別帰属額がある場合において、その連結欠損金額とみなされた金額が不正事実に基づき過大に繰り越されているときについては、本文の取扱いを準用する。

（隠ぺい仮装に基づく合併前事業年度等の欠損金相当額の損金算入に係る重加算税の課税年度）
6　法人税法第81条の9第4項の規定を適用するに当たり、同項に規定する他の連結法人が合併の日の前日又は残余財産の確定の日の属する事業年度において欠損金額を不正事実に基づき過大に申告し、その過大な欠損金額を同項に規定する連結法人が合併の日の属する連結事業年度又は残余財産の確定の日の翌日の属する連結事業年度の損金の額に算入していた場合において、その損金算入額を否認したときは、その損金算入をした連結事業年度（連結所得金額が生じるものに限る。）について重加算税を課すことになる。

　　なお、その損金算入額を否認してもその損金算入をした連結事業年度では連結所得金額が生じなかったため、その後の連結事業年度に繰り越す連結欠損金額が過大となっている場合には、その過大な繰越連結欠損金額を基礎として繰越控除をしている連結事業年度について重加算税を課すことになる。

第2　重加算税の計算

（重加対象税額の計算の基本原則）
1　重加算税の計算の基礎となる税額は、通則法第68条及び国税通則法施行令第28条の規定により、その基因となった更正、決定、修正申告又は期限後申告（以下「更正等」という。）があった後の税額から隠ぺい又は仮装をされていない事実だけに基づいて計算した税額を控除して計算するのであるが、この場合、その隠ぺい又は仮装をされていない事実だけに基づいて計算した税額の基礎となる連結所得金額は、その更正等のあった後の連結所得金額から不正事実に基づく連結所得金額（以下「重加対象連結所得」という。）を控除した金額を基に計算する。

（重加対象連結所得の計算）
2　第2の1の場合において、重加対象連結所得の計算については、次による。
　（1）　不正事実に基づく費用の支出等を認容する場合には、当該支出等が不正事実に基づく益金等の額（益金の額又は損金不算入額として連結所得金額に加算するものをいう。以下同じ。）との間に関連性を有するものであるときに限り、

当該支出等の金額は不正事実に基づく益金等の額の減算項目とする。
（2） 交際費等又は寄附金のうちに不正事実に基づく支出金から成るものとその他の支出金から成るものとがあり、かつ、その交際費等又は寄附金のうちに損金不算入額がある場合において、当該損金不算入額のうち重加算税の対象となる金額は、その損金不算入額から不正事実に基づく支出がないものとして計算した場合に計算される損金不算入額を控除した金額とする。
（3） 過大に繰越控除をした連結欠損金額のうちに、不正事実に基づく過大控除部分と不正事実以外の事実に基づく過大控除部分とがある場合には、過大に繰越控除をした連結欠損金額は、まず不正事実に基づく過大控除部分の連結欠損金額から成るものとする。

（不正に繰戻し還付を受けた場合の重加対象税額の計算）
3　第1の4に該当する場合において、当該連結欠損金額のうちに不正事実に基づく部分と不正事実以外の事実に基づく部分とがあるときは、重加算税の計算の基礎となる税額は、次の算式により計算した金額による。
（算式）

$$\text{法人税法第81条の31の規定により還付した金額} \times \frac{\text{不正事実に基づく連結欠損金額}}{\text{繰戻しをした連結欠損金額}}$$

（重加算税を課す連結留保金額の計算等）
4　連結親法人が特定同族会社である場合において、重加対象連結所得から留保した部分の金額（以下「連結留保金額」という。）に対して課される法人税法第81条の13第1項《連結特定同族会社の特別税率》の規定による法人税額については、重加算税を課すことになる。この場合、その課税の対象となる連結留保金額は、更正等の後の連結留保金額から重加算税を課さない部分の連結留保金額を控除して計算するものとし、その重加算税を課さない部分の連結留保金額の計算については、その計算上控除すべき同法第81条の13第2項の法人税額並びに道府県民税及び市町村民税の額は、それぞれ次に掲げる金額による。
（1） 法人税額　その不正事実以外の事実に基づく連結所得金額について計算した金額
（2） 道府県民税及び市町村民税の額　原則として当該更正等がある前の各連結法人の個別所得金額を基礎として計算した金額の合計額（通則法第65条第4項に規定する正当な理由があると認められる事実がある場合には、当該事実のみに基づく更正等があったものとした場合の各連結法人の個別所得金額を基礎として計算した金額の合計額）

4　事務運営指針の解説

　重加算税の取扱いに関する事務運営指針について、全体を通して解説した本あるいは論文等を探したが、見当たりませんでした。その理由として、
① 税理士は、申告書の作成時に重加算税の事務運営指針を検討する必要がないこと
② 裁判所は、事務運営指針に拘束されず判決を下すこと
③ 法律家や学者は、通達にしか過ぎない事務運営指針を重視してないこと
などが考えられます。

　しかし、事務運営指針は調査官を拘束するので、国税通則法上は重加算税の対象となると思慮される否認事項であっても、事務運営指針でそれが隠ぺい・仮装には該当しないと主張された場合は、調査官は重加算税を賦課することが困難となります。したがって、税理士（納税者）は、事務運営指針に目を通す必要があります。

　本書では事務運営指針の論点を抽出して、粗削りですが、私のコメントを加えることにします。

(1) 脱税の意図

　各税目の事務運営指針を通して、脱税の意図あるいは過少申告の認識を、重加算税賦課の要件としていません。それにもかかわらず、実際の税務調査では、脱税したあるいは利益調整をしたということで、重加算税の課否判定が論じられることが多いです。しかし、重加算税の課否判定は、あくまでも隠ぺい・仮装という外形で行われるべきです。ただし、ことさらの過少申告の場合は脱税の意図が要件となります。

(2) 帳簿書類の定義

「帳簿書類」の定義が、法人税と申告所得税とで異なっています。各税法の独自の書類についての相違は理解できますが、例えば、法人税の事務運営指針に規定されている「原始記録、証ひょう書類」と申告所得税のそれに規定されている「その他取引に関する書類」とが具体的にどのように異なるのか、読み取るのは難しいです。

●法人税の重加算税の取扱い　第1．1　(2)　①

> （隠ぺい又は仮装に該当する場合）
> ① 帳簿、原始記録、証ひょう書類、貸借対照表、損益計算書、勘定科目内訳明細書、棚卸表その他決算に関係のある書類（以下「帳簿書類」という。）を、破棄又は隠匿していること

●申告所得税の重加算税の取扱い　第1．1　(2)　①

> （隠ぺい又は仮装に該当する場合）
> ① 帳簿、決算書類、契約書、請求書、領収書その他取引に関する書類（以下「帳簿書類」という。）を、破棄又は隠匿していること

重加算税は国税通則法で定められているにもかかわらず、法人税と申告所得税で帳簿書類の定義の表現が異なるのは、いかなる理由なのでしょうか。また、その相違点が、それぞれの事務運営指針全体の解釈にどのような差異をもたらすのかも、わかりづらい状況です。

> **Point**
> **帳簿書類の範囲**
> 　法人税と申告所得税との相違が、明瞭でない。

(3) 虚偽の証憑書類と通謀

　取引先（相手方）が作成した虚偽の証憑書類は、通謀がなければ、隠ぺい・仮装とはなりません。これを知らないで重加算税を賦課しようとする調査官は、経験上、多いです。税理士（納税者）がこの条項を認識していなければ、重加算税を賦課されたままで終わってしまいます。

●**法人税の重加算税の取扱い　第1．1（2）②**

> （隠ぺい又は仮装に該当する場合）
> ②　帳簿書類の改ざん（偽造及び変造を含む。以下同じ。）、帳簿書類への虚偽記載、相手方との通謀による虚偽の証ひょう書類の作成、帳簿書類の意図的な集計違算その他の方法により仮装の経理を行っていること

●**申告所得税の重加算税の取扱い　第1．1（2）②**

> （隠ぺい又は仮装に該当する場合）
> ②　帳簿書類の改ざん、偽造、変造若しくは虚偽記載、相手方との通謀による虚偽若しくは架空の契約書、請求書、領収書その他取引に関する書類の作成又は帳簿書類の意図的な集計違算その他の方法により仮装を行っていること

　法人税では、「相手方との通謀による虚偽の証ひょう書類の作成」と定めているが、原始記録は証ひょう書類には含まれません。したがって、相手方との通謀による虚偽の原始記録の作成は、隠ぺい・仮装に該当しない、と読めます。

　一方で、申告所得税では、「その他取引に関する書類」と定めているので、原始記録が含まれると解されます。したがって、相手方との通謀による虚偽の原始記録の作成は、隠ぺい・仮装に該当することになります。

　しかし、このようなとらえ方はしっくりとしません。重加算税の取扱いに係る事務運営指針の規定ぶりは、税目間の整合性に欠け、複雑で完

成度が低いように思われます。

> **Point**
> 虚偽の証憑書類、取引に関する書類
> ● 納税者が作成……………………隠ぺい・仮装あり
> ● 相手方が作成 ┬ 通謀あり…┘
> 　　　　　　　 └ 通謀なし　　隠ぺい・仮装なし

(4) 繰延・繰上の隠匿、虚偽記載等

収入の繰延べあるいは必要経費の繰上計上は、隠ぺい・仮装行為があり、国税通則法上は重加算税の対象の否認事項であったとしても、事務運営指針により、「隠匿、虚偽記載」等に該当しない場合もあるので、必ずしも重加算税の対象とはなりません。

● 法人税の重加算税の取扱い 第1.3

（帳簿書類の隠匿、虚偽記載等に該当しない場合）
3　次に掲げる場合で、当該行為が相手方との通謀又は**証ひょう書類等の破棄、隠匿若しくは改ざんによるもの等でないとき**は、**帳簿書類の隠匿、虚偽記載等に該当しない**。
　(1)　売上げ等の収入の計上を繰り延べている場合において、その売上げ等の収入が翌事業年度（その事業年度が連結事業年度に該当する場合には、翌連結事業年度。(2)において同じ。）の収益に計上されていることが確認されたとき。
　(2)　経費（原価に算入される費用を含む。）の繰上計上をしている場合において、その経費がその翌事業年度に支出されたことが確認されたとき。
　……　省　略　……

● 申告所得税の重加算税の取扱い 第1．2

> （帳簿書類の隠匿、虚偽記載等に該当しない場合）
> 2　次に掲げる場合で、当該行為が、相手方との通謀による虚偽若しくは架空の契約書等の作成等又は帳簿書類の破棄、隠匿、改ざん、偽造、変造等によるもの等でないときは、帳簿書類の隠匿、虚偽記載等に該当しない。
> （1）　収入金額を過少に計上している場合において、当該過少に計上した部分の収入金額を、翌年分に繰り越して計上していること。
> （2）　売上げに計上すべき収入金額を、仮受金、前受金等で経理している場合において、当該収入金額を翌年分の収入金額に計上していること。
> 　　　……省　略……

　売上の繰延計上、経費の繰上計上については、税務調査では頻繁に指摘される項目です。ここでは、帳簿書類の隠匿、虚偽記載等があっても、事実の隠ぺい・仮装に該当しない場合について定めています。重要な条項であるにもかかわらず、調査官、税理士は、この規定を意識しないで重加算税の課否を議論することが多いです。

　なお、法人税では「証ひょう書類等の破棄」と表現していますが、申告所得税では「帳簿書類の破棄」と定めています。

> **Point**
> 売上の繰延、経費の繰上計上で、翌事業年度では正当に処理されていた場合
> ● 法人税………… 証ひょう書類等の破棄、隠匿、改ざん　→　隠ぺい・仮装あり
> ● 申告所得税…… 帳簿書類の破棄、隠匿、改ざん、偽造、変造　→　隠ぺい・仮装あり

(5) 計上もれと除外

　法人税では、売上の計上もれ、棚卸の計上もれは過少申告加算税対象となり、売上除外や棚卸除外は重加算税対象となります。

●法人税の重加算税の取扱い 第1.1（2）③

> （隠ぺい又は仮装に該当する場合）
> ③ 帳簿書類の作成又は帳簿書類への記録をせず、売上げその他の収入（営業外の収入を含む。）の脱ろう又は棚卸資産の除外をしていること

　例えば、現金売上10万円の計上もれを指摘されたとします。実務では、ほとんどの場合、重加算税が賦課されています。しかし、それは正しいでしょうか。売上計上もれということであれば、それは売上の除外ではありません。調査官から、売上が除外されている事実を示されない限り、隠ぺい・仮装には当たらず、重加算税は賦課できないと解されます。

　また、棚卸の計上がもれた場合も、棚卸原票等の破棄改ざん等の隠ぺい・仮装の事実がなければ、重加算税の対象とはなりません。実務では、棚卸の計上がもれ以外の事実を認識できないにもかかわらず、あたかも意図的に棚卸を除外したとの申述書を提出させ、重加算税を賦課する事例もあるようですが、それは当然に間違った処理です。

> **Point**
> 「除外」と「計上もれ」（法人税の取扱い）
> ●売上除外・棚卸除外……………隠ぺい・仮装あり
> ●売上計上もれ・棚卸計上もれ……隠ぺい・仮装なし

　「重加算税制度の問題点について」（日本税理士連合会税制審議会）では、「たな卸資産の計上漏れの場合は、納税者においてその計上漏れという事実に隠ぺい又は仮装の認識があれば重加算税の課税要件を満たすことになり、」としています。しかし、ただ単に棚卸を計上しないのであれば、納税者の内心がどうであろうとも、事実を隠ぺいし仮装する行為が

170

なく、重加算税の要件を満たしていると解することはできません。日本税理士連合会の考え方では、いわゆる「一筆重加」（隠ぺい・仮装の認識を認める申述書を提出させて、重加算税を賦課すること）が容認されてしまいます。

なお、この取扱いと同様の趣旨の規定が、"申告所得税の重加算税の取扱い"にはありません。法人税の調査で売上除外、あるいは、棚卸除外として重加算税対象となった取引について、申告所得税の調査では重加算税対象とはならないのでしょうか。

申告所得税の重加算税の取扱い中に、次の条項があります。

●申告所得税の重加算税の取扱い 第1.1（3）

> （隠ぺい又は仮装に該当する場合）
> （3） 事業の経営、売買、賃貸借、消費貸借、資産の譲渡又はその他の取引（以下「事業の経営又は取引等」という。）について、本人以外の名義又は架空名義で行っていること。
> 　　　ただし、次の①又は②の場合を除くものとする。
> ……省略……

これに従えば、売上除外あるいは棚卸除外でも、本人以外の名義や架空名義で取引を行っていなければ、必ずしも重加算税対象とはならないとも解せられます。事業所得の税務調査では重加算税が賦課されることが少ない、という経験則には、確かに合致します。

一方で、法人税の事務運営指針では、売上、仕入、棚卸等の取引に係る隠ぺい・仮装に関して、本人以外の名義や架空名義に関する規定がありません。これの意味するところついて、私は次の通り解しました。

> **Point !**
> 事務運営指針における重加算税の適用について、
> - 法人税………隠ぺい・仮装の事実あり
>   ➡重加算税（原則）
> - 申告所得税…隠ぺい・仮装の事実あり、架空名義の利用等なし
>   ➡税（原則）

　かなり乱暴な決めつけですが、申告所得税の調査では重加算税を賦課されることが少ないという経験則に照らせば、あながち的外れともいえません。国税庁は、法人税の調査については、不正の件数、発見割合等を公開しているが、申告所得税については、不正に関する情報を一切公開していません。つまり、申告所得税では法人税ほど重加算税を重視していないのです。この点に関しては、申告所得税に係る事務運営指針の定め方は国税庁の事務運営方針とは符合しています。

　法人税と申告所得税の事務運営指針で規定が異なるのは、法人と個人では記帳レベルが違うことから、同一の取扱いにできなかったということかもしれません。そうはいっても、国税通則法上の「隠ぺい・仮装」の取扱いが、法人事業者と個人事業者で異なってよいものか、疑問も残ります。これらの事務運営指針の規定の相違により、税務調査での隠ぺい・仮装の判断基準が、具体的にどのように異なるのかは興味があるところです。

　売上計上もれと売上除外は、具体的にどのように相違するのか、調査における問答を通して明らかにします。

法人税調査における、調査官 と 法人の代表者 と 税理士 の会話です。なお、調査法人の決算期は3月です。

調査官：3月の売上請求書および納品書と売上帳をつき合わせをしたのですが、1億円ほど計上されていませんが、どうしたのですか？

経理部長：うっかりしていました。翌事業年度の4月の売上帳には計上されています。

調査官：うっかりで、1億円の売上の計上がもれるものですか？

経理部長：……

社　長：実は、今期は業績が好調で、所得が大きく増加してしまいました。私が経理部長に、1億円ほど所得を減らすように指示しました。

調査官：故意に利益調整をしたのですね。

社　長：はい、そのとおりです。申し訳ありませんでした。

調査官：売上を除外した事実関係について、聴取書を作成します。ご協力をお願いします。

社　長：はい、わかりました。

（省　略）

調査官：完成しました。署名押印をお願いします。

社　長：はい、判りました。……（署名押印する）

調査官：意図的に「所得」を隠したのですから、重加算税対象となります。

社長		：調査に一生懸命協力していますし、売上を繰り延べただけです。個人的に蓄財したわけもないので、重加算税だけは勘弁してください。
調査官		：**脱税**したのだから、仕方ありません。
社長		：売上は翌期に計上していますし、私腹を肥やしたわけではないので、その辺を考慮してください。
調査官		：1億円も**利益調整**しているのです。**悪質な脱税**です。先生からも社長に説明してください。
税理士		：ところで、○○調査官、「事実」の隠ぺい・仮装はどこにありますか？
調査官		：「**所得**」を隠しているのだから、隠ぺいです。
税理士		：国税通則法第68条では、「事実の全部又は一部を隠ぺいし、又は仮装し、」と規定されています。「**所得**」は「**事実**」ではありません。事実の隠ぺい・仮装を示してもらわない限り、重加算税の賦課を認めることはできません。 請求書・納品書や帳簿、取引の流れの中で生ずる書類等で、具体的に、何を隠ぺいし仮装したのか、示してください。 調査法人は、すべてオープンに包み隠さず、ありのままに資料を提出しています。何をもって重加算税対象と主張するのですか。
調査官		：社長が利益調整のために売上を除外したと認めていますし、申述書にも署名してその事実関係を認めています。
税理士		：「申述書」と、「事実」の仮装・隠ぺいとは、関係ないと思いますが。
調査官		：いいえ、「申述書」は隠ぺい・仮装の証拠となります。
税理士		：国税通則法第68条では、『納税者がその国税の課税標準等又は税額等の計算の基礎となるべき事実の全部又は一部を隠ぺいし、

又は仮装し、その隠ぺいし、又は仮装したところに基づき納税申告書を提出していたときは、……税額に100分の35の割合……重加算税を課する。』と規定しています。
『〜に基づき納税申告書を提出したときは』はどのように解釈するのですか。

調査官：……
それは、重加算税を課すためには、納税申告書を提出する前に、隠ぺい・仮装の事実が必要ということ、でしょうか。

税理士：調査法人は、一体「何を」隠ぺいし、仮装したところに基づき、納税申告書を提出したのですか。

調査官：いや、利益調整のために1億円もの「売掛金」を隠ぺいしたのですから、それは隠ぺい・仮装に当たります。

税理士：話が噛み合いませんね。事実の隠ぺい・仮装がないのだから、重加算税対象とはならないと思うのですが。
ところで、〇〇調査官、国税庁の事務運営指針「法人税の重加算税の取扱いについて」を読んだことありますか。

調査官：読みましたよ。

税理士：その中に、「帳簿書類の隠匿、虚偽記載等に該当しない場合」という項目があり、次の通り規定しています。

『 3　次に掲げる場合で、当該行為が相手方との通謀又は証ひょう書類等の破棄、隠匿若しくは改ざんによるもの等でないときは、帳簿書類の隠匿、虚偽記載等に該当しない。
(1) 売上等の収入の計上を繰り延べている場合において、その売上等の収入が翌事業年度の収益に計上されていることが確認されたとき。』

〇〇調査官、調査法人が相手方と通謀した事実はありますか。

調査官：今のところ、そのような事実は把握していません。

> 税理士　：証憑書類等の破棄、隠匿、改ざんの事実は、どこにあるのですか。納税者は事務運営指針に拘束されませんが、調査官は従わなくてはいけませんよね。
>
> 調査官　：……。

　おそらく、このような事例で重加算税を賦課決定されてしまった調査事案は、数多くあると思われます。なぜなら、調査官、納税者および税理士とも、1億円の売上計上を意図的にもらすという行為は、脱税であり、重加算税の対象になる、と思い込んでいるからです。その思い込みは世間一般の常識でもあるため、何の争いもなく、調査の現場で完結してしまうこともあるのです。繰り返しますが、この事例における売上計上もれは、脱税であるかもしれませんが、重加算税の対象ではありません。

　もちろん、税務署部内での審理あるいは決裁で、重加算税を賦課したいという調査官の結論が覆ることもあります。しかし、覆らないことも多々あると思われます。税理士は、冷静に、「隠ぺい・仮装」の事実はどこにあるのですか、と問い続けることによって、納税者の利益を守るべきなのです。

(6) 仮名預金

　売上除外等により捻出した資金を仮名預金に入金し、これを公表帳簿に記帳しなければ、隠ぺい・仮装と認定されます。例えば、無申告の納税者に対して、隠ぺい・仮装を立証して重加算税を賦課することは難しいが、売上代金を他人名義の預金口座に入金していれば、比較的容易に重加算税を賦課することができます。

●申告所得税の重加算税の取扱い 第1.1（5）

> （隠ぺい又は仮装に該当する場合）
> （5） 秘匿した売上代金等をもって本人以外の名義又は架空名義の預貯金その他の資産を取得していること。

　隠ぺい・仮装の有無の判断材料を、預金の名義に求めることは理解できます。しかし、この規定には次の疑問点があります。

① 秘匿とは隠すことであり、売上代金を隠せば、隠ぺい・仮装ありと判断されることから、あえて預金名義を問題にする必要はあるのか。
② 申告所得税の事務運営指針第1　1（2）では「隠匿」という単語を用いているが、「秘匿」とどのように使い分けているのか。
③ なぜ、法人税の事務運営指針で同様の定めがないのか。

(7) 集計違算と集計誤り

　集計違算による所得の過少申告は重加算税対象だが、単なる集計誤りは、重加算税の対象とはなりません。

●法人税の重加算税の取扱い 第1.1（2）②

> （隠ぺい又は仮装に該当する場合）
> ② 帳簿書類の改ざん（偽造及び変造を含む。以下同じ。）、帳簿書類への虚偽記載、相手方との通謀による虚偽の証ひょう書類の作成、帳簿書類の意図的な集計違算その他の方法により仮装の経理を行っていること

●申告所得税の重加算税の取扱い 第1.1（2）②

> （隠ぺい又は仮装に該当する場合）
> ② 帳簿書類の改ざん、偽造、変造若しくは虚偽記載、相手方との通謀による虚偽若しくは架空の契約書、請求書、領収書その他取引に関する書類の作成又は帳簿書類の意図的な集計違算その他の方法により仮装を行っていること

ただし、集計違算を立証するのは調査官の仕事であり、集計誤りであるにもかかわらず、調査官から集計違算と認定されないように気をつけましょう。

> **Point**
> 「集計違算」と「集計誤り」
> ● 集計違算……………隠ぺい・仮装あり
> ● 集計誤り……………隠ぺい・仮装なし

(8) 虚偽答弁

"申告所得税の重加算税の取扱い"では、調査時の虚偽答弁について規定しています。虚偽答弁そのものが隠ぺい・仮装なのではなく、申告時における隠ぺい・仮装を推認できるときに、隠ぺい・仮装に該当することになります。

●申告所得税の重加算税の取扱い 第1．1 (8)

> （隠ぺい又は仮装に該当する場合）
> (8) 調査等の際の具体的事実についての質問に対し、**虚偽の答弁等を行い**、又は相手先をして**虚偽の答弁等を行わせ**ていること及びその他の事実関係を総合的に判断して、申告時における隠ぺい又は仮装が合理的に推認できること。

一方、虚偽答弁について、「法人税の重加算税の取扱い」では言及していません。なぜ、同趣旨の条項がないのか、理解に苦しむところです。源泉所得税の取扱いにも何ら規定されていません。

一方で、相続税および贈与税の事務運営指針では、同様の規定が見られます。

●相続税及び贈与税の重加算税の取扱い 第1.1 (4)

> 1 相続税関係
> (4) 相続人等が、自ら**虚偽の答弁**を行い又は取引先その他の関係者をして**虚偽の答弁**を行わせていること及びその他の事実関係を総合的に判断して、相続人等が課税財産の存在を知りながらそれを申告していないことなどが**合理的に推認し得る**こと。

●相続税及び贈与税の重加算税の取扱い 第1.2 (5)

> 2 贈与税関係
> (5) 受贈者等が、自ら**虚偽の答弁**を行い又は贈与者、取引先その他の関係者をして**虚偽の答弁**を行わせていること及びその他の事実関係を総合的に判断して、受贈者等が課税財産の存在を知りながらそれを申告していないことなどが**合理的に推認し得ること**。

> **Point**
> **税務調査時の納税者の虚偽答弁に関する事務運営指針の取扱い**
> ● 法人税・源泉所得税・消費税………規定なし
> ● 申告所得税・相続税および贈与税……規定あり

(9) 給与の受給者の隠ぺい・仮装

　源泉所得税制度は、給与等の支払者が、受給者が本来納付すべき所得税を受給者に代わって納付する仕組みであり、源泉徴収義務者である支払者は、本来課税当局が行うべき事務を代行しているともいえます。したがって、源泉徴収義務者が直接関与していない受給者の隠ぺい・仮装行為に対して、重加算税を賦課することは酷であることから、その対象から除外しています。

●源泉所得税及び復興特別所得税の重加算税の取扱い 第1.3

（源泉徴収義務者が直接不正に関与していない場合の取扱い）
3　不正事実は、源泉徴収義務者に係るものに限られるのであるから、例えば、源泉所得税及び復興特別所得税を徴収される者に係る不正の事実で、**源泉徴収義務者が直接関与していないものは、不正事実に該当しない**ことに留意する。

(10) 重加算税の併課（源泉所得税と法人税）

税務調査で法人税に重加算税対象の非違事項があり、それに連動して源泉所得税も徴収された場合、重加算税は併課されません。

●源泉所得税の重加算税の取扱い 第1.4

（認定賞与等に対する重加算税の取扱い）
4　源泉所得税及び復興特別所得税が法定納期限までに完納されなかったことが不正事実に基づいている限り、重加算税の対象となる。
　　ただし、**法人税について重加算税が賦課される場合**において、法人税の所得金額の計算上損金の額に算入されない役員又は使用人の賞与、報酬、給与若しくは退職給与と認められるもの又は配当等として支出したと認められるもの（以下「認定賞与等」という。）の金額が当該重加算税の計算の基礎とされているときは、原則として、当該基礎とされている認定賞与等の金額のうち、当該重加算税の対象とされる所得の金額に達するまでの認定賞与等の金額については、**源泉所得税及び復興特別所得税の重加算税の対象として取り扱わない**。
（注）　当該認定賞与等の金額のうち、法人税の重加算税の対象とされる所得の金額に達するまでの金額は、事業年度首から順に成っているものとして取り扱う。

　法人税と源泉所得税が併科される状態のときに、法人税には重加算税を賦課しないで、源泉所得税には賦課するという選択肢がないのはなぜか、という点が疑問として残ります。

(11) 重加算税の併課（消費税と法人税・申告所得税）

　税務調査で法人税または申告所得税に重加算税対象の非違事項があり、それに連動して消費税の追徴税額発生した場合、重加算税が併課さ

れます。

●消費税及び地方消費税の更正等及び加算税の取扱い Ⅳ 2

> （所得税等に不正事実がある場合）
> 2　所得税又は法人税（以下「所得税等」という。）につき不正事実があり、所得税等について重加算税を賦課する場合には、当該不正事実が影響する消費税の不正事実に係る増差税額については重加算税を課する。

　消費税の重加算税は、法人税または所得税の重加算税と併課されるが、源泉所得税の場合と取扱いが異なるのはなぜでしょうか。重加算税の併課の取扱いを、税目により変えてよいのか疑問が残ります。

(12) 科目仮装

　科目の計上誤りにより所得が過少になっても、重加算税の対象とはなりません。例えば、交際費を会議費に、寄附金を雑費に、固定資産の購入費を仕入れに計上したために所得が減少しても、単に科目が違うだけであり、そこに事実の隠ぺい・仮装は認められません。

　ただし、実際の税務調査では、科目仮装として重加算税を賦課されてしまうことがあるので、注意を要します。

●法人税の重加算税の取扱い 第1. 3 （4）

> （帳簿書類の隠匿、虚偽記載等に該当しない場合）
> 3　次に掲げる場合で、当該行為が相手方との通謀又は証ひょう書類等の破棄、隠匿若しくは改ざんによるもの等でないときは、帳簿書類の隠匿、虚偽記載等に該当しない。
> 　（4）　確定した決算の基礎となった帳簿に、交際費等又は寄附金のように損金算入について制限のある費用を単に他の費用科目に計上している場合。

> **裁決**

> **裁決事例集 No.82（平成23年2月23日裁決）**
> **所得を過少に申告するという確定的な意図**について、請求人には**外部からもうかがい得る特段の行動**があったとは認められないから、隠ぺい又は仮装があるとはいえず重加算税を賦課することは相当でないとした事例

> 　原処分庁は、請求人が本来行うべき仮受金勘定から売上勘定への振替処理を行っていなかったことについて、
> 　① 税理士から仮受金勘定の増加原因の解明を求められながらこれを行わなかったこと、
> 　② 現金出納帳に虚偽の記載をしたり、同税理士にあえて説明しなかったこと
> 　③ 同税理士に特定の帳簿を提出しなかったこと
> などからすると、この行為は隠ぺい若しくは仮装に当たる又は**所得を過少に申告する確定的な意図を外部からうかがい得る特段の行動**であるなどとして、請求人の経理処理が隠ぺい又は仮装に当たる旨主張する。
> 　しかしながら、
> 　① 同税理士に特定の帳簿を提出しなかったとしても、そのことを容易に知り得るだけの資料を提出していたこと、
> 　② 請求人が取引内容の具体的説明を同税理士にしなかったからといって、それが故意の隠ぺい又は仮装の行為であるなどとはいえないこと、
> 　③ 仮受金勘定の増加原因の解明について同税理士と請求人との間に認識の相違や意思疎通の欠如があったとしても、請求人が積極的な意思をもってあえて適正な経理処理を行うことなくこれを放置したとまで認めるに至らなかったこと
> 等からすれば、請求人に故意の隠ぺい又は仮装の行為や過少申告の確定的意図を外部からうかがい得る特段の行動があったとまではいうことはできない。したがって、**重加算税を賦課することは相当ではない。**

(13) 使途不明金、使途秘匿金

　使途不明金とは、法人が交際費、機密費、接待費等の名義をもって支出した金銭で、支出額や支払先がわかっているものであり、損金の額に

算入されません。

　使途秘匿金とは、法人の対価性のない支出で、相当の理由がないにもかかわらず、その相手方の氏名（名称）、住所（所在地）およびその事由を帳簿書類に記載していないものであり、違法性を帯びているとも解される支出です。通常の法人税の額とは別に、使途秘匿金の額の40％相当額の税負担が生じます。使途秘匿金でいう金銭の支出とは、金銭を支払うことのほか、贈与、供与その他これらに類する目的のためにする金銭以外の資産の引渡しについても金銭の支出と同様に取り扱われます。

●**法人税の重加算税の取扱い 第1.2（2）**

（使途不明金及び使途秘匿金の取扱い）
2　使途不明の支出金に係る否認金につき、次のいずれかの事実がある場合には、当該事実は、不正事実に該当することに留意する。
　　なお、当該事実により使途秘匿金課税を行う場合の当該使途秘匿金に係る税額に対しても重加算税を課すことに留意する。
　（1）　帳簿書類の破棄、隠匿、改ざん等があること。
　（2）　取引の慣行、取引の形態等から勘案して通常その支出金の属する勘定科目として計上すべき勘定科目に計上されていないこと。

　使途不明金や使途秘匿金が、通常その支出金の属する勘定科目であろう手数料や交際費に計上されずに、仕入や外注費に計上されたならば、それは重加算税対象になる、と読めます。しかし、単に勘定科目が異なるだけでは、法律が重加算税賦課の要件とする事実の隠ぺい・仮装があったとはいえません。したがって、使途不明金に関するこの取扱いは、個人的な見解ですが、文理解釈上国税通則法第68条に反していると考えられます。

(14) 隠ぺい・仮装の行為者

　隠ぺい仮装の行為者について、国税通則法第68条では「納税者がその国税の課税標準等又は税額等の計算の基礎となるべき事実の全部又は一部を隠ぺいし、」と規定しています。しかし、事務運営指針で定める行為者の範囲は、税目ごとに異なります。

　ⅰ　法人税

　　法人で隠ぺい・仮装の行為者となりうるのは、代表者、取締役、管理職、中間管理職、経理担当社員、一般社員、派遣社員、アルバイト、役職員の家族、外注先、税理士等様々です。しかし、法人税の事務運営指針では何ら定められていません。

　ⅱ　申告所得税

　　申告所得税の事務運営指針では、親族をも行為者になると定めています。

●申告所得税及び復興特別所得税の重加算税の取扱い　第1．1

```
（隠ぺい又は仮装に該当する場合）
1……特段の事情がない限り、納税者本人が当該行為を行っている場合だけでなく、配偶者又はその他の親族等が当該行為を行っている場合であっても納税者本人が当該行為を行っているものとして取り扱う。
```

　本人以外による仮装・隠ぺい行為について、申告所得税の事務運営指針で定められているにもかかわらず、法人税では何ら言及されていません。重加算税に関する事務運営指針の記述は、各税目間での整合性は取れてないようです。

　ⅲ　消費税

　　消費税の場合、隠ぺい・仮装の行為者の範囲を独自に定めず、所得税または法人税におけるそれをそのまま受け入れています。

●消費税及び地方消費税の更正等及び加算税の取扱い　第1．1

> （所得税等に不正事実がある場合）
> 2　所得税又は法人税（以下「所得税等」という。）につき不正事実があり、所得税等について重加算税を賦課する場合には、当該不正事実が影響する消費税の不正事実に係る増差税額については**重加算税を課する**。

　消費税における隠ぺい・仮装は、所得税等の基礎となる経理処理に密接に関連していることから、所得税等と同じように取り扱うことは合理的と言えます。
　ⅳ　源泉所得税
　　源泉所得税の事務運営指針は、隠ぺい・仮装の行為者を源泉徴収義務者の行為に限定しています。

●源泉所得税の重加算税の取扱い　第1．3

> （源泉徴収義務者が直接不正に関与していない場合の取扱い）
> 3　不正事実は、源泉徴収義務者に係るものに限られるのであるから、例えば、源泉所得税及び復興特別所得税を徴収される者に係る不正の事実で、**源泉徴収義務者が直接関与していないものは、不正事実に該当しない**ことに留意する。

　法人税の調査実務では、隠ぺい・仮装行為の実行行為者について、国税通則法第68条の「納税者」という文言を広範囲に解釈して、重加算税を賦課しています。しかし、源泉所得税については、源泉徴収義務者が直接関与してなければ、隠ぺい・仮装行為に該当しないことになります。したがって、給与の受給者等の納税義務者の隠ぺい・仮装行為により源泉所得税の不納付が発生した場合であっても、源泉徴収義務者の行為ではないので、重加算税は賦課されないことになります。
　しかし、源泉徴収義務者の補助者が隠ぺい・仮装行為を行った場合や

給与等の受給者が行った当該行為について源泉徴収義務者が知っていた場合などは、どのように判断したらよいのか明確ではありません。

次の事例では、どのように対応したらよいでしょうか。

> ①　調査法人の営業担当の社員が売上を除外（隠ぺい・仮装あり）し、個人的に費消していました。
> ②　調査官は、売上除外金額を営業担当者に対する給与として認定しました。
> ②　税務署は源泉所得税を課税し、重加算税を賦課決定しました。

おそらく、この重加算税の賦課に対して、異を唱える税理士は少ないと思われます。しかし、当該社員は、源泉所得税の納税義務者であっても、源泉徴収義務者とはいえません。法人の源泉徴収義務者は法人であり、具体的には代表者、経理担当役員、経理担当者等になると解せられます。事務運営指針に従えば、彼らの直接の隠ぺい・仮装行為がない限りにおいては、税務署は重加算税を課することはできない、と解釈できます。

実際の調査でこのような事例に当たった時は、事務運営指針の解釈について調査官と十分に議論し、重加算税の賦課を回避するよう努めることが重要です。

② 減　免

1　他の加算税との関係

　国税通則法第68条では、重加算税独自の減免は定めていません。しかし、その賦課の基礎となる過少申告加算税、無申告加算税および不納付加算税が免除または軽減されるときには、重加算税の対象から外されます。その減免の詳細については、本書の各加算税の解説を参照してください。

　納税者あるいは源泉徴収義務者に隠ぺい・仮装の事実があっても、重加算税が賦課されない場合の概要は、次のとおりです。

[重加算税の免除]

	国税通則法	自主申告・納付	正当な理由
過少申告加算税	第65条	○	×
無申告加算税	第66条	○	○
不納付加算税	第67条	○	○

＊　○：重加算税が免除される　　×：条文上、重加算税は免除されない

2　更正の予知

　過少申告、無申告について、納税者に仮装・隠ぺいの事実があっても、納税者がその事実を認めて自発的に修正申告書、期限後申告書を提出した場合、その提出が、調査があったことにより当該国税について更正または決定があるべきことを予知してされたものでなければ、重加算税は課税されません。

　また、源泉所得税の不納付について、納税者に仮装・隠ぺいの事実が

あっても、納税者がその事実を認めて自発的に法定期限後に納付した場合、その納付が、調査があったことにより当該国税について納税の告知があるべきことを予知してされたものでなければ、重加算税は課税されません。

3 正当な理由

無申告について、期限内申告書の提出がなかったことについて正当な理由があると認められる場合は、重加算税は課税されません。また、源泉所得税の不納付について、法定納期限までに納付しなかったことについて正当な理由があると認められる場合は、重加算税は課税されません。

ただし、過少申告については同様の規定がなく、文理解釈上は、正当な理由があると認められても重加算税が賦課されることになります。正当な理由に関して、過少申告加算税と無申告加算税、不納付加算税との取扱いが異なる合理的な理由があるのか疑問だが、立法政策の問題なのかもしれません。しかし実務上は、正当な理由があれば、過少申告加算税およびそれに基づく重加算税は免除されるよう運用されるべきでしょう。

③ 「隠ぺい・仮装」と「偽りその他不正の行為」

I 条文

1 「隠ぺい・仮装」が用いられている条文

　国税通則法第68条では、重加算税の賦課は「隠ぺい・仮装」を要件としています。条文を読む際に、脱税、税を免れる意思、過少申告の認識、利益調整といったことを要件とする文言がないことに着目してください。

● **国税通則法** ●

（重加算税）
第68条　……（過少申告加算税等）の規定に該当する場合……において、納税者がその国税の課税標準等又は税額等の計算の基礎となるべき事実の全部又は一部を隠ぺいし、又は仮装し、その**隠ぺい**し、又は**仮装**したところに基づき納税申告書を提出していたときは、……税額に100分の35の割合……**重加算税**を課する。

　次に、法人税法から「隠ぺい・仮装」が用いられている条文を抽出します。

● **法人税法** ●

（青色申告の承認の取消し）
第127条　……（青色申告）の承認を受けた内国法人につき次の各号のいずれかに該当する事実がある場合には、……その承認を取り消すことができる。
　三　その事業年度に係る帳簿書類に取引の全部又は一部を**隠ぺい**し又は**仮装**して記載し又は記録し、……

> ● **法人税法** ●
>
> （役員給与の損金不算入）
> 第34条　……役員に対して支給する給与……のうち次に掲げる給与のいずれにも該当しないものの額は……損金の額に算入しない。
> 3　内国法人が、事実を**隠ぺい**し、又は**仮装**して経理をすることによりその役員に対して支給する給与の額は、……。

2　「偽りその他不正の行為」が用いられている条文

税法の罰則は、各個別税法に規定されています。「偽りその他不正の行為」が要件となっていますが、「税を免れ」に着目してください。重加算税の条文とは明らかに異なります。

> ● **法人税法** ●
>
> （罰則）
> 第159条　**偽りその他不正の行為**により、……**法人税を免れ**、又は……法人税の還付を受けた場合には……法人の代表者……代理人、使用人その他の従業者……でその違反行為をした者は、10年以下の**懲役**若しくは1,000万円以下の**罰金**に処し、……

> ● **国税通則法** ●
>
> （延滞税の額の計算の基礎となる期間の特例）
> 第61条　修正申告書（**偽りその他不正の行為**により**国税を免れ**、……当該申告書を除く。）の提出又は更正（**偽りその他不正の行為**により**国税を免れ**、……当該国税に係る更正を除く。）があつた場合において、……

> ● **国税通則法** ●
>
> （国税の更正、決定等の期間制限）　第70条
> 第70条
> 5　**偽りその他不正の行為**によりその全部若しくは一部の**税額を免れ**、若しくはその全部若しくは一部の税額の還付を受けた国税……についての更正決定等……は、……7年を経過する日まで、することができる。

> ● 国税通則法 ●
>
> (時効の中断及び停止)
> **第73条**
> 3 国税の徴収権で、**偽りその他不正の行為**によりその全部若しくは一部の**税額を免れ**、又はその全部若しくは一部の税額の還付を受けた国税に係るものの時効は、当該国税の法定納期限から2年間は、進行しない。ただし、……

> **Point**
> 条文上、税を免れる意思、が要件ではないもの
> - 重加算税
> - 青色申告の取消し
> - 役員給与の損金不算入
>
> 税を免れる意図を要件とするもの
> - 罰則
> - 延滞税の控除期間
> - 更正の期間制限
> - 時効の中断・停止

Ⅱ 「隠ぺい・仮装」と「偽りその他不正の行為」の比較

1 重加算税のイメージ

　世間一般の「重加算税」に対するイメージは、メディアの報道も含めて、脱税、不正、利益調整といったものでしょう。しかし、重加算税の成立要件に、過少申告の認識は不要です。一方で、法人税法第159条の「罰則」では、偽りその他不正の行為により法人税を免れ、と定められています。まさに、脱税、不正、利益調整のイメージそのものです。

　つまり、世間一般では、メディアも含めて、「重加算税」と「罰則」

の概念は混同しているのです。

　判例や国税不服審判所での裁決、法律書や国税庁職員の論文などでは、両者を明確に区分して議論しています。しかし、税務調査の現場では、重加算税だけに目が向き、偽りその他不正の行為を考えることはありません。また、犯則調査であれば、偽りその他不正の行為の要件である税を逃れる意思（犯意）に神経が集中します。

　国税庁（国税不服審判所を除く）の事務運営では、「隠ぺい・仮装」と「偽りその他不正の行為」とを区別して、納税者、税理士、調査官にその相違を伝えようとする意思が認められません。それは、国税庁が重加算税の要件である隠ぺい・仮装に関することを、不正と表現していることからも窺い知ることができます。例えば、国税庁は調査により把握した重加算税対象の所得を「不正所得」と命名していることがあげられます。これでは、「偽りその他不正の行為」に係る所得と混同してしまいます。

　この混同は、地方税職員の重加算金に対する理解にも影響を与えていると思われます。

> **Point**
> **理解しやすい命名（私見）**
> ● 偽りその他不正の行為に係る所得　…不正所得
> ● 隠ぺい・仮装に係る所得………………隠ぺい仮装所得

　国税庁の課税部・調査部・徴収部が両者を区別せずに、重加算税だけを強調した事務運営を行い、税務職員に研修等を行っているのであれば、国税局および税務署の税務調査あるいは徴収の現場で、両者を区別することなど、思いもよらぬことでしょう。部内の事務処理のマニュアル、調査事務の管理、職場の研修資料の内容、統計データ、コンピュー

タのシステム等を含めて、すべてが「偽りその他不正の行為」を考慮せずに構築されているかもしれません。

しかし、国税庁の内部組織である国税不服審判所は、国税通則法等の定めに従い、両者をきちんと峻別して、審判しています。以上をまとめると、次のようになります。

> **Point**
> 国税庁における「隠ぺい・仮装」と「偽りその他不正の行為」の取扱い方
> ● 国税不服審判所…………両者を区別している
> ● 査察部………………………罰則（犯意）に着目している
> ● 課税部・調査部・徴収部……重加算税に着目している

このような状況なので、調査官、税理士の多くは、重加算税対象であれば延滞税の控除期間は認められず、更正の期間制限は7年になると認識しています。それらが、「偽りその不正の行為」は国税を免れることが要件となっているにもかかわらず、調査官あるいは徴収官は納税者に対して重加算税対象だから、としか説明できないのです。

なお、国税庁の通達「延滞税の計算期間の特例規定の取扱いについて」の問題点は、**第6章**に解説してあります。

2　偽りその他不正の行為の3要素図

法人税法第159条に定められている罰則規定の条文を、3つの要素に分解して図として表わすと、罰則の対象となるのは次の部分です。

[偽りその他不正の行為の3要素図]

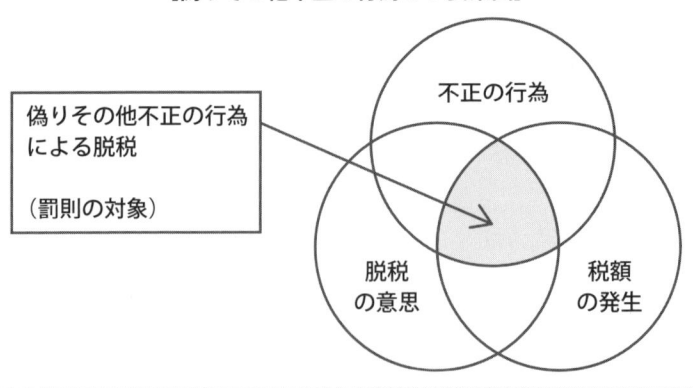

偽りその他不正の行為
による脱税

（罰則の対象）

不正の行為

脱税の意思

税額の発生

3 「隠ぺい・仮装」と「偽りその他不正の行為」の比較整理

両者の関係について、一覧表にまとめて整理しました。

[隠ぺい・仮装 と 偽りその他不正の行為 の整理表]

	隠ぺい・仮装	偽りその他不正の行為
	重加算税 （青色取消・役員賞与損金不算入）	罰則 （延滞税の控除期間更正の期間制限・徴収権の時効）
法律	国税通則法第68条	法人税法第159条
政令	国税通則法施行令第28条他	－
省令	－	－
基本通達	－	－
事務運営指針	法人税の重加算税の取扱いについて	－
法的性格	法人税の追徴税	刑罰
特徴	客観性（外形）を重視	主観性（意思）を重視
目的	申告納税制度の維持・制裁	制裁
脱税の認識	不要 ことさらの過少申告では必要	必要 （ほ脱・利益調整の意思・犯意）
隠ぺい・仮装	故意性が必要	－
不正の行為	－	必要（偽計その他の工作）
行為の時期	申告書の提出前	制限なし
行為者	納税者およびその関係者	税金を免れ、還付を受けた者
税額の発生	不要 減額でも重加算税対象となる	必要 税金を免れ、還付を受ける
治癒	可 自主修正申告（通則法65条5項）	不可 法廷納期限経過時に成立
ことさらの過少申告	隠ぺい・仮装に該当	偽りその他の不正行為に該当

この表から、事実の「隠ぺい・仮装」があるけれど「偽りその他不正の行為」には該当しない事例、あるいは、「偽りその他不正の行為」ではあるけれど事実の「隠ぺい・仮装」には該当しない事例が存在することが理解できます。

　両者の相違点について、最大のポイントは、税を免れる意思の有無です。法律の条文通り解釈すれば、調査官が納税者の税を免れる意思を疎明しなければ、延滞税の除算期間を認めるべきであり、更正の期間制限の延長は認められないと解されます。ただし、ことさらの過少申告の場合は、過少申告加算税の認識が必要となります。

　なお、行為だけに着目した場合、隠ぺい・仮装「行為」と偽り不正の「行為」との関係は、私見では次の包含関係になります。

[行為に着目した包含関係]

偽りその他不正の行為
（偽計その他の工作）

隠ぺい・仮装行為

Ⅲ　更正、決定等の期間延長

1　アメリカ大使館事件

　偽りその他不正の行為に関する裁決として、いわゆるアメリカ大使館事件が有名です（裁決事例集No.62 25頁、平成13年8月24日 裁決）。国税

庁ホームページで、「給与等の収入金額をことさら過少に申告した行為は、『偽りその他不正の行為』に該当するとされた事例」という表題で、この裁決事例をとりあげています。

[アメリカ大使館事件の概要]

　在日外国公館は、国際慣例で給与を支払う際の源泉徴収をせず、職員は確定申告によって所得税を支払うことになっています。
　在日のアメリカ大使館が日本人職員約260名に支払う給料（7年間で総額50数億円）については、各人が税務署に申告していました。しかし、米国大使館からの給与の内約4割は非課税であり、確定申告の対象としなくてもよい、という慣行があるとの理由で、日本人職員は給与等の収入金額の一部を除外して申告していました。
　国税当局は、請求人が勤務先であるアメリカ大使館から受け取った給与等の収入金額を過少に記載して所得税の確定申告書を提出した行為は、意図的になされた不正行為であり、「偽りその他不正の行為」（国税通則法70条5項）により**税を免れた**として、7年分を追徴課税したが、**重加算税は賦課決定しませんでした。**
　納税者は、過少申告の場合の3年分を超える4年分の追徴課税の取消等を請求しました。

裁決の内容を紹介する前に、その要点を、私なりの表現で簡単にまとめます。

① 　税務署は、重加算税を賦課していない（隠ぺい・仮装なし）
② 　国税不服審判所は、ことさらに所得金額を過少にした内容虚偽の申告書を提出したことから、偽りその他不正の行為が該当するとした
③ 　国税不服審判所は、所得税を免れる意思を認めた
④ 　納税者の行為は、不正の行為だが隠ぺい・仮装行為ではないとの結論になる

裁決は、次のとおりです。

裁決

給与等の収入金額をことさら過少に申告した行為は、「偽りその他不正の行為」に該当するとされた事例

在日Ｘ国公館に勤務する請求人が確定申告書に給与等の収入金額をことさら過少に記載して申告していた行為は、**恣意的**に、給与等の収入金額の一部を除外して申告したものであり、国税通則法第70条第5項に規定する「**偽りその他不正の行為**」に該当するとして平成4年分ないし平成7年分に係る所得税の更正処分（平成8年ないし平成10年分は修正申告提出済）及び各年分に係る過少申告加算税の賦課決定処分をした原処分は適法であるとした事例

(1) 国税通則法第70条《国税の更正、決定等の期間制限》第5項（現4項）は、「偽りその他不正の行為」により**税額を免れた**場合、その**免れた国税**について法定申告期限から7年を経過する日まで更正又は決定ができる旨規定している。

　　原処分庁は、請求人が勤務先である在日Ｘ国公館から受け取った給与等の収入金額を過少に記載して所得税の確定申告書を提出した行為（以下「本件過少申告行為」という。）は、**意図的になされた不正行為**であり、「偽りその他不正の行為」に該当するとして、更正処分及び過少申告加算税の賦課決定処分をした。

(2) 請求人は、次のとおり主張する。

　　（省　略）

(3) これに対する審判所の判断は、次のとおりである。

　　国税通則法第70条第5項に規定する「偽りその他不正の行為」とは、**税額を免れる意図の下に、税の賦課徴収を不能又は著しく困難ならしめるような何らかの偽計その他の工作を伴う不正な行為を行っていること**をいい、例えば、虚偽の収支計算書の提出等特別の工作を行うことが、偽計その他の工作を伴う不正な行為に該当することはもちろんのこと、真実の所得を秘匿し、それが課税の対象となることを回避するため、**所得金額をことさらに過少にした内容虚偽の申告書を提出し、正当な納税義務を過少にしてその不足税額を免れる行為、いわゆる過少申告行為も、それ自体偽りの工作的不正行為**といえるから、「偽りその他不正の行為」に該当すると解するのが相当である。

　　(イ) 請求人は各年分の確定申告に当たり、所得控除の額については、法

令の規定に従い適正に記載している一方で次のことが認められる。
① 給与等の収入金額を給与明細書等より把握し得たにもかかわらず、62％にも及ぶ金額を　除外して確定申告したこと。
② その結果、本来納付するべき税額の90％から93％にも及ぶ**所得税額を免れ**ていたこと。
③ 請求人は、過去に日本の法人に勤務していたこともあり、800万円をも上回る申告除外金額が、非課税所得分の支給額として不相当に高額であることを認識し得なかったとは到底認められないこと。
　以上のことからすれば、請求人は、法令の根拠に基づくなどの合理的な根拠もなく**恣意的**に、**給与等の収入金額を除外**して申告したものと認められ、同人が正当な**税額を免れる目的**で、所得金額をことさら過少に記載した確定申告書を提出したことは明らかであることから、国税通則法第70条第5項を適用した原処分は適法である
　㊁　請求人の主張するように、勤務先の職員間において給与等の収入金額についてその一部を除外して申告してもよいとする言い伝えがあったとしても、請求人はその真偽を税務当局に確認しておらず、むしろ、その言い伝えに乗じて、これを恣意的に自己に有利となるように解して、多額の給与等の収入金額を除外してきたと推認するのが相当である。したがって、本件過少申告行為は、税額を免れる意図の下に、賦課徴収を著しく困難ならしめるような内容虚偽の申告書を提出した行為であり、「偽りその他不正の行為」に該当するから、原処分は適法である。
　なお、請求人提出資料及び審判所の調査の結果のいずれによっても、請求人の主張するように、非課税所得分を給与等の収入金額から控除してよいとする税務当局の指導が行われたことを認めるに足る証拠はない。

＊国税庁ホームページより

　この事案は、国税庁として、隠ぺい・仮装の事実がないにもかかわらず、偽りその他不正の行為には該当するとした、珍しいケースです。しかし、仮に税務署が重加算税を賦課し、納税者がその取消も求めていた

としたら、国税不服審判所はどのように判断したのでしょうか。もしかしたら、隠ぺい・仮装の事実を認めたかもしれません。

[アメリカ大使館事件での国税庁の判断]

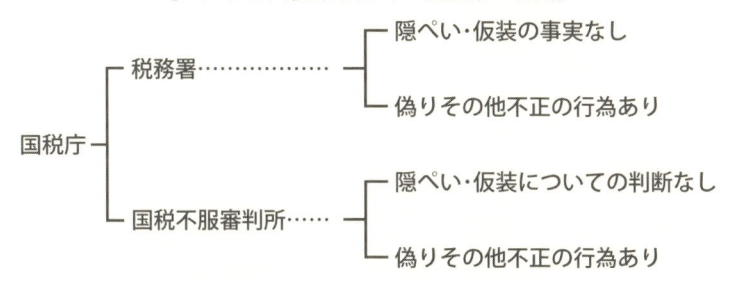

```
国税庁 ┬ 税務署………………┬ 隠ぺい・仮装の事実なし
       │                      └ 偽りその他不正の行為あり
       └ 国税不服審判所……┬ 隠ぺい・仮装についての判断なし
                              └ 偽りその他不正の行為あり
```

　国税庁は、国税の更正、決定等の期間制限の特例（通則法70④）を受けるためには、条文の文言の通り、「税額を免れる意図」が必要だとしています。しかし、税務行政の最前線では、重加算税の有無で判断するという、ダブルスタンダードがまかり通っているのが現実です。

2　更正期間延長に関する裁決

　次の採決では、税を免れる意図が認められないのに、偽りその他不正の行為に該当するとしています。

裁 決

裁決事例集（平成 23 年 7 月 6 日 裁決）
使用人の詐取行為における隠ぺい、仮装行為について、請求人自身の行為と同視することはできないとした事例

《ポイント》

この事案は、
① 使用人の詐取行為に係る損害賠償請求権は損失発生と同時に益金算入される（法人税法第 22 条）、
② 同人の隠ぺい、仮装行為は請求人の行為と同視できず、国税通則法第 68 条の適用はない、③ 当該使用人の行為は同法第 70 条第 5 項に規定する偽りその他不正の行為に該当することから、請求人には同項が適用される、としたものである。

《争点》

① （省略）損害賠償請求権に係る収益計上時期
② 使用人の詐取行為が、請求人の隠ぺい・仮装行為と同視できるか否か。
（筆者注： 更正、決定等の期間制限は争点とはなっていません。）

《要旨》

原処分庁は、請求人の使用人が行った詐取行為における隠ぺい、仮装行為については
① 当該使用人は勤務する工場の所属課において仕入先から発行される納品伝票の事務処理を事実上一任され、その事務処理をチェックする者が他におらず、当該使用人の指示に基づき仕入先から発行された虚偽の納品伝票の処理が請求人の会計処理として反映される状況にあったこと、
② 当該工場において、取引先から取引実体のない納品伝票を発行させるなど不適切な経理処理が慣行的に行われており、当該使用人による事務処理を請求人自身による処理としてみなさざるを得ない状況にあったものといえることから、当該使用人の隠ぺい、仮装行為は請求人の隠ぺい、仮装行為と同視することができる旨主張する。

しかしながら、
① 当該使用人は、当該工場の所属課に配属されて以後、退社するまで同課において職制上の重要な地位に従事したことがなかったこと及び請求人の経理帳簿の作成等に携わる職務に従事したこともなかったこと等から、単に資材の調達業務を分担する一使用人であったと認められること、

> ②　当該詐取行為は、当該使用人の私的費用を請求人から詐取するために同人が独断で取引先に依頼して行ったものであることを総合考慮すると、請求人が取引内容の管理を怠り、請求人から隠ぺい仮装するための当該使用人の仮装行為を発見できなかったことをもって、**仮装行為を請求人自身の行為と同視することは相当ではない。**
>
> 《**本件更正処分について**》（期間制限に関する部分のみ）
>
> なお、国税通則法第70条第5項は、**偽りその他不正の行為**によりその全部若しくは一部の**税額を免れた**国税についての更正決定等は、更正決定等に係る国税の法定申告期限又は納税義務の成立の日から7年を経過する日まですることができる旨規定し、上記……の隠ぺい、仮装行為は、同項がいう偽りその他不正の行為に該当すると認められるところ、同項の規定は、同法第68条第1項の規定とは異なり、**適正な課税を実現するために更正等の除斥期間を延長する規定であり、納税者の故意や過失といった主観的な責任要件を問題とする必要はないものと解される。**したがって、……の隠ぺい、仮装行為が、同法第70条第5項に規定する偽りその他不正の行為に該当する以上、本件更正処分に更正の期間制限を徒過した違法はなく適法と認められる。

　単なる一使用人の詐取行為に対して、隠ぺい・仮装行為があっても納税者の行為とは同視できないということで、国税不服審判所は重加算税の課税処分を取り消したが、偽りその他不正の行為には該当すると判断しました。その判断の理由として、更正の期間制限は、適正な課税を実現するために更正等の除斥期間を延長する規定であり、納税者の故意や過失といった主観的な責任要件を問題とする必要はないものと解される、と述べています。

　しかし、それは「税を免れ」という文言を無視したことにならないでしょうか。この裁決は、私見では、アメリカ大使館事件で示した国税庁の解釈（税を免れる意図が必要）とは異なる結論に至っています。なぜなら、この一使用人の詐取行為によって、納税者（請求人）の税を免れる意思が認められないにもかかわらず、更正、決定等の期間延長を認めているからです。

> **Point !** 「偽りその他不正の行為」と税を免れる意図
> - 法人税法第159条(罰則)
>   → 意図が必要
> - 国税通則法第70条第4項(更正の期間制限)
>   → { 意図が必要(米大使館事件)
>   意図は不要(裁決・判例) }
> - 国税通則法第61条(延滞税の控除期間)
>   → 通達あり

3 更正期間延長に関する判例

「偽りその他不正の行為によりその全部若しくは一部の税額を免れ」について、原審と控訴審とで異なった解釈をした事例を紹介します。

原審では、国税通則法第70条第5項にいう「偽りその他不正の行為」は、ほ脱の意図を含むものと解しました。

判例

所得税の加算税の変更決定処分取消請求事件
(静岡地裁 平成14年9月19日 判決)

　本件においては、……のとおり、原告らから本件投資の手続及び本件各年分の原告らの本件事業所得決算書の作成の依頼を受けた〇〇が、架空の本件投資を作出し、本件契約書及び本件請求書を偽造してその出資があったかのように装い、これを事業損失に計上して原告らの本件各年分の本件事業所得決算書を作成しており、この行為は、ほ脱の意図をもって、その手段として税の賦課徴収を困難ならしめるような工作であると認めることができる。**法70条5項にいう「偽りその他不正の行為」は、かかる「ほ脱の意図をもって、その手段として税の賦課徴収を困難ならしめるような工作」を含むもの**と解されるから、〇〇の行った前記行為は、同項にいう「偽りその他不正の行為」に該当すると認められる。

控訴審では、重加算税の重加算税の課税要件が満たされるときは、国税通則法第70条第5項の「偽りその他不正の行為」に該当するとしました。

> **判例**
>
> **所得税の加算税の変更決定処分取消請求控訴事件**
> **（東京高裁　平成15年5月20日　判決）**
>
> 　法70条5項は、所得税法238条1項等所定のほ脱犯の構成要件である「偽りその他不正の行為」と同一の文言を用いているものの、重加算税は、刑罰とは異なり、前記のとおりの趣旨及び目的をもって違反者に課される行政上の措置であって、故意に納税義務違反を犯したことに対する制裁ではないから（最高裁判所昭和45年9月11日最高裁判決）、当該申告等が課税要件**事実の隠ぺい又は仮装に当たり法68条1項所定の重加算税の課税要件が満たされるときは、当該行為は法70条5項の「偽りその他不正の行為」に該当し、その重加算税に関する更正決定等については、同条項により7年間の除斥期間が適用される**と解すべきである。

　この判決は、重加算税の課税要件が満たされれば、国税通則法第70条の「偽りその他不正の行為」に該当するとしているが、筋道だった根拠が示されていません。刑罰と行政上の措置との対比からその結論を導き出すことには、困難です。なぜなら、国税通則法の条文には「税額を免れ」と定めてあり、それは重加算税の課税要件ではないからです。東京高裁の判決は、私見ですが、租税法律主義に反していると解されます。

　なお、本事案は上告されたが、最高裁判所は平成18年2月9日に不受理を決定しました。

　調査官から、否認事項は重加算税対象だから7年前に遡って更正する、と指摘されたら、調査官に、国税庁ホームページの「アメリカ大使館事件の概要」（Ⅲ　1参照）を示すことが大切です。そして、税金を免れる意図はないのだから、偽りその他不正の行為に該当せず、更正期間の延長は認められないと主張するべきです。

Ⅳ 延滞税の控除期間

1 調査事例

　延滞税の控除期間の概要は、**第6章**で説明しますが、ここでは、具体的な問答事例で理解を深めます。

　国税の履行遅滞で課される延滞税について、納税申告書の提出後1年以上経過した後に更正があった場合、あるいは、源泉所得税につき法定納期限後1年以上経過した後に強制徴収があった場合に、法定納期限まで遡って延滞税を課することは、加重な負担を強いることになり、必ずしも適当ではありません。国税通則法第61条では、このような場合の延滞税の計算期間の特例について、規定しています。ただし、偽りその他不正の行為により国税を免れた場合は適用されません。

【調査事例】　延滞税の控除（除算）期間

　法人税の調査終了後、税務署に納税に来た納税者と徴収官との会話です。

納税者　：調査で修正申告書を提出したのですが、3事業年度分の重加算税の賦課決定の通知がきました。
　　　　　本税と一緒に納付しますので、延滞税も計算してください。

徴収官　：はい、少々お待ちください。
　　　　　延滞税は50万円になります。

納税者　：高いですね。

徴収官　：重加算税対象の場合、延滞税の除算期間がないので、高くなります。

納税者 :え？
国税通則法第61条では、「偽りその他不正の行為により国税を免れ」と定めてあります。
それに該当するという説明は、調査官からも誰からも受けていません。
更正の通知書にも、重加算税対象としか記載されていません。
従業員が勝手に架空外注費を計上して、資金を捻出し、取引先に謝礼として渡していたのですから、仮装の事実があったことは認めます。
もちろん、重加算税対象であることには納得しています。
でも、税を免れる意思はないし、「偽りその他不正の行為」などしていません。
もし、そのような行為があったならば、調査官が指摘するはずです。
更正文書にも「偽りその他不正の行為」に該当するなどと記載されていません。

徴収官 :「延滞税の計算期間の特例規定の取扱いについて」という通達があって、重加算税対象であれば、延滞税の除算期間は認められていません。

納税者 :私は、国税庁の通達に従わなくてはならないのですか？

徴収官 :いいえ、通達に拘束されるのは国税職員だけです。

納税者 :ですよね。
今回の税務調査の否認事項で、事実の「隠ぺい・仮装」があったことは否定しませんが、「偽りその他不正の行為」などありませんでした。
延滞税の除算期間を認めてください。

徴収官 :……少々お待ちください、上司と代ります。

統括官 :重加算税対象であれば、「偽りその他不正の行為」に該当しますので、ご理解ください。

納税者		：え、そうなのですか。 根拠はありますか？
統括官		：根拠は「延滞税の計算期間の特例規定の取扱いについて」です。
納税者		：ですから、納税者は通達に拘束されませんよ。 「隠ぺい・仮装」の事実があれば、必ず「偽りその他不正の行為」に該当する、と国税庁は解釈しているのですか。 確認したいので、国税庁の公式見解が、具体的にどこに書かれているのか教えてください。
統括官		：……

　この会話は、「隠ぺい・仮装」と「偽りその他不正の行為」の法律解釈論争ではなく、調査官から国税通則法第61条に定められている「偽りその他不正の行為」の指摘がなかったことに焦点をあてています。その指摘がないにもかかわらず、延滞税の控除期間を認めなければ、租税法律主義に反します。

2　控除期間の通達

　ベテランの調査官であれば、次の通達を持ち出して、重加算税であれば延滞税の控除期間の特例を認めないことになっている、と主張してきます。

「延滞税の計算期間の特例規定の取扱いについて」

　国税通則法第61条（延滞税の額の計算の基礎となる期間の特例）の規定（以下「特例規定」という。）の取扱いを下記のとおり定めたから、今後処理するものからこれにより取扱われたい。
　　（省略）
（趣旨）　従来一部の税目について暫定的に定めていた特例規定の取扱いを、基本的な考え方は踏襲しながら、全税目を対象とした例規として整備を図るものである。

記

1　延滞税の計算の基礎となる国税が次のいずれかに該当するものである場合には、特例既定の適用はないものとして取扱う。
　（1）　**重加算税**が課されたものである場合
　（2）　国税犯則取締法第14条の規定による通告処分若しくは告発又は同法第13条若しくは第17条の規定による告発がされたものである場合
　（注）　延滞税の計算の基礎となった国税について、当初過少申告加算税又は不納付加算税が課されていたところ、その後これらが取消しされ、重加算税が課された場合には、当初から特例規定の適用がないものとして、延滞税を徴収することになるのであるから留意する。
2　特例規定の適用に当つては、重加算税の計算の基礎となつた部分の税額又は通告処分若しくは告発の原因となつた部分の税額についてだけ適用がないものとして取扱う。

　この通達（延滞税の計算期間の特例規定の取扱いについて）は、次の2つのケースにおいてのみ、延滞税の計算控除期間に係る特例規定の適用はないとしています。

①　重加算税が課される場合
②　通告処分もしくは告発がなされた場合

　これは、国税庁が国税通則法の法意を通達で変更してしまったことを意味しているとも考えられます。この通達が法律に違反してないというためには、「隠ぺい・仮装」が「偽りその他不正の行為」と同じ概念で

あること、または、前者が後者に含まれていることのいずれかでなければならないはずです。両者の関係についての見解は分かれるが、国税庁のホームページやその他の資料を探しても、それに関して国税庁が公式に言及した文書は見つかりませんでした。この点が明確にされない限り、「延滞税の計算期間の特例規定の取扱いについて」の規定は法律を逸脱しているおそれがあります。

> **Point** **延滞税の計算控除期間の要件**
> - 国税通則法……偽りその他不正の行為
> - 通　　達……重加算税（隠ぺい・仮装）
>   ➡納税者は拘束されない

したがって、重加算税だから延滞税の控除期間を認めない、との理屈は、通達に拘束される調査官には理があるとしても、納税者には通用しないことになります。納税者は、国税通則法第61条から解釈すればよいのです。納税者がそれを主張し、延滞税の減免を要求したとしても、調査官が検討したことのない論点であろうし、延滞税の額は納税義務の成立と同時に、特別の手続を要しないで確定するものとして取り扱われているので、税務署の適切な対応は期待できないかもしれません。

> **Point** **通達による法律の変更**
> - 国税通則法第61条
>   　　　　「偽りその他不正の行為により国税を免れ」
>   国税庁は両者の関係について公式に明らかにしてない
>   通達により法律を変更してしまった可能性がある
> - 延滞税の計算期間の特例規定の取扱いについて
>   　　　　　　　　　　　　　「重加算税（隠ぺい・仮装）」

3　控除期間に関する裁決・判例

　延滞税の控除期間に関しては、争われた事例は稀であろうし、どのような方法で争うのかもわからず、争ったとしても、門前払いされてしまう可能性が高いです。なぜなら、延滞税は、特別な確定手続を要しないで、成立と同時に確定（通則法15③六）するので、課税処分が存在しないからです。また、延滞税がその納期限までに納付されないときは、税務署長により督促状等による催告が行われるが、これは行政庁による処分ではないので、やはり、取消を求める訴えることができない、と解せられるからです。

　延滞税の取消を求めた裁決・判決を紹介します。

裁決

裁決事例集 No.71-21 頁（平成18年6月19日 裁決）

　請求人は、本件延滞税の取消しを求めているが、延滞税は、通則法第15条第3項及び第60条《延滞税》の規定により、所定の要件を充足することによって**法律上当然に納税義務が成立**し、その成立と同時に**特別の手続を要しないで納付すべき税額が確定**するものであって、国税に関する法律に基づく処分によって確定するものではない。

　したがって、本件延滞税についての審査請求は、通則法第75条第1項に規定する国税に関する法律に基づく**処分が存在しない**にもかかわらずなされた不適法なものである。

裁決

裁決事例集 No.60-237 頁（平成12年11月8日 裁決）

　延滞税は、通則法第15条第3項に規定するところにより、納税義務の成立と同時に**特別の手続を要しないで納付すべき税額が確定**する国税であり、本件**お知らせ**は、延滞税の賦課決定でも納税の請求手続でもなく、単に**延滞税の納税義務の存する旨の通知**にすぎず、同法第75条に規定する**処分には当たらない**ことから、審査請求の対象となる処分は存在せず、本件お知らせに関する審査請求は不適法というべきである。

> **判例**
>
> **所得税更正処分取消請求事件（札幌地裁 昭和 50 年 6 月 24 日 判決）**
>
> 　更正のあつた場合における所得税に附帯する延滞税は、更正の結果更正通知書に記載された更正により納付すべき税額（更正により納付すべき税額が新たにあることとなつた場合には当該納付すべき税額）があるときに、当然に納税義務が成立し（国税通則法第 60 条第 1 項）、同時に**特別の手続を要しないで納付すべき税額が確定**するものであるから（同法第 15 条第 3 項第 8 号、第 60 条第 2 項）、税務署長が更正通知書の送達に併せてなした、延滞税を納付すべき旨の通知は延滞税の賦課決定でも納税の請求手続でもなく、単に**延滞税の申告納付義務の存する旨の観念の通知**に過ぎず、従つてこれを**行政処分**その他権力の行使に当る行為ということはできないから、その取消を請求することはその利益がなく、許されないものと解すべきである。

　延滞税の額は、特に除算期間に関しては、一律に自動的に確定するものとは言えず、税務署の処理に疑義がある場合は、課税処分の場合と同様の手続で争えることができるような立法措置が必要かもしれません。

第6章

延滞税

① 概　要

1　延滞税の成立と確定

　延滞税は、優先徴収権が認められた国税の確実な収納・確保を図るため、期限内に納付した者との間の負担の公平の確保、滞納防止、滞納となった国税の早期納付を促す等の観点から設けられており、民事における遅延利息（遅延損害金）に相当するものです。

　延滞税は、本税が法定納期限を経過しても、納付されない事実が生じたときに成立します。そして、納税義務の成立と同時に特別の手続を要しないで納付すべき税額が確定します。

● 国税通則法 ●

（国税についての納付すべき税額の確定の方式）
第15条　国税を納付する義務（源泉徴収による国税については、これを徴収して国に納付する義務。以下「納税義務」という。）が成立する場合には、その成立と同時に**特別の手続を要しないで納付すべき税額が確定**する国税を除き、国税に関する法律の定める手続により、その国税についての納付すべき税額が確定されるものとする。
3　納税義務の成立と同時に**特別の手続を要しないで納付すべき税額が確定**する国税は、次に掲げる国税とする。
　六　**延滞税**及び**利子税**

2 本則と特例

　この延滞税の額は、国税通則法では、国税の法定納期限の翌日から完納する日までの期間の日数に応じ、その未納の税額に年14.6%の割合を乗じて計算した額ですが、納期限までの期間または納期限の翌日から2月を経過する日までの期間については、その未納の税額に年7.3%の割合を乗じて計算した額となっています。

　この年14.6%の割合の延滞税は、納税に対する誠意が見られない滞納者に強く納付を促すために設けられ、年7.3%の割合の延滞税は、督促による納付懲慂（しょうよう）の効果を高める等のため設定されました。

　しかし、延滞税の算出にあたっては、様々な税率が出てきます。専門書や実務書では、延滞税について国税通則法の本則で定められている税率で解説することが多いのですが、実務は、租税特別措置法の特例による税率で行われています。

Point

	本則／国税通則法	特例／租税特別措置法	
	平成11年以前	25年	26年
原則（2か月超）	14.6%	14.6%	9.2%
特例（2か月以内）	7.3%	4.3%	2.9%
納税の猶予（2分の1免除）	7.3%	4.3%	1.9%
利子税	7.3%	4.3%	1.9%
還付加算金	7.3%	4.3%	1.9%

3 性格と目的

　延滞税は、国税を法定納期限までに納付しなかった場合に、未納税額を課税標準として課される附帯税であり、その成立と同時に特別の手続を要しないで納付すべき税額が確定します。また、延滞税はその額の計算の基礎となる税額の属する税目の国税として取り扱われ、その国税と合わせて納付しなければなりません。

　その性格は、私法上の遅延利息に該当する、あるいは、本税の無申告、過少申告等の納税義務違反に対する制裁機能を有する、などと解されています。

　その目的は、本税を期限内に納付した者との負担の公平性を図り、期限内納付を促すことにあります。附帯税である延滞税が憲法第39条の二重処罰の禁止に抵触しないことは、最高裁判所の判決で明らかです。

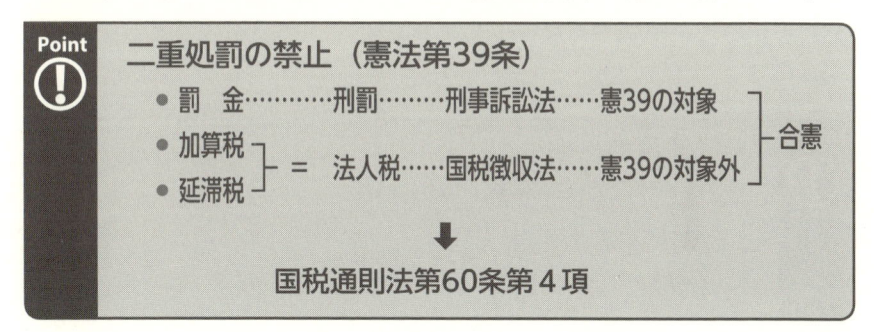

> **Point**
> 二重処罰の禁止（憲法第39条）
> - 罰　金………刑罰………刑事訴訟法……憲39の対象　　┐
> - 加算税　┐　　　　　　　　　　　　　　　　　　　　 ├合憲
> - 延滞税　┘＝法人税……国税徴収法……憲39の対象外　┘
>
> ↓
>
> 国税通則法第60条第4項

　附帯税である延滞税には随伴性があります。したがって、本税の納税義務違反に係る課税処分が取り消された場合、附帯税である延滞税もその根拠を失い、その納付義務も消滅します。

　各種加算税の賦課処分の違法性については、納税者は争うことができます。しかし、賦課処分ではないとされる延滞税については、その違法性を争うことはできないと解されています。

4　催告書

　延滞税は、法定納期限後に本税を納付するときに、税額を計算して納付しなければなりません。しかし、本税の納期限までに納付されないときには、税務署長等から納付すべき延滞税額について通知（催告）が行われます。

　納付に関する催告通知には処分性がない、注意的な措置であって、行政庁の処分その他公権力の行使に当たる行為ではない、というのが通説・判例です。処分性がないので、催告通知に関しては不服申立（通則法75）および取消訴訟（行政事件訴訟法3）の対象にはならないことになります。しかし、催告書に記載されている延滞税額の算出過程に疑義があること（例えば、延滞税の控除期間、延滞税の減免）もあります。その場合にも、不服申立あるいは取消訴訟で争うことができなければ、納税者を救済することが難しくなってしまいます。

> **Point**
> - 延滞税の性格
>   - 随伴性（本税と同じ税目）
>   - 確定手続は不要
>   - 制裁としての側面
>   - 遅延利息としての側面
>
> - 延滞税の催告書
>   - 処分性なし（単なる注意措置）
>   - 取消訴訟は不可（通説・判例）

Ⅱ 国税通則法第60条

第1項

> ● 国税通則法 ●
>
> （延滞税）
>
> **第60条** **納税者**は、次の各号の一に該当するときは、延滞税を納付しなければならない。
> 一 **期限内申告書**を提出した場合において、当該申告書の提出により納付すべき国税をその**法定納期限**までに**完納しない**とき。
> 二 **期限後申告書**若しくは**修正申告書**を提出し、又は**更正**若しくは第25条（決定）の規定による**決定**を受けた場合において、第35条第2項（期限後申告等による納付）の規定により納付すべき国税があるとき。
> 三 納税の告知を受けた場合において、当該告知により納付すべき国税（第五号に規定する国税、不納付加算税、重加算税及び過怠税を除く。）をその法定納期限後に納付するとき。
> 四 予定納税に係る所得税をその法定納期限までに完納しないとき。
> 五 源泉徴収による国税をその法定納期限までに完納しないとき。
>
> （捕捉） 国税通則法基本通達（徴収部関係）（第60条関係）
> 1 「納税者」には、相続税法第34条（連帯納付の義務）の規定による連帯納付義務者は含まれません。

1 申告納税方式による国税（一号、二号）

　法定申告期限までに期限内申告をしたが、法定納期限までに納付すべき税額を完納しない場合は、未納額に延滞税が課されます。期限後申告または修正告により、あるいは、更正または決定により、納付すべき税額が発生した場合にも、延滞税を納付しなければなりません。

2　賦課課税方式による国税（三号）

　賦課決定によりその納税義務が確定し、その納税告知を受けた場合、その国税を法定納期限後に納付したときは、延滞税を納付しなければなりません。ただし、各種加算税および過怠税には延滞税は課されません。

3　予定納税による所得税（四号）

　予定納税に係る所得税は、原則として時の経過とともに納税義務が確定します。法定納期限は、第1期（7月）、第2期（11月）であり、それまでに完納しなければ、延滞税を納付しなければなりません。

4　源泉徴収による国税（五号）

　源泉徴収による国税は、徴収義務者が納税者から国税を徴収して納付しますが、その法定納期限までに完納しないときは、延滞税を納付しなければなりません。

第2項

● 国税通則法 ●

（延滞税）
第60条
2　延滞税の額は、前項各号に規定する国税の法定納期限（純損失の繰戻し等による還付金額が過大であつたことにより納付すべきこととなつた国税、輸入の許可を受けて保税地域から引き取られる物品に対する消費税等（石油石炭税法第17条第3項（引取りに係る原油等についての石油石炭税の納付）の規定により納付すべき石油石炭税を除く。）その他政令で定める国税については、政令で定める日）の翌日からその国税を**完納する日**までの期間の日数に応じ、その未納の税額に年**14.6パーセント**の割合を乗じて計算した額とする。ただし、**納期限**（延納又は物納の許可の取消しがあ

つた場合には、その取消しに係る書面が発せられた日。以下この項並びに第六十三条第一項、第四項及び第五項（納税の猶予等の場合の延滞税の免除）において同じ。）**までの期間又は納期限の翌日から２月を経過する日までの期間**については、その未納の税額に年**7・3パーセント**の割合を乗じて計算した額とする。

（捕捉）　国税通則法基本通達（徴収部関係）（第60条関係）
　ⅰ　「完納する日」とは、国税の全額を納付する日をいい、徴収法の規定により徴収したものとみなされる日が含まれます（徴収法56③、57②、67③、116②等）。
　ⅱ　源泉徴収等による国税を、法定納期後納税の告知がされる前に納付した場合における法定納期限の翌日から納付の日までの期間は、当該ただし書の.「納期限までの期間」に含まれます。
　ⅲ　未納の国税が相続により分割して承継された場合における延滞税は、その分割して承継された未納の国税を基礎として計算します。ただし、相続開始前に国税の一部が納付されている場合には、その一部納付の日までの期間の延滞税は、被相続人の国税について算出した額を相続分によりあん分した額とします。

1　延滞税の課税期間および割合

イ　税額の算出（原則）

　延滞税の額は、原則としてその法定納期限の翌日からその国税を完納する日までの期間に応じ、その未納の税額に年14.6％の割合を乗じて計算した額です。ただし、具体的納期限までの期間およびその後２か月を経過する日までの期間については、その未納の税額に年7.3％の割合を乗じて計算した額となります。なお、延滞税の額を計算する場合の年当たりの割合は、365日当たりの割合とされています。

ロ　税額算出のための知識

〈計算期間の起算日（通則令25）〉

- 原則……………………………………………法定納期限の翌日
- 純損失の繰戻し等による還付金額が過大であっ

たことにより納付すべき国税…支払決定日または充当日の翌日
　● 消費税の還付金額が過大であったことにより
　　納付すべき国税……………………………還付申告書の提出期限
　● それ以外の国税の還付金額が過大であった
　　ことにより納付すべき国税…………………………還付金が生じた日

〈法定納期限（通則法２八）〉

　　国税に関する法律の規定により国税を納付すべき期限をいい、原則として法定申告期限と同一の日。法定納期限は、延滞税の計算の始期となります。

〈具体的納期限（通則法35）〉

　　納付すべき税額の確定した国税を実際に納付すべき期限
　　　・期限内申告………………法定納期限
　　　・期限後申告・修正申告……申告書を提出した日
　　　・更正・決定………………更正通知書を発せられた日から１か
　　　　　　　　　　　　　　　　月後の日

〈延滞税の計算期間〉

　　法定納期限の翌日から完納する日までとなります。

〈特例基準割合〉

　　近年の著しく低い金利の状況に対応して、平成11年に、延滞税の軽減を図るための特例が設けられました。特例基準割合とは、各年の前々年の10月から前年の９月までの各月における銀行の新規の短期貸出約定平均金利の合計を12で除して得た割合として各年の前年の12月15日までに財務大臣が告示する割合に、年１％の割合を加算した割合をいいます。

　　平成26年１月１日以後の期間は、年「7.3％」と「特例基準割合+1％」のいずれか低い割合となります。

> ● 租税特別措置法 ●
>
> （延滞税の割合の特例）
> **第94条** 国税通則法第60条第2項及び相続税法第51条の2第1項第三号に規定する延滞税の年14・6パーセントの割合及び年7・3パーセントの割合は、これらの規定にかかわらず、各年の特例基準割合が年7・3パーセントの割合に満たない場合には、その年（次項において「特例基準割合適用年」という。）中においては、年14・6パーセントの割合にあつては当該**特例基準割合に年7・3パーセントの割合を加算した割合**とし、年7・3パーセントの割合にあつては**当該特例基準割合に年1パーセントの割合を加算した割合**（当該加算した割合が年7・3パーセントの割合を超える場合には、年7・3パーセントの割合）とする。

ハ　コンピュータによる税額算出

　延滞税の計算は複雑です。例えば、滞納税状況が次のとおりだと仮定します。

　① 調査により、複数年度の法人税と消費税と源泉所得税の非違が発生
　② 本税、過少申告加算税、不納付加算税、重加算税を滞納
　③ 分納で納税
　④ 納税を猶予されている
　⑤ 土地の差押えを受けている

実務ではこのような状況はよくありますが、延滞税を電卓で算出するのは至難です。したがって、税務署に依頼してコンピュータによる自動計算で算出したほうが、早く正確です。なお、国税庁ホームページでは、所得税と個人事業者の消費税および地方消費税の延滞税の計算ができる画面を用意しています。

ニ　税額の算出（特例）

　延滞税の額は、法定納期限の翌日から完納する日までの日数に応じ、次の①と②の合計額となります。

① 納付すべき本税の額に納期限までの期間および納期限の翌日から2月を経過する日までの期間については、延滞税の割合（a、bのいずれか低い割合）で計算した金額

　a　年7.3%
　b　平成26年1月1日以後……………… 特例基準割合　＋　1％
　　なお、平成26年1月1日から12月31日までの特例基準割合は1.9%です。

$$\frac{\text{本税の額}_{\text{1万円未満切捨て}} \times \text{延滞税の割合} \times \text{期間（日数）}}{365（日）} = \text{金額①}_{\text{1円未満切捨て}}$$

② 納期限の翌日から2月を経過する日までに完納していない場合は、納付すべき本税の額に納期限の翌日から2月を経過する日の翌日以後については、延滞税の割合（a.bのいずれの低い割合）で計算した金額

　a　年14.6%
　b　平成26年1月1日以後…特例基準割合　＋7.3%

$$\frac{\text{本税の額}_{\text{1万円未満切捨て}} \times \text{延滞税の割合} \times \text{期間（日数）}}{365（日）} = \text{金額②}_{\text{1円未満切捨て}}$$

③　延滞税の額　＝　①　＋　②
　　100円未満切捨て

> **Point !**
>
> ## 課税期間および割合
>
> - 国税通則法
>
>   法定納期限の翌日 ― 具体的納期限 ― 2か月経過する日 ― 完納
>
> | | | |
> |---|---|---|
> | ・本則 | 7.3% | 14.6% |
> | | ↓ | ↓ |
> | ● 租税特別措置法 | 特例基準割合＋1% | 特例基準割合＋7.3% |
> | ・特例（平成26年） | 2.9% | 9.2% |

（参考）　　還付加算金　　　　　　1.9%　（全期間）
　　　　　特例基準割合　平成26年　1.9%　（全期間）

2　延滞税の割合の特例

　事業の廃止等による納税の猶予、換価の猶予に係る延滞税、徴収の猶予に係る延滞税、充足差押え等に係る延滞税の免除（2分の1免除）対象期間中に、軽減対象期間がある場合は、2分の1に相当する金額は、次の金額になります。

$$2分の1相当額 \times \frac{年7.3\% - 特例基準割合}{年7.3\%}$$

● **租税特別措置法** ●

（延滞税の割合の特例）
第94条
2　国税通則法第63条第1項、第4項及び第5項に規定する延滞税（以下この項において「納税の猶予等をした国税に係る延滞税」という。）につきこれらの規定により免除し、又は免除することができる金額の計算の基礎となる期間であつて特例基準割合適用年に含まれる期間（以下この項において「軽減対象期間」と

いう。）がある場合には、当該軽減対象期間に対応する納税の猶予等をした国税に係る延滞税についてのこれらの規定の適用については、同条第 1 項 中「期間（当該国税の納期限の翌日から 2 月を経過する日後の期間に限る。）」とあるのは「期間」と、「の 2 分の 1」とあるのは「のうち当該延滞税の割合が特例基準割合（租税特別措置法（昭和 32 年法律第 26 号）第 93 条第 2 項（利子税の割合の特例）に規定する特例基準割合をいう。）であるとした場合における当該延滞税の額（第 4 項及び第 5 項において「特例延滞税額」という。）を超える部分の金額」と、「同法第 152 条」とあるのは「国税徴収法第 152 条」と、同条第 4 項 中「期間のうち当該国税の納期限の翌日から 2 月を経過する日後の期間」とあるのは「期間」と、「の 2 分の 1」とあるのは「のうち特例延滞税額を超える部分の金額」と、同条第 5 項 中「期間のうち、当該国税の納期限の翌日から 2 月を経過する日後の期間」とあるのは「期間」と、「の 2 分の 1」とあるのは「のうち特例延滞税額を超える部分の金額」とする。

3　延滞税の計算パターン（本則）

延滞税の計算方法を、パターン別に図解します。

(1)　期限内申告かつ期限後納付

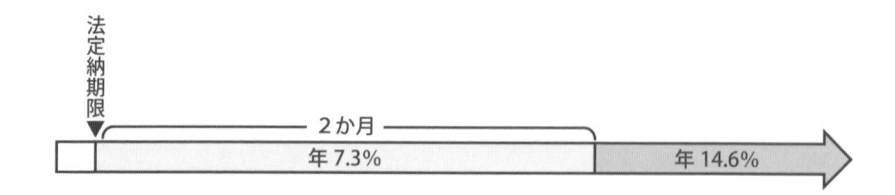

(2) 期限後申告または修正申告

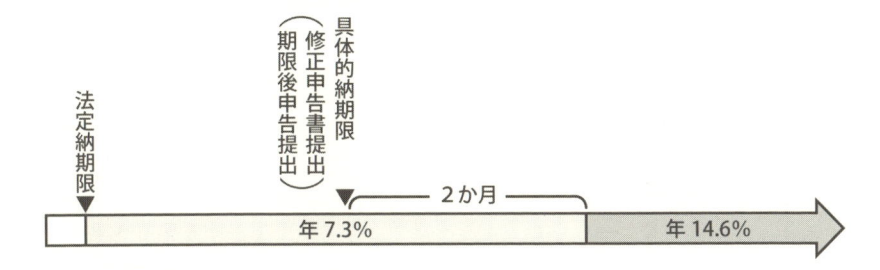

法定納期限	具体的納期限（修正申告書提出・期限後申告提出）	2か月
	年7.3%	年14.6%

(3) 更正または決定

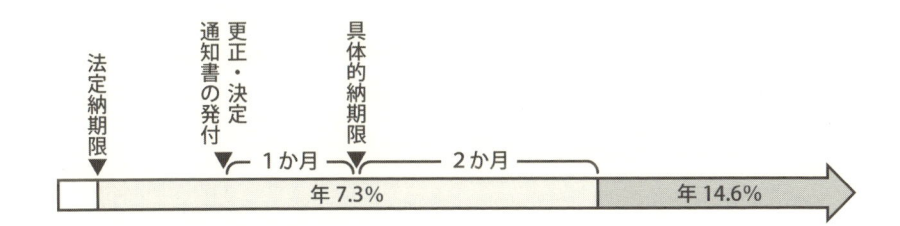

法定納期限	更正・決定通知書の発付	1か月	具体的納期限	2か月
		年7.3%		年14.6%

(4) 源泉所得税の期限後納付

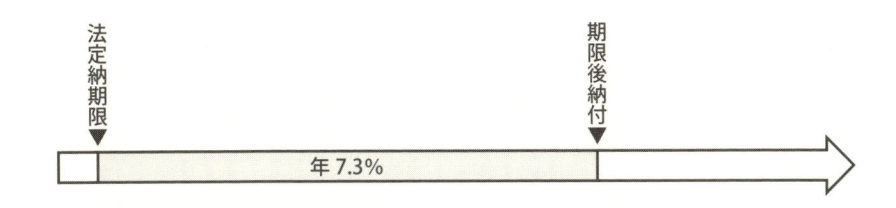

法定納期限	期限後納付
	年7.3%

(5) 源泉所得税の強制徴収

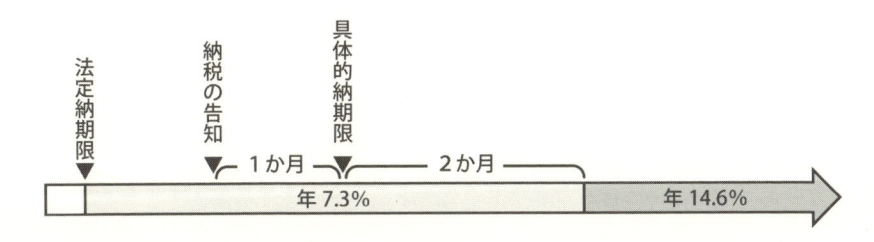

法定納期限	納税の告知	1か月	具体的納期限	2か月
		年7.3%		年14.6%

(6) 予定納税

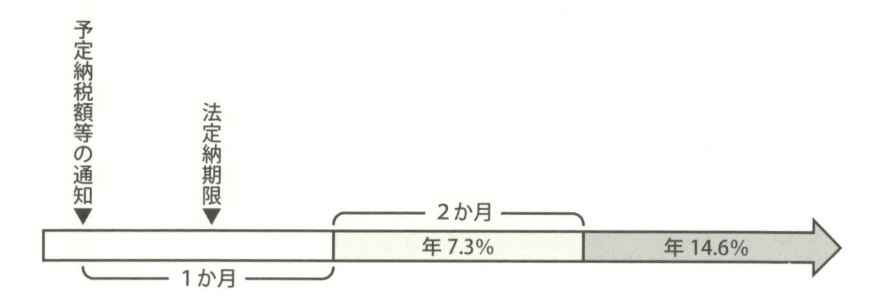

```
予定納税額等の通知  法定納期限
      ├──── 1か月 ────┤├── 2か月 ──┤
                        年7.3%      年14.6%
```

① 法定納期限の翌日から2か月間は年7.3%の割合
② 予定納税額等の通知が第一期または第二期の納期限の1か月前までに発せられなかったときは、予定納税等の通知を発した日の翌日から1か月後の日を基準として延滞税が課される。

(7) 延納税額の期限後納付（所得税・相続税）

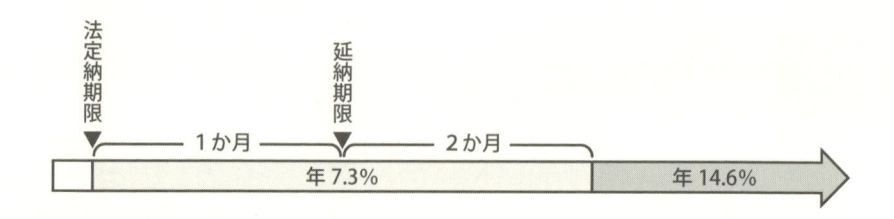

```
法定納期限      延納期限
   ├── 1か月 ──┤├── 2か月 ──┤
               年7.3%         年14.6%
```

第3項

> ● 国税通則法 ●
>
> （延滞税）
> **第60条**
> 3　第1項の納税者は、延滞税をその額の計算の基礎となる国税にあわせて納付しなければならない。

　延滞税は、納税の告知等の手続を経ることなく、納税者が自主的に計算して納付することとされています。

第4項

> ● 国税通則法 ●
>
> （延滞税）
> **第60条**
> 4　延滞税は、その額の計算の基礎となる税額の属する税目の国税とする。

　法律で定められた各税目には、その税に係る延滞税も含まれます。

Ⅲ 国税通則法第61条

第1項

> ● 国税通則法 ●
>
> （延滞税の額の計算の基礎となる期間の特例）
> 第61条　修正申告書（**偽りその他不正の行為**により国税を免れ、又は国税の還付を受けた納税者が当該国税についての調査があつたことにより当該国税について更正があるべきことを予知して提出した当該申告書を**除く**。）の提出又は更正（**偽りその他不正の行為**により国税を免れ、又は国税の還付を受けた納税者についてされた当該国税に係る更正を**除く**。）があつた場合において、次の各号の一に該当するときは、当該申告書の提出又は更正により納付すべき国税については、前条第2項に規定する期間から当該各号に掲げる**期間を控除**して、同項の規定を適用する。
> 一　その申告又は更正に係る国税について期限内申告書が提出されている場合において、その法定申告期限から1年を経過する日後に当該修正申告書が提出され、又は当該更正に係る更正通知書が発せられたとき。　その法定申告期限から一年を経過する日の翌日から当該修正申告　書が提出され、又は当該更正に係る更正通知書が発せられた日までの期間
> 二　その申告又は更正に係る国税について**期限後申告書**（還付金の還付を受けるための納税申告書で政令で定めるもの（以下「還付請求申告書」という。）を含む。以下この号において同じ。）が提出されている場合において、その期限後申告書の提出があつた日の翌日から起算して1年を経過する日後に当該修正申告書が提出され、又は当該更正に係る更正通知書が発せられたとき。その期限後申告書の提出があつた日の翌日から起算して1年を経過する日の翌日から当該修正申告書が提出され、又は当該更正に係る更正通知書が発せられた日までの期間

1 延滞税の計算控除期間

(1) 計算控除期間の概要

　納税申告書の提出後1年以上経過した後更正があったような場合または源泉徴収による国税につき法定納期限後1年以上経過した後強制徴収があったような場合には、延滞税を法定納期限にまで遡って課すれば、納税者に過大な負担を強いることになります。また、更正等の時期がその案件ごとに前後するが、それにより延滞税に差異が生じるのは適当ではありません。そこで、延滞税の計算控除期間（除算期間）が設けられ、法定申告期限から1年を超えて修正申告書の提出または更正等があった場合は、延滞税の計算期間は1年間にとどめられます。

　ただし、調査があったことにより、偽りその他不正の行為により国税を免れ、または国税の還付を受けた納税者が、修正申告書を提出（更正を予知した場合を含みます）し、または更正があった場合は、延滞税の計算控除期間は認められません。

> **Point !** 偽りその他不正の行為がある場合
> ➡延滞税の計算控除期間はない➡7.3%で計算

(2) 延滞税の計算パターン（本則）

　イ　修正申告に係る延滞税の計算

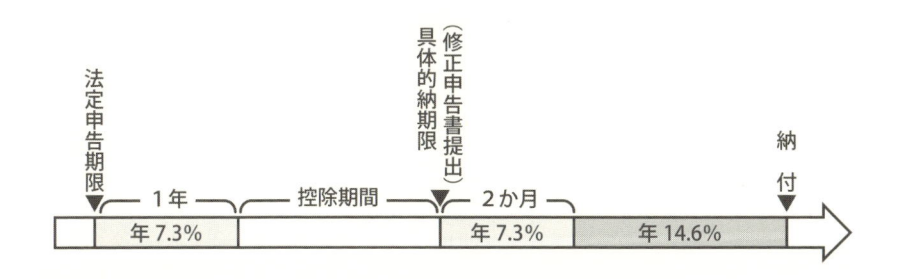

法定申告期限	1年	控除期間	(修正申告書提出) 具体的納期限	2か月		納付
	年7.3%			年7.3%	年14.6%	

ロ　更正に係る延滞税の計算

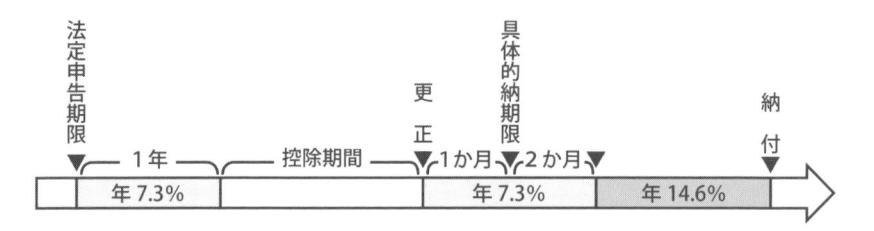

```
法定申告期限 ▼├─ 1年 ─┤├─ 控除期間 ─┤更正▼├─1か月─┤具体的納期限▼├─2か月─┤　　　　　納付▼
        │ 年7.3%  │       │ 年7.3% │ 年14.6% │
```

ハ　期限後申告の修正申告に係る延滞税の計算

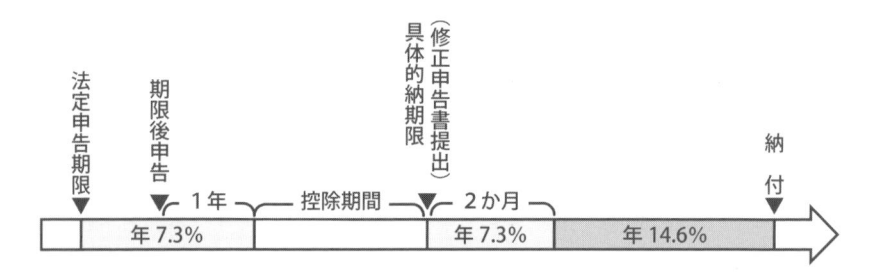

```
法定申告期限▼　期限後申告▼├─1年─┤├─控除期間─┤（修正申告書提出）具体的納期限▼├─2か月─┤　　　　納付▼
        │ 年7.3% │        │ 年7.3% │ 年14.6% │
```

ニ　期限後申告の更正に係る延滞税の計算

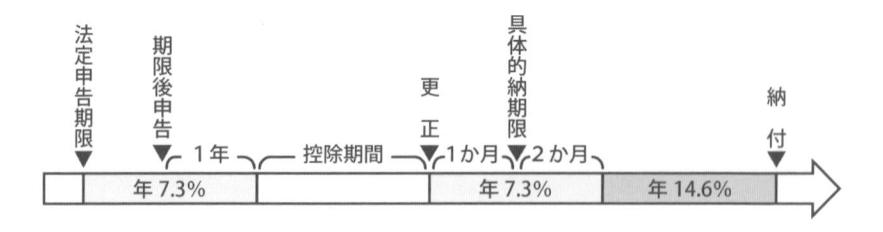

```
法定申告期限▼　期限後申告▼├─1年─┤├─控除期間─┤更正▼├─1か月─┤具体的納期限▼├─2か月─┤　　納付▼
        │ 年7.3% │        │ 年7.3% │ 年14.6% │
```

2　控除期間と偽りその他不正の行為

　申延滞税の計算控除期間は、偽りその他不正の行為により国税を免れた場合には適用されません。実務上は、修正または更正に係る否認項目が重加算税対象であれば、延滞税の計算控除期間が認められないよう取り扱われています。

> **Point !**
>
> 修正申告(処理が短時間)と更正処分(処理に時間を要する)
> - 計算控除期間がある場合の延滞税の計算
>   ① 即納できる場合…………有利不利なし
>   (控除期間で調整されるから)
>   ② 長期間滞納になる場合…更正が有利
>   (14.6%期間が短くなるから)
> - 計算控除期間がない場合の延滞税の計算
>   ① 即納できる場合…………修正申告が有利
>   (7.3%期間が短くなるから)
>   ② 長期間滞納になる場合…更正が有利
>   (14.6%期間が短くなるから)
> ただし、延滞税の税額計算の観点からだけの有利不利です。

　なお、修正申告書提出前あるいは更正の前に税金を納付した場合は、その日以後の延滞税は発生しません。

第2項

> ● 国税通則法 ●
>
> （延滞税の額の計算の基礎となる期間の特例）
> **第61条**
> 2 源泉徴収による国税で次の各号の一に該当するものについては、前条第2項に規定する期間から当該各号に掲げる**期間を控除**して、同項の規定を適用する。ただし、その国税を法定納期限までに納付しなかつたことについて**偽りその他不正の行為**がある場合（第二号に掲げる国税については、当該国税についての調査があつたことにより当該国税について第36条第1項（納税の告知）の規定による納税の告知があるべきことを予知して納付されたときに限る。）は、**この限りでない。**
> 一 法定納期限から1年を経過する日後に納税告知書が発せられた国税　その法定納期限から1年を経過する日の翌日から当該告知書が発せられた日までの期間
> 二 前号に掲げるものを除き、法定納期限から1年を経過する日後に納付された国税　その法定納期限から1年を経過する日の翌日から当該納付の日までの期間

　源泉徴収による国税で、次の場合には、延滞税の計算期間から一定の期間（計算控除期間）が除かれます。ただし、期限内に納付しなかったことに偽りその他の不正の行為がある場合には、延滞税の計算控除期間は認められません。これは、申告所得税の場合と同様の趣旨で設けられたものです。

イ　納税の告知がある場合

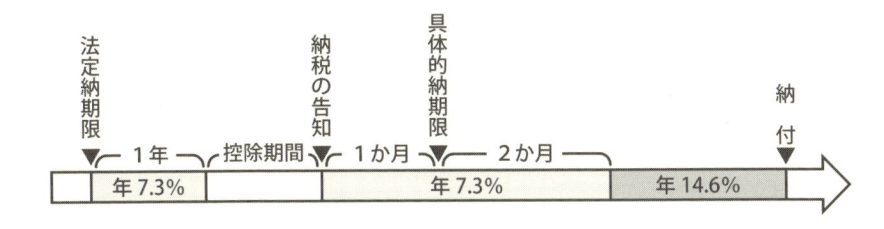

```
法定納期限 ─ 1年 ─ 控除期間 ─ 納税の告知 ─ 1か月 ─ 具体的納期限 ─ 2か月 ─ 納付
  年7.3%                              年7.3%              年14.6%
```

ロ　納税の告知がない場合

```
法定納期限 ─ 1年 ─ 　　　控除期間　　　─ 納付
  年7.3%
```

Ⅳ　国税通則法第62条

第1項

● 国税通則法 ●

（一部納付が行なわれた場合の延滞税の額の計算等）

第62条　延滞税の額の計算の基礎となる国税の**一部が納付**されたときは、その納付の日の翌日以後の期間に係る延滞税の額の計算の基礎となる税額は、その**納付された税額を控除**した金額とする。

（捕捉）国税通則法基本通達（徴収部関係）（第62条関係）

　この条第1項の「納付の日」には、徴収法の規定により徴収したものとみなされる日を含むものとする（徴収法56③、57②、67③、116②）。

第2項

> ● 国税通則法 ●
>
> (一部納付が行なわれた場合の延滞税の額の計算等)
> **第62条**
> 2　第60条第3項（延滞税の納付）の規定により延滞税をあわせて納付すべき場合において、納税者の納付した金額がその延滞税の額の計算の基礎となる国税の額に達するまでは、その納付した金額は、**まずその計算の基礎となる国税に充てられた**ものとする。

　延滞税をその本税とあわせて納付した場合は、元本である本税に優先して充当されます。なお、条文上は納税者が主語になっているが、第三者、第二次納税義務者または保証人から納付があった場合にも、適用されます。

② 納税の緩和制度

I　意義

　延滞税の減免を理解する前提として、納税の緩和制度の知識が不可欠となっているので、その概要を簡単に説明します。

　納税者は確定した国税を納期限までに納付しなければならず、未納のまま納期限を経過すれば、税務署長等は滞納処分を行うことになります。しかし、国税の性質（一定期間分を一括して納付しなければならない場合があること、財産課税で金銭納付が困難な場合があること、課税期間終了後、相当期間経過してから納付する場合があること等）および納税者の個別事情（災害、病気、事業の失敗等）により納付を強制することが適当でないことがあります。その場合に、一定の要件に基づき、納期限の経過によって生ずる強制的な徴収手続を緩和して、納税者の保護を図る措置が納税の緩和制度です。

II　種類

1　納期限の延長

　災害その他やむをえない理由によって、国税に関する法律に基づく申告、申請、請求、届出その他書類の提出または納付等の期限までに、これらの行為をすることができないと認められるときは、その理由がやんだ日から2か月以内に限り、以下によりその期限が延長されます。

　① 国税庁長官の地域指定による期限延長

② 納税者の税務署長への申請による期限延長

2 延納

延納には、所得税の延納と贈与税の延納があります。

(1) 所得税の延納

所得税および復興特別所得税の確定申告分については、平成26年3月17日(月)まで(振替納税の場合は平成26年4月22日(火))に納付すべき税額の2分の1以上を納付すれば、残りの税額の納付を平成26年6月2日(月)まで延長することができます。延納期間中は年1.9％の割合で利子税がかかります。

(2) 贈与税の延納

贈与税については、納税の期限までに金銭により一時に納付することを困難とする事由がある場合で、その期限までに申請書および担保提供関係書類を提出するなど、一定の要件を満たすときには、5年以内の年賦による延納をすることができます。延納期間中は年6.6％の割合*で利子税がかかります。

* 各年の延納特例基準割合※が7.3％に満たない場合には、次の算式により計算した割合(0.1％未満の端数は切り捨て)になります。

    6.6％ × 延納特例基準割合※ ÷ 7.3％

※延納特例基準割合

各分納期間の開始の日の属する年の前々年の10月から前年の9月までの各月における銀行の新規の短期貸出約定平均金利の合計を12で除して得た割合として各年の前年の12月15日までに財務大臣が告示する割合に、年1％の割合を加算した割合をいいます。

3　納税の猶予

(1) 納税の猶予の概要

　税務署長等は、次の理由により一時に納税することができないと認められるときは、納税を猶予することができます。

① 　納税者に災害、盗難または病気、負傷に類する事実があったこと。
② 　納税者またはその者と生活を一にする親族が病気にかかり、または負傷したこと。
③ 　納税者がその事業を廃止し、または休止したこと。
④ 　納税者がその事業につき著しい損失を受けたこと。
⑤ 　その他

なお、納税の猶予が認められると、新たな督促、滞納処分は禁止されます。

　納税の猶予は、次のように分類することができます。

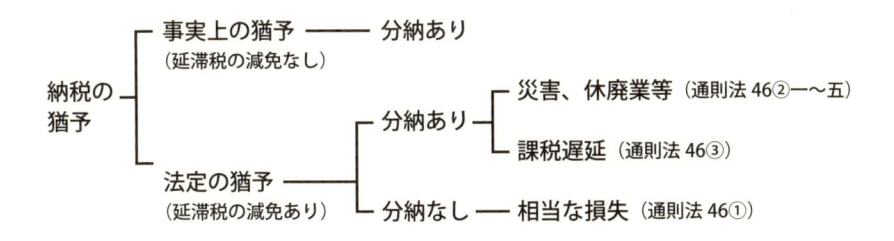

```
              ┌─ 事実上の猶予 ─── 分納あり
              │  (延滞税の減免なし)
納税の ───────┤                                ┌─ 災害、休廃業等（通則法46②一～五）
猶予          │                  ┌─ 分納あり ──┤
              │                  │             └─ 課税遅延（通則法46③）
              └─ 法定の猶予 ─────┤
                 (延滞税の減免あり) └─ 分納なし ── 相当な損失（通則法46①）
```

(2) 国税通則法第 46 条の概要

納税の猶予を定めた国税通則法第 46 条は、複雑でわかりづらい規定となっています。ここでは、その概要を表にして、簡単にまとめます。

[国税通則法上の納税猶予]

国税通則法	(46①) 相当な損失を受けた場合の納税の猶予	(46②) 通常の納税猶予	(46③) 確定手続等が遅延した場合の納税の猶予
要　件	・災害による相当な損失 ・特定の国税	・災害、休廃業その他 ・納付困難	・課税遅延 ・納付困難
申　請	必要（災害後2月以内）	必要（期限なし）	必要（修正申告書等と同時かそれ以前）
担　保	不要	猶予金額 50 万円以下…………不要（46⑤） ただし、平成 27 年 4 月 1 日から、 100 万円以下または 3 か月以内の猶予…不要	
猶予金額	対象国税の全部または一部	納付困難な金額を限度	
分割納付	―	可（46④)	
猶予期間	納期限から1年以内	猶予始期・納期限から1年以内	
	延長不可	延長可（通算2年以内）（46⑦)	
猶予期間の延滞税	全額免除（63①）	全額免除・半額免除 裁量免除（63①③)	半額免除 裁量免除（63①③)

4 換価の猶予

(1) 概　要

国税を滞納している納税者について、次のいずれか1つに該当すると認められる場合、納税者に納税についての誠実な意思が認められるときは、納税の猶予の適用を受けているものを除き、税務署長は、1年以内（通算2年以内の延長可）の期間、その財産の換価を猶予することができます（徴収151①）。ただし、平成 27 年 4 月 1 日からは、納期限から 6 か

月以内の納税者からの申請が認められるようになる見込みです。
　①　その事業の継続もしくは生活の維持を困難にするおそれがあるとき
　②　その財産の換価を猶予することが徴収上有利であるとき
　税務署長等この猶予期間内にやむをえない理由によって納付することができなかった場合は、税務署長等は、さらに1年間、猶予期間を延長することができます（徴基通152関係）。なお、猶予金額が50万円以下であれば担保は不要です。ただし、平成27年4月1日からは、猶予金額が100万円以下または3か月以内の猶予の場合は不要となる見込みです。

> **Point**
> - 納税の猶予
>   ➡必ずしも滞納を前提にした分納制度ではない
>   ➡納税者に申請権…不服申立可
>
> - 換価の猶予
>   ➡督促状が送付された後の滞納整理段階における分納制度
>   ➡税務署長等の職権…不服申立不可
>   ※平成27年4月1日からは、納税者から申請できるようになる（納期限から6か月以内）

(2) 納税についての誠実な意思

「納税についての誠実な意思」は、換価の猶予について税務署と交渉する際に、重要なポイントとなります。国税庁の「納税の猶予等の取扱要領」（第3章 換価の猶予 第1節 換価の猶予の要件）より、その内容を紹介します。

3　納税についての誠実な意思
(1)　「納税についての誠実な意思」とは、滞納者が、その滞納に係る**国税を優先的に納付しなければならないこと**を認識していることをいう。

　なお、「納税について誠実な意思を有すると認められる」かどうかは、従来において**期限内に**納税していたかどうか、納税の猶予、換価の猶予等の場合において確実に**分納を履行した**かどうか及び納税の能力等を参考として判定するものとする。この場合においては過去にほ脱の行為又は滞納の事実等があっても、現在において誠実な納税の意思を有していると認められるかどうかにより判定する（徴収法基本通達第151条関係2）。

(2)　上記の「納税の能力」については、換価の猶予をしようとする場合において、原則として、換価の猶予をしようとする国税を1年以内に納付でき、また、猶予期間中に納期限が到来すると見込まれる他の国税についても、その期限内に完納できる能力があると見込まれることをいう。この場合における「納税の能力」を有するかどうかは、所有する資産及び最近における収入等の概況により判定して差支えない。

　なお、滞納者から通則法第55条《納付委託》の規定による納付委託の申出があった場合には、一応納税についての誠実な意思があるものと認めて差支えないが、他の要件についての調査を省略して、直ちに換価の猶予該当とすることはできない。ただし、第2節2《換価の猶予をする金額》の納付困難と認められる金額について納付委託の申出があり、かつ、その対象となった国税の完納までに要する期間が短期間（おおむね3か月程度とする。）であるときは、前記1の(3)の要件の調査を省略し、また、滞納者の資力の状況及び税額の多寡等を総合勘案し、徴収上弊害がないと認められるときは、納付能力調査を省略して、徴収法第151条第1項第2号に該当するものとして差支えない。

5　滞納処分の停止

(1)　概　要

　国税を滞納している納税者について、次のいずれかに該当する場合には、税務署長または国税局長は、滞納処分を停止することができます（徴収法153①）。

① 滞納処分を執行することができる財産がないとき

② 滞納処分の執行によりその生活を著しく窮迫させるおそれがある

とき
③ 滞納者の所在および滞納処分を執行できる財産がともに不明であるとき

滞納処分の停止が3年間継続した場合は、延滞税を含め、納税義務は消滅します。滞納処分の停止後、3年以内に納付資力が回復したなどの場合は滞納処分の停止が取り消されます。

滞納処分の停止は、滞納税金の金額により税務署内の処理が異なります。国税庁への情報公開の手続によって明らかになった「滞納処分の停止に関する取扱いについて（事務運営指針）」によれば、税務署は停止税額を3百円未満、3百万円以上1千万円未満、1千万円以上に区分して、滞納処分の停止の事務処理を行っています。停止をするための財産調査は、滞納税額が多い滞納者ほど厳しく行われるであろうし、停止するためには、国税組織の高レベルでの判断が必要になると思われます。

(2) 滞納処分の停止と延滞税

延滞税は、本税が法定納期限を経過しても納付されない事実が生じたときに、特別の手続を要しないで成立します。本税が納付されたときに税額が算出され、滞納税額として認識されます。本税が納付されなければ、延滞税の税額は確定しません。税額が確定してなければ、税務署が作成し滞納者に交付する滞納金目録の延滞税の金額欄には、「要す」と記載されることになります。ただし、納付予定日を設定して、仮の延滞税額を記入することもあります。

譲渡所得に係る本税1億円を長期間滞納したケースを考えてみます。

① 本税1億円を納付した場合の滞納税金

本税	延滞税	滞納税金	停止税額
0円	6千万円	6千万円	6千万円

②　本税9億9,999万円を納付した場合の滞納税金

本税	延滞税	滞納税金	停止税額
1万円	要す	1万円	1万円

　停止事案の財産調査中は、「要す」とされた延滞税の額は確定していないので、滞納税金とはならないと解しました。そうであれば、停止税額は1万円になると思われます。本税1万円は、滞納処分が停止されれば納税義務が消滅し、それに伴い延滞税（税額未確定）の納付義務も消滅することになります（徴収基通153関係13）。

　なお、本税が1万円未満になれば、延滞税の税額は確定します。

● 国税通則法 ●

（国税の課税標準の端数計算等）
第118条
　3　附帯税の額を計算する場合において、その計算の基礎となる税額に1万円未満の端数があるとき、又はその税額の全額が1万円未満であるときは、その端数金額又はその全額を切り捨てる。

　下記の未納額明細票は、所得税の本税を全額納付したために、延滞税の滞納が62百万円発生してしまい、滞納処分を停止するための調査が長引き、無資力の滞納者を苦しめる結果となった事例です。もし、本税を1万円残しておけば、滞納税額は1万円であり、簡単な財産調査で停止処理が行われていたであろうと推測されます。

6 徴収の猶予

　税務署長が一定の処分を行うまで、徴収手続の開始またはその続行を猶予するもので、具体的には次に掲げるものなどがあります。

① 　更正の請求（通則法23⑤）
② 　予定納税の減額の承認申請（所法118）
③ 　相続税・贈与税の延納申請または相続税の物納申請(相法40①、42⑤)

7 その他の緩和制度

　不服申立（通則法105②⑥）、予定納税額（所法117）、延納または物納の申請（相法40①、42㉜）があった場合の滞納処分の停止・中止（行訴法25②、更生法50）などの制度があります。

③ 減　免

Ⅰ　延滞税の減免に関する法令

1　延滞税の減免の根拠法律

延滞税の減免規定は、大きく次のとおり分けられます。

```
延滞税の減免 ─┬─ 国税通則法   ┌─ 納税緩和制度に伴う免除…全額または2分の1免除
              │   第63条      │  （納税の猶予　換価の猶予、徴収の猶予、滞納処分の停止）
              │              │
              │              └─ 滞納税金全額の保全に伴う免除…2分の1免除
              │                 （差押え、担保の提供）
              │
              └─ その他の法律
                  ① 還付加算金の不加算充当に対応する免除
                     （所法138④・139④、法法78③・79④、消法52③・53④）
                  ② 移転価格課税に係る免除
                     （措法66の4二一）
                  ③ 移転価格税制に係る納税の猶予に係る免除
                     （措法66の4の2）
                  ④ 非上場株式等についての相続税・贈与税の納税猶予に係る免除
                     （措法70の7の2⑳・70の7⑳）
                  ⑤ 輸入品に課する内国消費税に係る免除
                     （輸入品に対する内国消費税の徴収等に関する法律18）
                  ⑥ 会社更生法による免除
                     （更生法169①）
```

2　国税通則法による減免

　徴収緩和措置（納税の猶予、換価の猶予、徴収の猶予および滞納処分の停止）等がとられた場合には、次ページの一覧表のとおり、延滞税が減免されます。

　表中の2分の1免除とは、延滞税の本則にしたがって計算した金額の半分を免除するものです。納税の猶予等をした国税に係る延滞税について免除し、または免除することができる金額の計算の基礎となる期間であって特例基準割合適用年に含まれる期間（以下「軽減対象期間」といいます）がある場合には、軽減対象期間に対応する延滞税の額のうち、当該延滞税の割合が特例基準割合であるとした場合における延滞税の額を超える部分の金額を免除することとされました（措法94②）。つまり、この軽減対象期間に対応する延滞税の額は、実質的な負担が特例基準割合相当額に軽減されることになります。

[延滞税免除の法令一覧表]

	免除要件・根拠規定		免除する	免除できる
納税猶予	災害（納期未到来）	通則法46①	通則法63①	—
	災害等（一般的）	通則法46②一		
	病気等	通則法46②二	2分の1免除	
	類する事由	通則法46②五		
	災害等による期間延長	通則法11	63② 全額免除	
	事業の休廃止等	通則法46②三	通則法63① 2分の1免除	通則法63③ 納付困難な金額免除
	事業の損失	通則法46②四		
	類する事由	通則法46②五		
	確定手続の遅延	通則法46③		—
徴収の猶予	更正の請求	通則法23⑤但書	通則法63④ 2分の1免除	—
	不服申立	通則法105②④⑥		
	予定納税額の減額承認申請	所法118		
	延払条件付譲渡の延納申請	所法133		
	相続税等の延納申請	相法40		
	相続税の物納申請	相法42		
	財産差押え・担保の提供	通則法63⑤	—	通則法63⑤ 2分の1免除
	納付委託・交付要求・参加差押え	通則法63⑥一二三四		通則法63⑥ 全額免除
	災害等・人為災害等	通則令26の2他		
徴収法	滞納処分の停止	徴収法153①	通則法63① 全額免除	—
	換価の猶予	徴収法151①	通則法63① 2分の1免除	通則法63③ 納付困難な金額免除

II　国税通則法第63条

　延滞税の免除は、納税者が納税の猶予または換価の猶予を受けた等一定の事由に該当する場合に、その納付すべき延滞税の納税義務の全部または一部を免除するものです。国税通則法第63条第1項から第3項ま

246

での規定による延滞税の免除に関する、要件、期間、金額および手続については、「納税の猶予等の取扱要領」で詳細に定められています。

同法63条の内容は複雑なので、最初に各項を整理します。

[国税通則法上の延滞税免除]

63条		延滞税免除の理由	手続	免除の概要
1項	徴収緩和措置	「納期限前の国税」 ● 納税の猶予（災害） 「滞納国税」 ● 納税の猶予（災害、病気等） ・ 滞納処分の停止	猶予等の処分に付随して生ずる免除 免除の通知不要	猶予期間、停止期間に対応する延滞税を全額免除
		「滞納国税」 ● 納税の猶予（事業の休廃止） ● 納税の猶予（課税の1年以上遅延） ● 換価の猶予		猶予期間に対応し、延滞税を2分の1免除
2項		「災害等（11条）」 ● 具体的納期限の延長		延長期間に対応する延滞税を全額免除
4項		● 徴収の猶予		延滞税を2分の1免除
3項	徴収緩和措置	● 納税の猶予（事業休廃止） ● 納税の猶予（課税の1年以上遅延） ● 換価の猶予 　（やむをえない理由により1・2項で免除されないもの）	徴収職員が職権で行う免除	猶予期間中 　1項・2項で免除されなかった猶予期間中の延滞税で納付困難分を免除
		● 納税の猶予 ● 換価の猶予 　（やむをえない理由により猶予期限までに納付がない場合）		やむをえない期間に対応する延滞税を免除
5項		・ 差押え（充足） ・ 担保の提供（充足）	納税者からの申請不可	徴収緩和措置なし 期間に対応する延滞税を2分の1免除
6項		・ 災害等 ・ 人為災害等		発生の日から消滅の日後7日間全額免除
		・ 納付委託 ・ 参加差押え、交付要求		取立期日の翌日、公売代金受領日後全額免除

第1項

> **● 国税通則法 ●**
>
> （納税の猶予等の場合の延滞税の免除）
> **第63条** 第46条第1項若しくは第2項第一号、第二号若しくは第五号（同項第一号又は第二号に該当する事実に類する事実に係る部分に限る。）（災害等による納税の猶予）の規定による納税の猶予（以下この項において「**災害等による納税の猶予**」という。）若しくは国税徴収法第153条第1項（滞納処分の停止）の規定による滞納処分の執行の停止をした場合又は第46条第2項第三号、第四号若しくは第五号（同項第三号又は第四号に該当する事実に類する事実に係る部分に限る。）若しくは第三項の規定による納税の猶予（以下この項において「**事業の廃止等による納税の猶予**」という。）若しくは同法第151条第1項（**換価の猶予**）の規定による換価の猶予をした場合には、その猶予又は停止をした国税に係る延滞税のうち、それぞれ、その災害等による納税の猶予若しくは当該執行の停止をした期間に対応する部分の金額に相当する金額又はその事業の廃止等による納税の猶予若しくは当該換価の猶予をした期間（当該国税の納期限の翌日から2月を経過する日後の期間に限る。）に対応する部分の金額の**2分の1**に相当する金額は、**免除する**。ただし、第49条第1項（**納税の猶予の取消し**）（同法第152条（**換価の猶予の取消し等**）において準用する場合を含む。）又は同法第百154条第1項（**滞納処分の停止の取消し**）の規定による取消しの基因となるべき事実が生じた場合には、その生じた日以後の期間に対応する部分の金額については、国税局長、税務署長又は税関長は、その免除をしないことができる。

納税の猶予等の適用を受けた国税の延滞税について、次のとおり減免を定めています。

1 全額免除

猶予期間または停止期間に対応する期間に対応する部分の延滞税の全額免除。

① 納期限前の国税に係る災害による納税の猶予（通則法46①）

②　滞納国税に係る災害、病気等による納税の猶予（通則法46②）
　③　滞納処分の停止（徴収法153）

2　一部免除

猶予期間に対応し、年7.3％の割合を超えて課された部分の延滞税を免除
　①　滞納国税に係る事業の休廃止等による納税の猶予（通則法46②）
　②　課税が1年以上遅延したことによる納税の猶予（通則法46③）
　③　換価の猶予（徴収法151）

3　免除期間等

免除期間は、猶予または停止の処分の始期から猶予期間または猶予の取消し日までの期間だが、猶予または停止の取消事由が生じた場合には、それが生じた日の前日で免除期間を満了します

4　免除金額

　免除する金額は、納期限の延長に係る国税の延滞税のうち、その延長した期間に対応する部分の金額となります。

　なお、第1項の延滞税の免除の要件、免除対象期間、免除金額および免除の手続については、「納税の猶予等の取扱要領」（第8章 延滞税の免除 第1節 納税の猶予等をした場合の延滞税の免除）で詳細に定められています。

1．通則法第63条第1項の規定による免除
（1）　免除の要件
　　　延滞税を免除するのは、次に掲げる要件のいずれか一に該当する場合である。この要件のいずれか一に該当する場合には、次の（2）《免除対象期間》の期間に対応する（3）《免除金額》の金額を免除する（通則法第63条第1項）。

イ　通則法第46条第1項から第3項までの規定による**納税の猶予**をしたとき。
　　ロ　徴収法第151条第1項の規定による**換価の猶予**をしたとき。
　　ハ　徴収法第153条第1項の規定による**滞納処分の停止**をしたとき。
（2）免除対象期間
　　免除の対象となる期間は、次のイ又はロの期間とする。
　　イ　通則法第46条第1項又は第2項第1号、第2号若しくは第5号（同項第1号又は第2号に該当する事実に類する事実に係る部分に限る。）の規定による納税の猶予（以下この節において「**災害等による納税の猶予**」という。）又は徴収法第153条第1項の規定による**滞納処分の停止**をした場合
　　　当該**猶予又は停止をした期間**（通則法第63条第1項本文）。ただし、当該猶予又は停止をした期間中に猶予又は停止の取消しの基因となる事実が生じた場合には、その事実が生じた日以後の期間を除くものとする（同項ただし書）。この場合において、「取消しの基因となる事実」の有無について調査した結果、外観上その事実が生じている場合であっても、当該事実の生じたことにつき、やむを得ない事由があったと認められるときは、「取消しの基因となる事実」には該当しないものとして取扱って差支えない。
　　　なお、通則法第46条第2項第1号、第2号又は第5号（第1号又は第2号に類する事実に係る部分に限る。）の規定により納税の猶予をした場合において、それらの各号に定める猶予該当事実が猶予期間の始期前にあるときは、当該事実の発生した日（その日が納期限前であるときは、納期限）の翌日から起算して猶予期間の始期の前日までの日数を上記の期間に算入して差支えない。ただし、その通算した期間は、**2年を超えることができない**ことに留意する。
　　　おって、本文のなお書によって処理する場合には、その旨及び猶予該当事実の生じた日を、速やかに管理運営担当部門に連絡するものとする。
　　ロ　通則法第46条第2項第3号、第4号若しくは第5号（同項第3号又は第4号に該当する事実に類する事実に係る部分に限る。）又は第3項に規定する納税の猶予（以下この節において「**事業の廃止等による納税の猶予**」という。）又は徴収法第151条第1項の規定による**換価の猶予**の場合
　　　当該猶予をした期間のうち、**納期限の翌日から起算して1月を経過する日後の期間**（通則法第63条第1項本文）。ただし、当該猶予をした期間中に猶予の取消しの基因となる事実が生じた場合には、その基因となる事実が生じた日以後の期間を除くものとする。この場合における取消しの基因となる事実の調査結果については、イと同様に取扱う。
（3）免除金額
　　免除する金額は、次のイ又はロの金額とする（通則法第63条第1項本文）。
　　イ　**災害等による納税の猶予又は滞納処分の停止**をした場合

当該猶予又は停止に係る国税の延滞税のうち、(2)のイの**免除対象期間**に対応する部分の金額の**全額**とする（通則法第63条第1項）。
　ロ　**事業の廃止等による納税の猶予又は換価の猶予をした場合**
　　当該猶予に係る国税の延滞税のうち、(2)のロの**免除対象期間**に対応する部分の金額の**2分の1**に相当する金額とする（通則法第63条第1項）。
（注）　通則法第63条第1項の規定により免除すべき金額が納付された場合には、過誤納金として還付することに留意する。
※（編注）納期限の翌日から起算して2月を経過する日後の期間に改正された。

第2項

●　**国税通則法**　●

（納税の猶予等の場合の延滞税の免除）
第63条
2　第11条（**期限の延長**）の規定により国税の納期限を延長した場合には、その国税に係る延滞税のうちその**延長をした期間**に対応する部分の金額は、**免除する**。

　災害等による期限の延長の規定により、具体的納期限が延長された国税は、元となる国税の納期限の翌日から延長後の具体的納期限までの延長期間に対応する延滞税は免除されます。免除する金額は、納期限の延長に係る国税の延滞税のうち、その延長した期間に対応する部分の金額となります。
　なお、具体的納期限前から災害等により納付行為ができないときは、その事由が生じた日から具体的納期限までの間の延滞税は免除されます（通則法63⑥三）。

第3項

● 国税通則法 ●

（納税の猶予等の場合の延滞税の免除）
第63条
3　**納税の猶予**又は国税徴収法第151条第1項の規定による**換価の猶予**をした場合において、納税者が次の各号のいずれかに該当するときは、国税局長、税務署長又は税関長は、その猶予をした国税に係る延滞税（前2項の規定による免除に係る部分を除く。以下この項において同じ。）につき、猶予をした期間（当該国税を当該期間内に納付しなかつたことについて**やむを得ない理由**があると国税局長、税務署長又は税関長が認める場合には、猶予の期限の翌日から当該やむを得ない理由がやんだ日までの期間を含む。）に対応する部分の金額でその**納付が困難と認められるものを限度**として、免除することができる。
　一　**納税者の財産の状況が著しく不良**で、納期又は弁済期の到来した地方税若しくは公課又は債務について軽減又は免除をしなければ、その**事業の継続又は生活の維持が著しく困難**になると認められる場合において、その軽減又は免除がされたとき。
　二　納税者の事業又は生活の状況によりその延滞税の**納付を困難とするやむを得ない理由**があると認められるとき。

（捕捉）　国税通則法基本通達（徴収部関係）（第63条関係）1～5
1　かっこ書の「やむを得ない理由」には、納税者の故意または重大な過失による理由は含まれません。
2　「納付が困難と認められるもの」とは、納税の猶予または換価の猶予にかかる国税の延滞税のうち、その徴収をしようとする時において納付することができないと認められる延滞税の額をいいます。
3　「納税者の財産の状況が著しく不良」とは、納税者が債務超過に準ずる状態に至ったことをいいます。
4　「納付を困難とするやむを得ない理由があると認められるとき」とは、納税の猶予または換価の猶予を受けた納税者が、故意または重大な過失がなくしておおむね次に掲げる場合に該当するため、相当の努力をしたのにもかかわらず、その猶予にかかる国税の延滞税の納付が困難となっている場合

をいうものとする。
　　・納税者につき通則法第46条第2項各号（災害等による納税の猶予の事由）に掲げる事実がある場合をいいます。
　　・納税者の所有する財産が事業の継続または生活の維持に最小限度必要なもの以外になく、また、所得が少額で納付資金の調達が著しく困難になっていると認められる場合をいいます。
　5　第3項各号に該当するかどうかは、免除しようとする時に判定します。

　第3項の免除は、第1項または第2項の規定によっても免除されなかった猶予期間中の延滞税を対象にしています。また所轄庁が所要の調査をして、客観的に免除事由があると認められたときに行われます。次の2つの免除規定を含んでいます。なお、詳細については、

1　7.3％部分の免除

　事業の休廃止等による納税の猶予、課税が1年以上遅延したことによる納税の猶予または換価の猶予がされた場合において、延滞税の納付を困難とする次の事由があるときは、猶予期間に対応する年率7.3％部分の延滞税についても、税務署長等の判断により、納付が困難と認められる金額を免除することができます。
　イ　納税者の財産状況が著しく不良で、租税公課または私債権について債務の軽減免除をしなければ、納税者の事業の継続または生活の維持が著しく困難になると認められる場合において、国税以外の租税公課または私債権につき相当額の債務の軽減免除がされたとき。
　ロ　納税者の事業または生活の状況により延滞税の納付を困難にするやむをえない理由があるとき

2　猶予期限不履行の場合の免除

　納税者の故意または過失なくして、やむをえず猶予期限内に猶予税額

を納付できなかった場合において、上記1イまたはロに該当する納付困難な延滞税があるときに、税務署長等は、その理由が存する期間に対応する延滞税を免除することができます。

また、第3項の延滞税の免除の要件、免除対象期間、免除金額および免除の手続については、「納税の猶予等の取扱要領」(第8章 延滞税の免除 第1節 納税の猶予等をした場合の延滞税の免除)で詳細に定められています。

2　通則法第63条第3項の規定による免除
(1)　免除の要件
　イ　要件
　　　通則法第63条第3項の規定による延滞税の免除ができるのは、通則法第46条第1項から第3項までの規定による納税の猶予又は徴収法第151条第1項の規定による換価の猶予をした場合において、その納税の猶予又は要価の猶予をした国税に係る延滞税の納付が困難であると認められ、かつ、次に掲げる要件のいずれか一に該当する場合である。この要件のいずれか一に該当する場合には、次の(2)《免除対象期間》の期間に対応する(3)《免除金額》の延滞税の金額を免除するものとする。
　(イ)　納税者の財産の状況が著しく不良で、納期又は弁済期の到来した地方税若しくは公課又は債務について軽減又は免除をしなければ、その事業の継続又は生活の維持が著しく困難になると認められる場合において、その軽減又は免除がされたとき。
　(ロ)　納税者の事業等の状況によりその延滞税の納付を困難とするやむを得ない理由があると認められるとき。
　ロ　延滞税の納付困難
　　　上記イの本文の「延滞税の納付が困難と認められる」とは、納税の猶予又は換価の猶予に係る国税の延滞税を徴収しようとするときにおいて、未納の国税の納付に充てることのできる資金の額がその国税の額に不足しているため納税の猶予又は換価の猶予に係る国税の延滞税の全額を納付することができないと認められる場合をいうものとする。
　　　なお、上記の判定に当たっては、次に留意する。
　(イ)　「未納の国税」とは、納税の猶予又は換価の猶予に係る国税のほか納付すべき税額が具体的に確定している国税を含めたものをいう。ただし、延滞税につ

いては、通則法第63条各項（第3項を除く。）の規定により免除する見込みの延滞税の額を除いたものとする。
　（注）　上記ただし書により免除する見込みの延滞税の額を計算する場合には、同条第3項の規定による延滞税の免除対象期間のうち同条第4項（現第63条第5項）の規定が適用できると認められる期間があるときにおいても、当該期間については同項の規定を適用しないものとしてその計算を行うことに留意する。
（ロ）　「未納の国税に充てることができる資金の額」とは、納付能力調査により調査した現在納付可能資金のほか不要不急資産の処分等を積極的に行うこととした場合におけるその売却代金相当額等最近において入金が予定され国税の納付に充てることができると認められる資金を合わせたものをいう。

ハ　財産の状況が著しく不良で、債務免除がされた場合
　上記イの（イ）の「納税者の財産の状況が著しく不良で、……その軽減又は免除がされたとき」とは、おおむね納税の猶予又は換価の猶予をした期間の始期以降において、**納税者の財産の状況が著しく不良で、**そのままの状態では**事業の継続又は生活の維持が著しく困難**になると認められるときに、その状態に陥ることを避ける趣旨で、納期又は弁済期の到来した地方税、公課及び私債権の元本又は利息（以下これらを「債務」という。）につき相当額が軽減又は免除（以下「債務免除」という。）された場合をいうものとする。
　上記の場合に当るかどうかについては、債務免除がされた時期における納税者の資力状況その他の諸事情を総合して判断することとするが、徴収上弊害がないと認められるときは、次の（イ）及び（ロ）のそれぞれについて調査し、そのいずれにも該当するときは、財産の状況が著しく不良で、債務免税がされた場合に当るものとして取扱って差支えない。
　なお、債務免除には、単に支払の猶予等をしたに過ぎない場合は含まれないが、納税者に対して債務免除の意思表示が正式にはされていないが債権者集会において債務免除の申合せをした場合等実質的に債務免除がされた場合には、債務免除があったものとして取扱って差支えない。
（イ）　相当額の債務免除がされた場合
　　次のAに掲げる金額がBに掲げる金額以上であるときは、事業の継続又は生活の維持が著しく困難になることを避けるため相当額の債務免除がされた場合に該当するものとする。
　　A　おおむね納税の猶予又は換価の猶予をした期間の始期以降においてされた債務免除の額の累計額
　　B　Aの債務免除がされた日（債務免除が2回以上にわたっているときは、そのうちの主要な債務免除がされた日、また、債権者集会の決議等に基づいて債務免除がある

時期に集中してされているときは、その債権者集会の決議の日等とする。）の直前における債務の元本の総額につき、免除対象期間1年当り100分の5を乗じて算出して得た額（当該期間が1年に満たない場合には、これを1年として算出して得た額）。

なお、納税者の実情により徴収上弊害がないと認められる場合には、納税の猶予又は換価の猶予に係る国税の延滞税を徴収しようとするときにおける債務の元本の総額を基に、上記の金額を算出して差支えない。

(ロ) 財産の状況が著しく不良である場合

次のA又はBに掲げる場合のいずれか一に該当するときは、債務免除がされた当時において財産の状況が著しく不良であったものとする。

A 債務超過である場合

「債務超過である場合」とは、債務免除がされた**直前の財産状態が債務超過**となっている場合をいうものとし、そのときにおける納税者の資産及び負債につき調査して判定する。ただし、債務免除が2回以上にわたってされているときは、そのうちの主要な債務免除がされた日の直前の財産状態により判定し、また、債権者集会の決議等に基づいて債務免除がある時期に集中してされているときは、その債権者集会の決議の日等の直前の財産状態により判定して差支えない。

なお、上記の調査に当っては、次に留意する。

(A) 資産の価額は、客観的な市場価格（時価）に基づいて算定するが、そのは握が困難なときは、債務免除がされた時期に最も近接する時期における財務諸表等に計上されている価額又は納税者の申立て等を参考としてその価額を推定して差支えない。

(B) 負債は、原則として、外部負債に限るものとする。

なお、法令又は一定の規約に従って株主等以外の第三者に対し支払うため引当てられているもの（例えば、納税引当金、退職給与引当金等）については、その引当金の額を外部負債として取扱うものとする。

(C) 資産のうち、回収不能の債権、不良たな卸資産、繰延勘定に属するもの等財産的価値のないもの並びに負債のうち、実質的に債務の弁済をし又はその免除がされているもの等は資産及び負債の額からそれぞれ減額するものとする。

B 債務超過に準ずる場合

「債務超過に準ずる場合」とは、次のいずれか一に該当する場合をいうものとする。

なお、資産及び負債の調査については、Aに準ずる。

(A) 債務免除がされた時期においては、債務超過の状態には至っていないが、

その当時の事業等の状況からみて、**債務超過となることが明らかであった**と認められる場合

　　　(B)　債務免除がされた後の事業等の状況がおおむね債務免除がされた当時と同様な状態で推移していると認められるときで、納税の猶予又は換価の猶予に係る国税の延滞税を徴収しようとするときの状態が**債務超過**である場合

　ニ　延滞税の納付を困難とするやむを得ない理由がある場合

　　　「納税者の事業等の状況により延滞税の納付を困難とするやむを得ない理由があると認められるとき」とは、納税者が納税の猶予又は換価の猶予に係る国税につき、不要不急資産の処分、経費の節減等相当の努力をしたにもかかわらずおおむね次に掲げる場合（納税者の故意又は重大な過失によるものを除く。）に該当するため、その国税に係る延滞税の納付が困難になっていると認められる場合をいうものとする。

　　(イ)　納税者につき通則法第46条第2項各号に掲げる事実がある場合
　　　（注）　上記の事実については、第2章第1節1の(2)《猶予該当事実》を参照する。
　　(ロ)　納税者がその財産の大部分につき強制執行、任意競売手続の開始、仮差押え等がされているため、納付資金の調達が著しく困難になっている場合
　　(ハ)　その他事業活動の不振、生計に余裕がない場合等事業の継続又は生活の維持が、また、資力等の状況から判断して納付資金の調達が著しく困難になっていると認められる場合

(2)　免除対象期間

　　免除の対象となる期間は、次のイ及びロの期間とする。

　イ　納税の猶予又は換価の猶予をした期間。ただし、通則法第63条第1項及び第2項の規定により、延滞税の全部が免除される期間（この節1の(2)及び本章第2節2参照）を除く。

　ロ　納税の猶予又は換価の猶予を受けた納税者が、やむを得ない理由により収益の減少又は資金の支出若しくは納付資金調達手続の遅延等があったため、相当の努力をしたにもかかわらず、納税の猶予又は換価の猶予を受けた国税（延滞税の計算の基礎となった本税をいう。以下(2)において同じ。）をその期限までに納付できなかった場合において、その猶予の期限後（納税の猶予又は換価の猶予が取消された日後の期間を含む。）その国税を納付することができると認められるに至った日までの期間

　　　なお、上記の期間の判定に当っては、次のことに留意する。

　(イ)　「やむを得ない理由により……納付できなかった場合」とは、納税の猶予又

は換価の猶予を受けた納税者につき、先に行った見込納付能力調査による納税の猶予又は換価の猶予の期間内の収入、支出及び支払可能資金（見込納付能力調査が行われていないときは、納付予定額）と納付能力調査の事後調査に準じて調査した実績とを比較し、その内容につき検討した結果、不測の事情等（納税者の故意又は重大な過失によるものを除く。）が生じたため、納税の猶予又は換価の猶予の納付計画等に従ってその期限までに納付できなかったと認められる場合をいうものとする。

なお、納税者の帳簿書類、記帳状況等から上記の調査が困難であるときは、調査を主要項目に限定し、又は聞き取りによる等その調査を簡略化して差支えない。

(注) 上記の場合において、既に納付能力調査が行われているときは、その調査事績を活用することに配意する。

(ロ)　「その国税を納付することができると認められるに至った日」は、納税の猶予又は換価の猶予をした期間内に納付できなかった国税につき、その猶予の期限後における資金収支の実績を納付能力調査に準じて調査し、見込納付能力調査において支出見込金額の計算上否認することとしている支出があるときはこれを国税の納付に充てたものとして計算した場合において、納付できたと推定される日（その国税につき新たな納税の猶予又は換価の猶予をしたときは、その日の前日）とする。ただし、納税者の実情により徴収上弊害がないと認められるときは、この調査を省略し、前記国税の納付された日をその日と判定して差支えない。

(3)　免除金額

免除することができる金額は、(2)の免除対象期間に対応する延滞税のうち、納付困難と認められる金額とする。この金額は、前記(1)のロの(イ)により調査した未納の国税の納付に充てることができる資金の額が未納の国税の額に不足する場合のその不足額（免除対象期間に対応する延滞税の金額が不足額に満たない場合には、その延滞税の金額）とする。

なお、上記の場合において、前記(2)の免除対象期間内に通則法第63条第4項（現第63条第5項）の「滞納に係る国税の全額を徴収するために必要な財産につき差押えをし、又は納付すべき税額に相当する担保の提供」があり、当該差押え又は担保の提供の日（当該差押え又は担保の提供が同条第1項の規定による延滞税の免除対象期間の末日以前にされているときは、その免除対象時間を経過した日）以後の期間につき同条第4項の規定を適用して延滞税の免除をすることが、上記の免除することができる金額（納付困難と認められる金額）よりも多額になると認められるときは、同条第3項の規定を適用することなく同条第4項（現第63条第5項）の規定を適用することとして差支えない。

> **Point !**
> 納税の猶予、換価の猶予を受けたら、さらに、延滞税のが可能か検討し、要因をまとめておく
> - 財産なし、事業継続困難、生活維持困難
>   …理路整然とまとめておく
> - 納付資金の調達が困難…その理由をまとめておく　など

第4項

● **国税通則法** ●

（納税の猶予等の場合の延滞税の免除）
第63条
4　第23条第5項ただし書（更正の請求と国税の徴収との関係）その他の国税に関する法律の規定により国税の**徴収を猶予**した場合には、その猶予をした国税に係る延滞税につき、その猶予をした期間のうち当該国税の納期限の翌日から2月を経過する日後の期間（前3項の規定により延滞税の免除がされた場合には、当該免除に係る期間に該当する期間を除く。）に対応する部分の金額の**2分の1**に相当する金額は、**免除する。**

　国税に関する法律の規定により徴収を猶予された国税の延滞税については、年率14.6％の割合に係る延滞税の2分の1に相当する金額が免除されます。現行法上、徴収が猶予される場合としては、次のものがあります。

①　更正の請求（通則法23⑤）
②　不服申立（通則法105②④）
③　予定納税の減額申請（所法118）
④　延払条件付譲渡に係る延納申請（所法133）
⑤　延納の申請（相法40）
⑥　物納申請（相法42）

第5項

●国税通則法●

(納税の猶予等の場合の延滞税の免除)

第63条

5　国税局長、税務署長又は税関長は、**滞納に係る国税の全額を徴収**するために必要な財産につき**差押え**(租税条約等の規定に基づき当該租税条約等の相手国等に共助対象国税の徴収の共助又は徴収のための財産の保全の共助を要請した場合における当該相手国等が当該共助対象国税について当該相手国等の法令に基づいて行う差押えに相当する処分を含む。以下この項において同じ。)をし、又は納付すべき税額に相当する**担保の提供**(租税条約等の規定に基づき当該租税条約等の相手国等に共助対象国税の徴収の共助又は徴収のための財産の保全の共助を要請した場合における当該相手国等が当該共助対象国税について当該相手国等の法令に基づいて受ける担保の提供を含む。以下この項において同じ。)を受けた場合には、その差押え又は担保の提供に係る国税を計算の基礎とする延滞税につき、その差押え又は担保の提供がされている期間のうち、当該国税の**納期限の翌日から2月を経過する日後の期間**(前各項の規定により延滞税の免除がされた場合には、当該免除に係る期間に該当する期間を除く。)に対応する部分の金額の**2分の1**に相当する金額を限度として、**免除**することができる。

(捕捉)　国税通則法基本通達(徴収部関係)(第63条関係) 6、8、9

6　「滞納に係る国税の全額を徴収するために必要な財産」とは、差し押えた財産から国税を徴収できる額(処分予定価額をもとにして算定する)が差押えにかかる国税の額に十分見合うようなその財産をいいます。

　この場合において、その国税につき国税徴収法第24条第3項に規定する譲渡担保財産または同法第36条第1号および第41条第1項に規定する第二次納税義務者の財産を差し押えているときは、その財産から徴収できる額も含めてその国税の額に見合うかどうかの判定をする取扱いとしています。

8　「納付すべき税額に相当する担保」とは、担保の価額が担保提供にかかる国税の額に十分見合うようなその担保をいいます。なお、納付委託にかかる有価証券は、上記の担保に含まれません。

9　免除する延滞税は、差し押えた財産または提供された担保の価額がその差押え等にかかる国税の額に十分見合っている期間に対応する延滞税に限ります。

滞納税額の全額に相当する財産の差押えがされた場合または納付すべき税額の全額に相当する担保の提供があった場合には、年率14.6%の割合に係る延滞税の2分の1を限度として延滞税が免除されます。ここで、「納付すべき税額に相当する担保」とは、担保の価額が担保提供にかかる国税の額に十分見合うような担保をいいます。したがって、差押え等により当然に免除されるものではありません。

納税の猶予等の延滞税の取扱いについて、国税庁では次のように定めています。

国税通則法第63条第5項の規定による延滞税の免除の取扱要領

1　基本的考え方

延滞税は、国税を法定納期限内に完納しなかった場合において、その遅延した期間に応じて納付しなければならないものであり、法定納期限内に完納した納税者との負担の公平を図るものであるとともに、国税の早期完納を促進する等の機能を有していることにかんがみ、延滞税の免除の取扱いに当たっては特に適正を期するよう留意する。

2　免除する場合

国税を充足する差押え等（滞納に係る国税の全額を徴収するために必要な財産につき差押え（国税徴収法（以下「徴収法」という。）第86条の規定による参加差押えを含む。）を行った場合又は納付すべき税額に相当する担保を徴取した場合をいう。以下同じ。）を行った場合には、その差押え等を行っている期間（当該差押え等に係る国税につき、国税通則法（以下「通則法」という。）第60条第2項ただし書の規定の適用がある期間及び同法第63条第1項から第4項までの規定の適用がある期間を除く。）の延滞税の金額の**2分の1**に相当する金額（租税特別措置法第94条第2項の規定に該当する場合には、その金額）を**免除**する。

（注）

1　本法令解釈通達に定める差押え等には、徴収法第24条第3項の規定により譲渡担保財産につき行った差押え等並びに同法第36条第1号及び第41条第1項に規定する第二次納税義務者に対して行った差押え等を含めることとして取り扱う。

2　納付委託に係る有価証券は、上記の差押え等には含まれないことに留意する。

3　国税を充足する差押え等がされている場合

国税を充足する差押え等がされている場合とは、差押え等に係る財産を換価（金

銭の取立ての方法により換価する場合及び滞納処分による差押えを行っている行政機関以外の執行機関が換価する場合を含む。以下同じ。）したものとしたときにおける国税への充当見込額が、当該差押え等に係る国税の額以上と判定できる状態にあることをいう。この場合に当たるかどうかについては、次により判定する。

(1) 国税への充当見込額

　国税への充当見込額は、判定の基準となるべき時期における差押え等に係る財産の処分予定価額（昭和55年6月5日付徴徴2－9「公売財産評価事務提要の制定について」（法令解釈通達）により評価した価額をいう。以下同じ。）により判定する。

　ただし、差押え等に係る財産の価額が少額と認められるものについては、昭和39年4月25日付直資56ほか1課共同「財産評価基本通達」（法令解釈通達）による評価額、地方税法（昭和25年法律226号）による固定資産評価額、精通者の意見等を参考とし、簡易な方法により評価することとして差し支えない。

　なお、上記の場合において、追加して差押え等が行われているときには、これらの差押え等の対象財産を併せて国税への充当見込額を判定する。

　また、担保が保証人の保証である場合には、保証人に対して滞納処分を執行した場合に徴収できると認められる金額をもって、国税への充当見込額とする。

(2) 差押え等に係る国税の額

　差押え等に係る国税の額とは、判定の基準となるべき時期における当該差押え等に係る本税、各種加算税、過怠税、利子税、延滞税及び滞納処分費の額の合計額をいう。この場合において、延滞税に未確定のものがあるときには、上記判定の日までの額（通則法第63条各項の規定によりその日以前の期間に対応する延滞税につき免除される金額があるときには、その金額を除いた額）を算入する。

(3) 判定の基準となるべき時期等

　国税を充足する差押え等がされているかどうかの**判定**は、**財産の差押え等がされた時**において、国税を充足していたかどうかにより行う。ただし、その後において追加して差押え等をした場合又は差押え等に係る財産の価額に変動があった場合若しくは差押え等に係る国税の額に異動があった場合には、それぞれの時期において国税を充足していたかどうかを判定する。

　なお、ある判定の基準となった時期において国税を充足する差押え等であると認められたものについて、その後の判定の基準となる時期においても同様であると認められるときには、その間については、国税を充足する差押え等がされていたものとして差し支えない。上記の判定に当たっては、次に留意する。

イ　追加差押え等により国税を充足することとなったときには、その後の差押え等がされた日をもって、国税を充足する差押え等がされた日とする。

ロ　差押え等に係る財産につき、その財産の価値に変動がある場合には、次により国税を充足しているかどうかを判定する。

（イ）　差押え等に係る財産につき値上りその他の事由により国税への充当見込額が増加したことによって、その差押え等に係る国税を充足することとなったときには、その値上り等があったと認められる日をもって、国税を充足する差押え等がされたものとする。
　（ロ）　差押え等に係る財産につき減耗、滅失又は値下りその他の事由により、国税への充当見込額が減少したことによって、その差押え等に係る国税を充足できなくなったときには、その減耗等があったと認められる日の前日をもって国税を充足する差押え等がされている状態が終了したものとする。
　（ハ）　差押え等に係る財産の価額に変動等があるため、国税を充足する差押え等がされている状態の把握が困難な場合には、国税を充足できると認められるに至った日を初日とし、次のA又はBに掲げる日を末日として、その間は国税を充足する差押え等がされていたものとして差し支えない。
　　　A　差押え等に係る国税の本税額の全部が納付された日において、国税を充足する差押え等がされていたと認められるときには、その日
　　　B　差押え等に係る国税の本税額の全部が納付された日において、国税を充足する差押え等と認められないときには、その日からさかのぼって国税を充足する差押え等がされていたと認められる日
ハ　差押え等に係る国税につき、納付等によりその未納額が減少したため、その差押え等に係る財産が国税を充足することとなったときには、次に掲げる日をもって、国税を充足する差押え等がされた日とする。
　（イ）　差押え等に係る国税につき納付又は充当があったため、その残額がその差押え等に係る財産により充足すると認められるに至ったときその国税の納付があった日又は充当をするのに適することとなった日
　（ロ）　差押え等に係る国税の額を減少させる更正、更正の一部の取消し等がされたため、その残額がその差押え等に係る財産により充足すると認められるに至ったときその減少した税額が初めからなかったものとした場合において、差押え等により充足すると認められるに至った日
ニ　差押え等に係る国税の延滞税（通則法第63条第5項の規定により免除されることとなる部分を除く。）の額が増加したため、その差押え等により国税を充足できないと認められるに至ったときには、その充足できないこととなったと認められる日の前日をもって国税を充足する差押え等がされている状態が終了したものとする。
ホ　差押え等に係る財産を換価した場合には、イからニまでによるほか、その売却代金又は給付を受けた金銭から差押え等に係る国税に充てることとなる金額が買受代金の納付の日又は金銭の取立てをした日において当該国税を充足していたかどうかにより、国税を充足する差押え等であるかどうかを判定する。

なお、換価に係る国税について換価した財産以外に差押え等に係る財産があるときには、換価により国税に充てることとなる金額と換価した財産以外の差押え等に係る財産からの国税への充当見込額を合計して判定することに留意する。

4 免除することができる金額

通則法第63条第5項の規定により延滞税の免除をすることができる金額は、3により**国税を充足する差押え等がされていたと認められる期間**に対応する延滞税の金額の**2分の1**の金額（租税特別措置法第94条第2項の規定に該当する場合には、その金額）とする。ただし、上記の期間のうちに同法第60条第2項ただし書及び第63条第1項から第4項までの規定の適用がある期間があるときには、当該期間を除くことに留意する。

5 免除の時期

通則法第63条第5項の規定による延滞税の免除は、国税を充足する差押え等に係る国税の**本税額の全部が納付**されて、**延滞税を徴収しようとする時**において行うものとする。

なお、換価代金等につき徴収法第131条により配当計算書を作成するときには、その配当計算に基づき換価代金等を当該差押え等に係る国税に充てる前であっても延滞税の免除ができるものとする。

また、他の執行機関に交付要求をする場合など、延滞税の徴収に当たり必要があると認められるときには、延滞税の免除が見込まれる金額についてあらかじめ免除ができるものとして計算して差し支えない。

6 免除の手続等

通則法第63条第5項の規定による延滞税の免除の手続については、昭和51年6月3日付徴徴3－2ほか1課共同「納税の猶予等の取扱要領の制定について」（法令解釈通達）の別冊第8章第3節の2《免除の手続》に定めるところによる。

なお、延滞税を免除する場合には、別紙様式により納税者あて通知することとする。

（注）延滞税を免除するに当たっては、その免除の判断の基となった事実等を明らかにしておくことに留意する。

第6項

---- ● 国税通則法 ● ----

(納税の猶予等の場合の延滞税の免除)

第63条

6　国税局長、税務署長又は税関長は、次の各号のいずれかに該当する場合には、当該各号に規定する国税に係る延滞税(前各項の規定による免除に係る部分を除く。)につき、当該各号に掲げる期間に対応する部分の金額を限度として、免除することができる。

　一　第55条第3項(納付委託)(第52条第6項(保証人からの徴収)又は国税徴収法第32条第3項(第二次納税義務者からの徴収)において準用する場合を含む。)の規定による有価証券の取立て及び国税の納付の再委託を受けた金融機関が当該有価証券の取立てをすべき日後に当該国税の納付をした場合(同日後にその納付があつたことにつき当該有価証券の取立てを委託した者の責めに帰すべき事由がある場合を除く。)　同日の翌日からその納付があつた日までの期間

　二　納税貯蓄組合法(昭和26年法律第145号)第6条第1項(租税納付の委託)の規定による国税の納付の委託を受けた同法第2条第2項(定義)に規定する指定金融機関(国税の収納をすることができるものを除く。)がその委託を受けた日後に当該国税の納付をした場合(同日後にその納付があつたことにつき納税者の責めに帰すべき事由がある場合を除く。)　同日の翌日からその納付があつた日までの期間

　三　震災、風水害、火災その他これらに類する**災害**により、国税を納付することができない事由が生じた場合　**その事由が生じた日からその事由が消滅した日以後七日を経過した日までの期間**

　四　前3号のいずれかに該当する事実に類する事実が生じた場合で政令で定める場合　政令で定める期間

....

(捕捉)　国税通則法基本通達(徴収部関係)(第63条関係)10〜13

10　徴収法第67条第4項(差し押えた債権の取立て)の規定による弁済委託の場合(差押有価証券の取立委託をする場合を含む)についても、この条第5項第1号の規定に準じて免除されます。

11　「その委託を受けた日」は、納税者が金融機関に対し、あらかじめ納付す

> 12 「その他のこれらに類する災害」とは、豪雪、津波、落雷、地すべりその他の自然現象の異変による災害をいいます。
> 13 「納付することができない事由」とは、災害により社会通念上納付行為ができないと認められる事情をいい、災害に基因して資金不足が生じたため、納付ができない場合は含みません。

べき日を指定して納付を委託した場合には、その指定された日をいいます。

延滞税は、次の場合にも免除されます。

1 納付委託（通則法63⑥一、二、55①1）

納税者が先日付小切手等で納付委託した場合、納税者の責めに帰すべき理由により即日納付できなかったときを除き、その取立期日の翌日から納付があった日までの期間に対応する延滞税は免除されます。

納税貯蓄組合員の納税貯蓄組合預金による納付委託も、同様な場合には、免除されます（納税貯蓄組合法6①）。

2 自然災害等（通則法63⑥三）

震災、火災等の天災により国税の納付行為ができない事由が発生した場合、その事由が生じた日から消滅した日以後7日間を経過した日までの期間、延滞税は免除されます。

Point
災害等により納税ができない場合の延滞税免除
① 納期限の延長（通則法11） ➡ 通則法63②
② 納税の猶予（通則法46）等 ➡ 通則法63①
③ ①および②が適用できない場合 ➡ 通則法63⑥三

3　交付要求（通則令26の2一）

　交付要求（参加差押えを含む）により、他の執行機関が強制換価手続により受領した金銭の交付を受けて、これを滞納税金に充てたときは、他の執行機関がその税金を受領した日の翌日から交付を受けた金銭を国税に充てた日までの期間に対応する延滞税は免除されます。

　交付要求は、滞納者の財産に対して強制換価手続が行われた場合において、その手続から滞納国税への交付（配当）を求める手続です。参加差押えは、交付要求の一つとして行われるものであり、先行の滞納処分をした行政機関等に対し、参加差押書を交付することにより行います。

4　人為災害等（通則令26の2 二）

　火薬類の爆発、交通事故その他の人為による異常な災害または事故により、国税の申告をすることができず、または国税の納付行為ができない場合（その災害または事故が生じたことにつき納税者の責めに帰すべき事由がある場合を除く）、その事由が生じた日から消滅した日以後7日を経過した日までの期間、延滞税は免除されます。

　その具体例としては、通達「人為による異常な災害又は事故による延滞税の免除について」では、税務職員のご指導、申告書提出後における法令解釈の明確化、申告期限時における課税標準等の計算不能、振替納付に係る納付書の送付もれなどが例示されています。

（捕捉）国税通則法基本通達（徴収部関係）（第63条関係）14、15
　14 「その他の人為による異常な災害又は事故」とは、ガス爆発、交通と絶、飛行機の墜落、船舶の沈没等をいいます。
　15 「申告をすることができず又は国税を納付することができない場合」とは、「納付することができない事由」（災害により社会通念上納付行為ができないと認められる事情をいい、災害に基因して資金不足が生じたため、納付ができない場合は含まない）に準じます。

人為による異常な災害又は事故による延滞税の免除について（法令解釈通達）

国税通則法第63条第6項の規定による延滞税の免除については、**税務職員の誤った申告指導**（納税者が信頼したものに限る。）その他の申告又は納付について生じた人為による障害（以下「人為による納税の障害」という。）が同法施行令第26条の2第2号に規定する「**人為による異常な災害又は事故**」に該当することから、今後処理するものから下記により取り扱われたい。

（趣旨）

税務行政に対する信頼を確保し、適正公平な課税を実現する観点から、人為による納税の障害があった場合における延滞税の免除について、その取扱基準の整備を図ったものである。

記

人為による異常な災害又は事故により延滞税の免除を行う場合において、次の人為による納税の障害の態様に応じ、それぞれの要件に該当するときは、その人為による納税の障害により申告又は納付をすることができなかった国税に係る延滞税につき、それぞれの**期間に対応する部分の金額**を限度として、**免除する**。

(注) 人為による納税の障害により申告をすることができなかった国税の額は、その額が同時に納付すべき税額の一部であるときは、その納付すべき税額のうち、その税額の計算の基礎となる事実で人為による納税の障害に係るもののみに基づいて期限後申告、修正申告等があったものとした場合におけるこれらの申告等により納付すべき税額とする。

1 誤指導

(1) 要件

次のいずれにも該当すること。

イ 税務職員が納税者（源泉徴収に係る国税の徴収義務者（以下「源泉徴収義務者」という。）を含む。以下同じ。）から十分な資料の提出があったにもかかわらず、納税申告又は源泉徴収（以下「申告等」という。）に関する税法の解釈又は取扱いについての誤った指導（以下「**誤指導**」という。）を行い、かつ、**納税者がその誤指導を信頼した**ことにより、納付すべき税額の全部又は一部につき申告又は納付をすることができなかったこと。

(注) 納税者の誤った税法の解釈に基づいてされた申告等につき、事後の税務調査の際、当該誤りを指摘しなかったというだけでは、誤指導には当たらない。

ロ 納税者がその誤指導を信じたことにつき、**納税者の責めに帰すべき事由がない**こと。

なお、この事由の認定に当たっては、指導時の状況、誤指導の内容及びその程度、納税者の税知識の程度等を総合して判断することに留意すること。
(2) 期間
　その誤指導をした日（その日が法定納期限以前のときは法定納期限の翌日とする。）から、納税者が誤指導であることを知った日（そのことを郵便により通知したときは、通常送達されると認められる日とする。）以後**7日を経過した日**までの期間

2　申告書提出後における法令解釈の明確化等
(1) 要件
　次のいずれにも該当すること。
　イ　税法の解釈に関し、申告書提出後に**法令解釈が明確化**されたことにより、その法令解釈と納税者（源泉徴収義務者を除く。）の解釈とが異なることとなった場合又は給与等の支払後取扱いが公表されたためその公表された取扱いと源泉徴収義務者の解釈とが異なることとなった場合において、当該法令解釈等により既に申告又は納付された税額に追加して納付することとなったこと。
　　（注）　税法の不知若しくは誤解又は事実誤認に基づくものはこれに当たらない。
　ロ　その納税者の解釈について**相当の理由**があると認められること。
(2) 期間
　その法定納期限の翌日から当該法令解釈又は取扱いについて納税者が知り得ることとなった日以後 7 日を経過した日までの期間

3　申告期限時における課税標準等の計算不能
(1) 要件
　既に権利は発生しているが、具体的金額が確定しない課税標準等があることにより、納付すべき税額の全部又は一部につき申告又は納付することができなかったこと。
(2) 期間
　その法定納期限の翌日から具体的金額が確定した日以後**7日を経過した日**までの期間

4　振替納付に係る納付書の送付漏れ等
(1) 要件
　納税者から口座振替納付に係る納付書の送付依頼がされている国税について、その国税に係る納付書を指定の金融機関へ送付しなかったこと、その納付書を過少に誤記したこと又は過大に誤記したこと（このため預金不足を生じ振替不能となったものに限る。）により、納付すべき税額の全部又は一部につき納付することができなかったこと。

(2) 期間

その振替納付に係る納期限(延納期限を含む。)の翌日から納税者がその振替納付がされなかったこと又は過少にされたことを知った日以後7日を経過した日までの期間

5 その他類似事由

(1) 要件

次のいずれにも該当すること。

イ 上記1から4までに掲げる場合のほか、これらに類する人為による納税の障害により納付すべき税額の全部又は一部につき申告又は納付することができなかったこと。

ロ その人為による納税の障害が生じたことにつき納税者の責めに帰すべき事由がないこと。

(2) 期間

その人為による納税の障害の生じた日(その日が法定納期限以前のときは法定納期限の翌日とする。)から納税者がその人為による納税の障害の消滅を知った日以後7日を経過した日までの期間

> **Point**
> 延滞税の減免を主張しよう!
> - 税務職員の誤指導
>   ➡ 税務職員による指導があれば、記録に残しておく
> - 申告期限時の計算不能
>   ➡ 計算不能の事情を記録に残しておく

5 その他の免除

国税通則法以外の税法等による免除を列挙します。

① 還付加算金不加算充当に対応する免除………所法138④、139④

　　　　　　　　　　　　　　　　　　　　　法法78③、79④

　　　　　　　　　　　　　　　　　　　　　消法52③、52④

② 移転価格課税に係る免除

　　　　措法 66 の 4
③　移転価格税制に係る納税の猶予に係る免除……措法 66 の 4 の 2
④　非上場株式等についての相続税・贈与税の
　　　納税猶予に係る免除…………措法 70 の 7 の 2 ⑳、70 の 7 ⑳
⑤　輸入品に課する内国消費税に係る免除
　　　　　……輸入品に対する内国消費税の徴収等に関する法律 18
⑥　会社更生法による免除………………………………更正法 169 ①

裁　決

裁決事例集 No.71-118 頁（平成 18 年 2 月 2 日 裁決）

　国税通則法第 63 条第 6 項の規定による延滞税の免除については、
〔1〕誤指導（税務職員の誤った申告指導）、
〔2〕申告書提出後における法令解釈の明確化、
〔3〕申告期限時における課税標準等の計算不能、
〔4〕振替納付に係る納付書の送付漏れ等、
〔5〕その他類似事由
があった場合には、同法施行令第 26 条の 2 第 2 号に規定する「人為による異常な災害又は事故」に該当するものとして延滞税を免除する取扱いを定めたものである…。
　しかしながら、…先行税務調査において誤指導があったことも、請求人が誤指導を信じて行動したことも認められないから、上記通達を適用して延滞税を免除すべき理由はなく、請求人の主張には理由がない。
　なお、延滞税は、国税通則法第 15 条第 3 項及び同法第 60 条の規定により、所定の要件を充足することによって法律上当然に納税義務が成立し、その成立と同時に特別の手続を要しないで納付すべき税額が確定するものであって、国税に関する法律に基づく処分によって確定するものではないから、本件各延滞税に係る審査請求は、国税通則法第 75 条第 1 項に規定する国税に関する法律に基づく処分が存在しないにもかかわらずなされたものであって、不適法なものである。

III 免除規定

1 免除の方法

　延滞税は本税が完納になった時に最終的に確定し、その免除手続も、原則として本税が完納された後に行われます。延滞税の免除は、全額免除と2分の1免除があります。「全額免除」は、定められた免除期間中の延滞税をすべて免除することであり、「2分の1免除」は、延滞税の年14.6％の部分を半分免除して7.3％で算定するということです。

2 税務署長等の裁量権

　国税通則法第63条第1項、第2項、第4項では、「免除する」と規定されています。猶予等の処分をすることにより、これに付随して法律上当然に効果の生ずる免除です。

　同第63条第3項、第5項、第6項では、「免除することができる」と規定されています。税務署長等が職権で免除事由に該当するかどうかを判断するが、それに該当すると判断された場合には、免除すべきものと解されています。

　税務署長等は延滞税の免除について、条文を文字通り解釈すれば、「免除する」と規定されていれば免除しなければならないし、「免除することができる」と規定されていれば免除しなくてもよい、ということになります。

　しかし、「することができる」という法令用語には、法律上は公務員が権限と能力を持つことを意味し、裁量権を付与する意味はない、との見解もあります。また、税務署長等に免除の裁量権を認めた規定ですが、租税負担の公平性等の見地からその裁量権を否定する見解もあります。

「免除することができる」場合の免除の理由を読むと、例えば、「納付が困難と認められる」「納税者の責めに帰すべき事由」あるいは「財産の評価が必要である」等、ある程度の裁量が入り込まざるをえない規定になっています。したがって、税務署長の裁量権を否定することはできません。

　もちろん、恣意的な法律運用は許されるべきではなく、延滞税の免除の要件を明確に満たしていれば、税務署長等に「免除しない」ということはできません。一方、「免除できる」と規定されている場合の免除の理由を読むと、納税の猶予や換価の猶予、滞納処分の停止等の法律行為であり、免除の要件を充足するか否かは明白となっています。その要件を満たせば、税務署長は免除しなくてはならないでしょう。

第7章

利子税

① 概　要

I　国税通則法第64条

1　成立と確定

　個別税法で定められた延納の期間（所法131③、136①、相法52①、法法75⑦、75の2⑥等）または租税特別措置法の納税の猶予の期間（措法70の4等）については、納税者に国税債務の履行遅滞の責任はないが、法定納期限内に国税を納付した者との公平性を考慮して、利子税が課されます。利子税の課税要件は、個別税法に定められている延納または納税猶予の事実が生じたこと、法人税につき決算遅延による法定申告期限の延長の事実が生じたこと等となります。

> ● 国税通則法 ●
>
> （利子税）
> 第64条　延納若しくは物納又は納税申告書の提出期限の延長に係る国税の納税者は、国税に関する法律の定めるところにより、当該国税にあわせて利子税を納付しなければならない。
> 2　利子税の額の計算の基礎となる期間は、第60条第2項（延滞税の額の計算）に規定する期間に算入しない。
> 3　第60条第4項（延滞税の属する税目）、第62条（一部納付が行なわれた場合の延滞税の額の計算等）並びに前条第2項及び第6項の規定は、利子税について準用する。

2 性格

　利子税および延滞税は、いずれも、法定申告期限の翌日からその国税を納付するまでの期間に応じて、未納の本税に対し一定の割合で課税されるため、利息的な側面を有しています。また、両者とも賦課決定等の特別の手続を要しないで、納付すべき税額が確定します。さらに、本税についてのみ課され複利計算はしないこと、計算の基礎となる国税の税目として本税とあわせて納付されることでも、両者は同様の規定になっています（通則法64①③）。

　しかし、延滞税が制裁的な遅延利息の性格を有するのに対し、利子税は民事における、いまだ履行遅滞に陥っていない場合に課せられる約定利息の性格を有しています。したがって、利子税は法人税法上の損金に算入され、所得税法上の必要経費に算入されます。

　なお、利子税の計算期間については、延滞税は課されません（通則法64②）。

Point
- 利子税
  - 制裁機能なし
  - 損金算入、必要経費算入　可

- 延滞税・各種加算税
  - 制裁機能あり
  - 損金算入、必要経費算入　不可

3　利子税の損金および必要経費の算入時期

　法人税法上の利子税の損金算入時期は、原則として、その利子税額の支払時ですが、その年度の期間に係る未納分を未払金として損金経理したときには、その経理をした事業年度の損金の額に算入されます。

　所得税法上の必要経費についても、同じ考え方で整理されています。

● 法人税基本通達 ●

（納税の告知に係る納期限等）

9－5－1　法人が納付すべき国税及び地方税（法人の各事業年度の所得の金額の計算上損金の額に算入されないものを除く。）については、次に掲げる区分に応じ、それぞれ次に定める事業年度の損金の額に算入する。

(4)　利子税並びに地方税法第65条第1項、第72条の45の2又は第327条第1項《法人の道府県民税等に係る納期限の延長の場合の延滞金》の規定により徴収される延滞金　納付の日の属する事業年度とする。ただし、法人が当該事業年度の期間に係る未納の金額を損金経理により未払金に計上したときの当該金額については、当該損金経理をした事業年度とする。

● 所得税基本通達 ●

（その年分の必要経費に算入する租税）

37－6　法第37条第1項の規定によりその年分の各種所得の金額の計算上必要経費に算入する国税及び地方税は、その年12月31日（年の中途において死亡し又は出国をした場合には、その死亡又は出国の時。以下この項において同じ。）までに申告等により納付すべきことが具体的に確定したものとする。ただし、次に掲げる税額については、それぞれ次による。

(5)　利子税　納付の日の属する年分の必要経費に算入する。ただし、その年12月31日までの期間に対応する税額を未払金に計上した場合には、当該金額をその年分の必要経費に算入することができる。

Ⅱ　利子税の計算

1　本則

　法定納期限の翌日から延納または延長期間中の未納税額に対し、納付する期間に応じて、原則として、所得税、法人税、消費税については年7.3％（納税猶予の場合は軽減税率がある）、相続税と贈与税については年6.6％等の割合で計算します。ただし、利子税の割合については、延滞税の場合と同じく特例が設けられていて、軽減される場合があります。

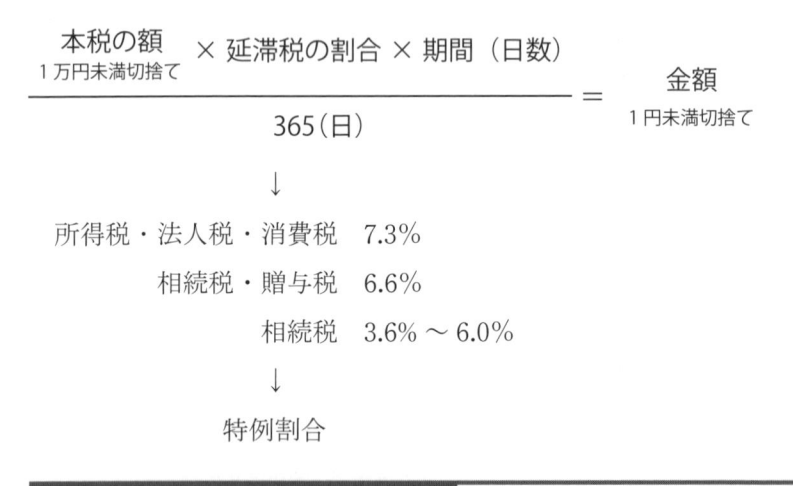

$$\frac{\underset{1万円未満切捨て}{本税の額} \times 延滞税の割合 \times 期間（日数）}{365（日）} = \underset{1円未満切捨て}{金額}$$

↓

所得税・法人税・消費税　7.3％
相続税・贈与税　6.6％
相続税　3.6％〜6.0％

↓

特例割合

2　特例

　利子税の割合は、各年の特例基準割合（相続税および贈与税の延納に係る利子税については、各分納期間の開始の日の属する年の特例基準割合）が年7.3％に満たない場合にはその年中（相続税および贈与税の延納に係る利子税については、各分納期間）において、次に掲げる利子税の区分に応じ、それぞれ次に定める割合とする。

　①　②に掲げる利子税以外の利子税　当該特例基準割合

② 相続税および贈与税に係る利子税(その割合が年7.3%のものを除く)

これらの利子税の割合に、当該特例基準割合が年7.3%に占める割合を乗じて得た割合

	内容	本則	特例【改正前】(公定歩合+4%)[参考]平成25年分	特例【改正後】(14.6%については、特例の創設)	【参考】貸出約定平均金利の年平均が1%の場合
延滞税	法定納期限を徒過し履行遅滞となった税務署に課されるもの	14.6%	—	特例基準割合+7.3%（早期納付を促す）	9.2%
2か月以内等	納期限後2か月以内等については、早期納付を促す観点から低い利率	7.3%	4.3%	特例基準割合+1%（早期納付を促す）	2.9%
納税の猶予等	事業廃止等による納税の猶予等の場合には、納税者の納付能力の減退といった状態に配慮し、軽減 [災害・病気等の場合には、全額免除]	2分の1免除(7.3%)	4.3%	特例基準割合	1.9%
利子税(主なもの)	所得税法・相続税法の規定による延納等、一定の手続を踏んだ納税者に課されるもの	7.3%	4.3%	特例基準割合	1.9%
還付加算金	国から納税者への還付金等に付される利息	7.3%	4.3%	特例基準割合	1.9%

＊財務省ホームページより作成

＊「特例基準割合」は、「貸出約定平均金利+1%」です。

[利子税に関連する条文一覧]

税法	条文	内容
所法	131	確定申告税額の延納　7.3%
	132	延払条件付譲渡に係る所得税額の延納　7.3%
	136	延払条件付譲渡に係る所得税額の延納に係る利子税　7.3%
	137	延納税額に係る延滞税の特例
相法	38①	（相続税）延納の要件
	38③	（贈与税）延納の要件
	44	物納申請の全部または一部の却下に係る延納
	47	物納の撤回に係る延納
	52	延納等に係る利子税 6.6%　不動産等 5.4%　動産等 6%　立木 5.4%　等
	53	物納等に係る利子税 7.3%
法法	75	確定申告書の提出期限の延長（災害等）7.3%
	75の2	確定申告書の提出期限の延長の特例（会計監査）7.3%
	81の23	連結確定申告書の提出期限の延長（災害等）7.3%
	81の24	連結確定申告書の提出期限の延長の特例（会計監査）7.3%
消法	51	引取りに係る課税貨物についての納期限の延長　3か月以内　7.3%
措法	70の6	（相続税）農地等についての相続税の納税猶予等　3.6%または6.6%
	70の4	（贈与税）農地等を贈与した場合の贈与税の納税猶予　3.6%

② 減　免

　災害等による期限の延長措置（通則法11）により延納期限または法人税法第75条の規定により確定申告期限が延長された場合、延長前の延納期限または指定された提出期限の翌日から延長された期限までの期間に対応する利子税が免除されます。

　また、納付委託の場合、災害の場合等、その他国税通則法第63条第6項に規定する延滞税の免除事由に該当する場合、延滞税の免除に準じて利子税が免除されます。

第8章

延滞金
加算金

① 概　要

Ⅰ　地方税について

1　概　要

　地方税は、市区町村や都道府県によって提供される教育、福祉、消防・救急、ゴミ処理といった行政サービスの財源となるものであり、地方団体がそれぞれの条例に基づいて課税しています。この地方税は、道府県が課す道府県税と、市町村が課す市町村税に区分され、その税の使途から普通税（税の使途が特定されていないもの）と目的税（税の使途が特定されているもの）に区分されます。道府県税には、道府県民税、事業税、地方消費税などがあり、市町村税には市町村民税、事業所税などがあります。

[地方公共団体と地方団体]

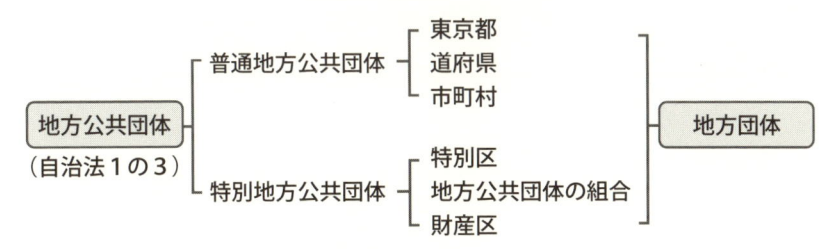

```
                   ┌ 普通地方公共団体 ─┬ 東京都
                   │                   ├ 道府県      ┐
地方公共団体 ──────┤                   └ 市町村      │
（自治法1の3）     │                   ┌ 特別区      ├─ 地方団体
                   └ 特別地方公共団体 ─┼ 地方公共団体の組合 │
                                       └ 財産区      ┘
```

2　課税権

　地方団体が地方自治の本旨に従って行政を行うためには、財源が必要であり、自ら資金を調達しなければなりません。そのためには、地方団

体の課税権は不可欠であり、地方団体の自治権の一環として、憲法によって直接に地方団体に与えられています。そして、地方税の賦課・徴収は、住民の代表機関である地方議会の制定した条例に基づいて行われます。

しかし、地方団体ごとに税制が大きく異なったり、住民の税負担が著しく不均衡になることは、憲法が意図するところではなく、防がなければなりません。そのためには、地方団体の課税権について、国の法律で統一的にコントロールする必要があり、その役割を担うのが地方税法です。

憲法は、租税に関する事項は、原則として、法律で定めなければならないとして、租税法律主義を採用しています。地方団体の課税権は、憲法の規定に基づき、地方自治法および地方税法によって与えられています。

● 憲法 ●

第84条 あらたに租税を課し、又は現行の租税を変更するには、法律又は法律の定める条件によることを必要とする。

第92条 地方公共団体の組織及び運営に関する事項は、地方自治の本旨に基いて、法律でこれを定める。

第94条 地方公共団体は、その財産を管理し、事務を処理し、及び行政を執行する権能を有し、法律の範囲内で条例を制定することができる。

［地方税の課税権と憲法］

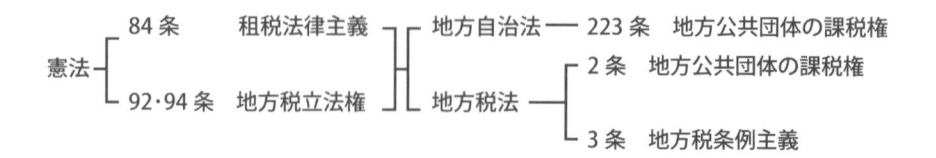

憲法 ─┬─ 84条 ────── 租税法律主義 ─┬─ 地方自治法 ── 223条 地方公共団体の課税権
      └─ 92・94条 ── 地方税立法権 └─ 地方税法 ─┬─ 2条 地方公共団体の課税権
                                                  └─ 3条 地方税条例主義

> ● 地方自治法 ●
>
> （地方税）
> **第223条** 普通地方公共団体は、法律の定めるところにより、地方税を賦課徴収することができる。

> ● 地方税法 ●
>
> （地方団体の課税権）
> **第2条** 地方団体は、この法律の定めるところによつて、地方税を賦課徴収することができる。
>
> （地方税の賦課徴収に関する規定の形式）
> **第3条** 地方団体は、その地方税の税目、課税客体、課税標準、税率その他賦課徴収について定をするには、当該地方団体の条例によらなければならない。
> 2　地方団体の長は、前項の条例の実施のための手続その他その施行について必要な事項を規則で定めることができる。

3　地方税法

　地方税法は、国税と地方税の適正な配分、国民の税負担の全国的な均衡および地方団体間の課税権の調整を図るための法律です。具体的には、地方税の税目、課税客体、納税義務者、課税標準、税率、徴収の方法、罰則等を定め、地方団体を拘束しています。地方団体は、地方税法の定める枠内で、条例の定めるところにより課税権を行使することになります。

　地方税の賦課徴収についての基本的事項を条例で規定することは、形式的には租税法律主義の例外ですが、条例は法律に含まれると理解されています。つまり、憲法の定める「地方自治の本旨」にのっとり、地方団体の住民の代表機関が制定する条例によって、地方税の賦課徴収に関する基本的事項を規定することは、租税法律主義の要請を実質的に満た

すものと解されています。条例で地方税の具体的な内容を定め、住民に対しその納税義務を課す方式は、地方税条例主義と呼ばれています。

> **Point**
> 「地方税」と地方税法、税条例との関係
> - 税条例　➡　地方団体の課税・徴収の直接的な根拠
> - 地方税法　➡　税条例の枠と基準の定め

4　附帯税と加算金・延滞金の関係

　地方税法で定める延滞金、不申告加算金、過少申告加算金、重加算金および延滞金は、次の表のように、国税通則法で定める附帯税の無申告加算税、過少申告加算税、重加算税および延滞税に対応するものです。特に、争われることの多い重加算税の課否判定について、地方税の重加算金では、国税の判定をそのまま引き継いでいるようです。他の加算金と延滞金の概要や減免、その他の論点については、国税との絡みで地方税特有の規定はあるものの、おおむね附帯税と同様なので、本章では簡単に説明するに留めます。

　なお、地方税は、賦課・徴収は地方議会の定める条例にもとづいて行われるので、その取扱いは地方団体ごとに異なる部分があります。加算金や延滞金の減免についての詳細な情報を入手するには、各地方団体に問い合わせることが必要になります。

[附帯税と加算金・延滞金との関係]

国　税	地方税	課税標準	延滞金・加算金の税率
過少申告加算税	過少申告加算金	増差税額	増差税額≦50万円　　増差税額×10% 増差税額＞50万円 　当初税額≦50万 　　増差税額×10%＋（増差税額－50万円） 　　×5% 　当初税額＞50万 　　増差税額×10%＋（増差税額－当初税額） 　　×5%
無申告加算税	不申告加算金	申告税額	納付すべき税額≦50万円 　納付税額×15% 納付すべき税額＞50万円 　納付税額×15%＋（納付税額－50万円） 　×5% 更正・決定の予知なし 　納付税額×5%
不納付加算税	―	―	―
重加算税	重加算金	増差税額 申告税額	税額×35%　（過少申告加算金に替えて） 税額×40%　（無申告加算金に替えて）
延滞税	延滞金	本税額	納期限から2月以内　未納税額×7.3% （本則） 納期限から2月趙　　未納税額×14.6% （本則）
利子税	延滞金	本税額	未納税額×7.3%　（本則）

　ただし、加算金が賦課されるのは、法人の事業税および地方法人特別税（国税）、道府県民税利子割、道府県民税配当割、道府県民税株式等譲渡所得割、たばこ税、ゴルフ場利用税、自動車取得税、軽油引取税等であり、国税と同様な要件と割合で過少申告加算金、不申告加算金、重加算金が課されます。

　法人の都道府県民税、区市町村民税、個人の都道府県民税、市町村民税、事業税には、加算金は賦課されません。また、分離課税に係る退職所得の所得割についても、その徴収義務者に対して、過少申告加算金、不申告加算金、重加算金が国税と同じ割合で課されます。

> **Point**
> - 法人の事業税、地方法人特別税
>   ➡ 申告納税方式…加算金が課される
> - 個人の事業税
>   ➡ 賦課徴収方式…加算金は課されない

　なお、地方法人特別税は従来の法人事業税の一部を国税として徴収し、都道府県に財源を再分配し、地方間の税収偏在を是正することを目的として、平成20年10月に導入されました。国税ではあるが、賦課徴収は都道府県が行い法人事業税とともに徴収されます。

[法人事業税と地方法人特別税]

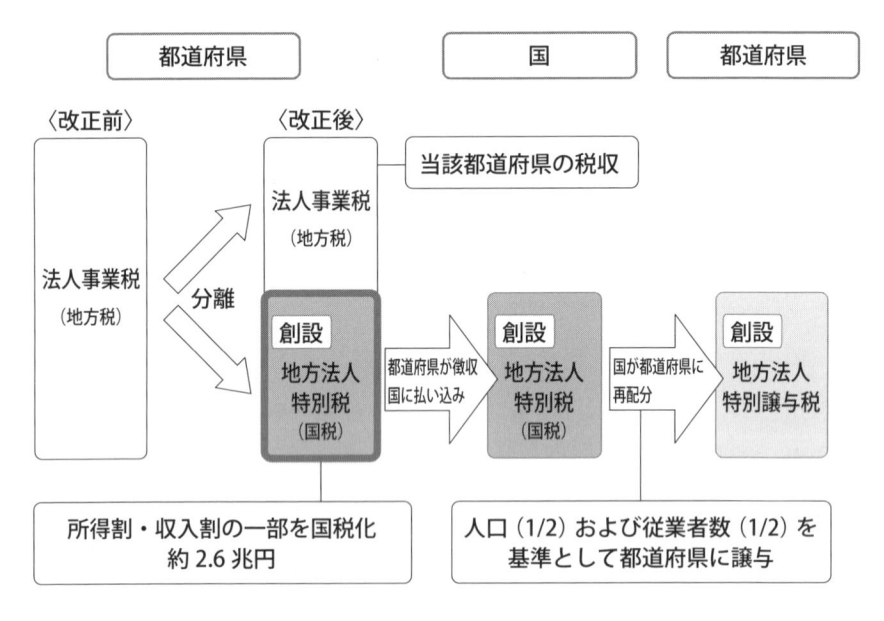

| 都道府県 | 国 | 都道府県 |

〈改正前〉　〈改正後〉

法人事業税（地方税）→ 分離 →
- 法人事業税（地方税）→ 当該都道府県の税収
- 創設 地方法人特別税（国税）→（都道府県が徴収し国に払い込み）→ 創設 地方法人特別税（国税）→（国が都道府県に再配分）→ 創設 地方法人特別譲与税

所得割・収入割の一部を国税化 約2.6兆円

人口（1/2）および従業者数（1/2）を基準として都道府県に譲与

＊東京都主税局ホームページより作成

Ⅱ 加算金

1 過少申告加算金の計算

　過少申告加算金は、法人の事業税を期限内申告し、その後、更正または修正申告により税額が増加した場合に課されます。賦課される金額は、更正または修正申告による増差税額の10％相当額であるが、増差税額が期限内申告額と50万とのいずれか多いほうの金額を超えるときは、その超える部分の金額の5％相当額が加算されます（地法72の46①③）。

● **地方税法** ●

（法人の事業税の過少申告加算金及び不申告加算金）

第72条の46　　申告書（第72条の26第1項本文の規定による申告書を除く。以下この項において同じ。）の提出期限までにその提出があつた場合（申告書の提出期限後にその提出があつた場合において、次項ただし書又は第六項の規定の適用があるときを含む。以下この項において同じ。）において、第72条の39、第72条の41又は第72条の41の2の規定による更正があつたとき、又は修正申告書の提出があつたときは、道府県知事は、当該更正による不足税額又は当該修正申告書によつて増加した税額（これらの税額の計算の基礎となつた事実のうちに、当該更正又は修正申告前の税額の計算の基礎とされていなかつたことについて**正当な事由**があると認められるものがある場合には、その**正当な事由**があると認められる事実に基づく税額として政令の定めるところにより計算した金額を控除した金額とする。以下この項において「対象不足税額等」という。）に**100分の10**の割合を乗じて計算した金額（当該対象不足税額等（当該更正又は修正申告前にその更正又は修正申告に係る法人の事業税について更正又は修正申告書の提出があつた場合においては、その更正による不足税額又は修正申告書によつて増加した税額の合計額（これらの税額の計算の基礎となつた事実のうちに、当該更正又は修正申告前の税額の計算の基礎とされていなかつたことについて**正当な事由**があると認められたものがあつたときは、その**正当な事由**があると認められた事実に基づく税額として政令の定めるところにより計算した金額を控除した金額とし、当該法人の事業税についてその納付すべき税額を減少させる更正又は更正に係る不服申立て若しくは訴えについての決定、裁決若しくは判決による原処分の異動があつたときは、これらにより減少した部分の税額に相当する金

額を控除した金額とする。）を加算した金額とする。）が申告書の提出期限までにその提出があつた場合における当該申告書に係る税額（当該申告書に係る法人の事業税について中間納付額があるときは、当該中間納付額を加算した金額とし、当該申告書に記載された還付金の額に相当する税額があるときは、当該税額を控除した金額とする。）に相当する金額と**50万円**とのいずれか多い金額を超えるときは、当該超える部分に相当する金額（当該対象不足税額等が当該超える部分に相当する金額に満たないときは、当該対象不足税額等）に**100分の5**の割合を乗じて計算した金額を加算した金額とする。）に相当する**過少申告加算金額**を徴収しなければならない。ただし、第72条の33第2項の規定による修正申告書の提出があつた場合において、その提出が当該修正申告書に係る事業税額について第72条の39第1項若しくは第3項、第72条の41第1項若しくは第3項若しくは第72条の41の2第1項若しくは第3項の規定による**更正があるべきことを予知**してされたものでないとき、又は**第72条の33第3項の規定による修正申告書の提出**があつた場合は、この限りでない。

2　次の各号のいずれかに該当する場合においては、道府県知事は、当該各号に規定する申告、決定又は更正により納付すべき税額（第2号又は第3号の場合において、これらの税額の計算の基礎となつた事実のうちに、当該修正申告前又は更正前の税額の計算の基礎とされていなかつたことについて**正当な理由**があると認められるものがあるときは、その**正当な理由**があると認められる事実に基づく税額として政令の定めるところにより計算した金額を控除した税額）に**100分の15**の割合を乗じて計算した金額に相当する**不申告加算金額**を徴収しなければならない。ただし、申告書の提出期限までにその提出がなかつたことについて**正当な理由**があると認められる場合においては、この限りでない。

　　一　申告書の**提出期限後**にその提出があつた場合又は第72条の39第2項、第72条の41第2項若しくは第72条の41の2第2項の規定による決定があつた場合

　　二　申告書の**提出期限後**にその提出があつた後において修正申告書の提出又は第72条の39第1項若しくは第3項、第72条の41第1項若しくは第3項若しくは第72条の41の2第1項若しくは第3項の規定による更正があつた場合

　　三　第72条の39第2項、第72条の41第2項又は第72条の41の2第2項の規定による**決定があつた後**において修正申告書の提出又は第72条の39第3項、第72条の41第3項若しくは第72条の41の2第3項の規定による更正があつた場合

3　前項の規定に該当する場合において、同項に規定する納付すべき税額

(同項第2号又は第3号の場合において、これらの規定に規定する修正申告又は更正前にされた当該法人の事業税に係る申告書の提出期限後の申告又は第72条の39、第72条の41第1項から第3項まで若しくは第72条の41の2第1項から第3項までの規定による更正若しくは決定により納付すべき税額の合計額（当該納付すべき税額の計算の基礎となつた事実のうちに当該修正申告又は更正前の税額の計算の基礎とされていなかつたことについて**正当な事由**があると認められるものがあるときはその**正当な事由**があると認められる事実に基づく税額として政令の定めるところにより計算した金額を控除した税額とし、当該納付すべき税額を減少させる更正又は更正に係る不服申立て若しくは訴えについての決定、裁決若しくは判決による原処分の異動があつたときはこれらにより減少した部分の税額に相当する金額を控除した金額とする。）を加算した金額）が**50万円**を超えるときは、前項の**不申告加算金額**は、同項の規定にかかわらず、同項の規定により計算した金額に、当該超える部分に相当する金額（同項に規定する納付すべき税額が当該超える部分に相当する金額に満たないときは、当該納付すべき税額）に**100分の5**の割合を乗じて計算した金額を加算した金額とする。

4　申告書の提出期限後にその提出があつた場合若しくは第72条の33第2項の規定による修正申告書の提出があつた場合において、その提出が当該申告書若しくは修正申告書に係る事業税額について第72条の39、第72条の41若しくは第72条の41の2の規定による**更正若しくは決定があるべきことを予知してされたものでないとき**、又は**第72条の33第3項の規定による修正申告書の提出**があつた場合には、当該申告書又は修正申告書に係る税額に係る第2項の**不申告加算金額**は、同項の規定にかかわらず、当該税額に**100分の5**の割合を乗じて計算した金額に相当する額とする。

5　道府県知事は、第1項の規定によつて徴収すべき**過少申告加算金額**又は第2項の規定によつて徴収すべき不申告加算金額を決定した場合においては、遅滞なく、これを納税者に通知しなければならない。

6　第2項の規定は、第4項の規定に該当する申告書の提出があつた場合において、その提出が、申告書の**提出期限までに提出する意思**があつたと認められる場合として政令で定める場合に該当して行われたものであり、かつ、申告書の提出期限から**2週間**を経過する日までに行われたものであるときは、適用しない。

> ● 地方税法 ●
>
> (法人の事業税の期限後申告及び修正申告納付)
> 第72条の33
> 3 ……法人税の課税標準について**税務官署の更正又は決定を受けたとき**……は、当該税務官署が当該**更正又は決定の通知をした日から1月以内**に、当該更正又は決定に係る課税標準を基礎として、総務省令で定める様式による**修正申告書を提出**するとともに、その修正により増加した事業税額を納付しなければならない。

2 不申告加算金の計算

　不申告加算金は、法人の事業税を期限内に申告しなかったときに課されます。具体的には次の場合です。

　イ　申告書の提出期限後に申告書が提出され、または、決定があった場合
　ロ　イの後に、修正申告書が提出され、または、更正があった場合

　徴収される金額は、申告または決定による税額、あるいは修正申告または更正による増差税額の15％相当額であるが、納付すべき税額が50万円を超える部分の税率は20％となっています（地法72の46②③）。

3 重加算金の計算

　過少加算金、不申告加算金の規定に該当する場合において、課税標準額の計算の基礎となるべき事実の全部または一部を隠ぺいし、または仮装し、その事実に基づいて申告書または修正申告書を提出したときは、過少申告加算金、不申告加算金に代え、重加算金が徴収されます。過少申告加算金に代えて徴収される重加算金の税率は35％、不申告加算金に替えて徴収される重加算金の税率は40％となっています（地法72の47①②）。

4 隠ぺい・仮装

地方税の隠ぺい・仮装の事実は、実務では、法人税の調査において隠ぺい・仮装の事実があると認定されたかどうかで判定されます。

● **地方税法** ●

(法人の事業税の重加算金)
　第72条の47　前条第1項の規定に該当する場合において、納税者が課税標準額の計算の基礎となるべき事実の全部又は一部を**隠ぺい**し、又は**仮装**し、かつ、その**隠ぺい**し、又は**仮装**した事実に基づいて申告書又は修正申告書を提出したときは、道府県知事は、政令の定めるところにより、同項の過少申告加算金額の計算の基礎となるべき更正による不足税額又は修正により増加した税額(これらの税額の一部が、事業税額の計算の基礎となるべき事実で**隠ぺい**され、又は**仮装**されていないものに基づくことが明らかであるときは、当該**隠ぺい**され、又は**仮装**されていない事実に基づく税額として政令の定めるところにより計算した金額を控除した税額)に係る過少申告加算金額に代え、当該税額に**100分の35**の割合を乗じて計算した金額に相当する**重加算金額**を徴収しなければならない。

2　前条第2項の規定に該当する場合(同項ただし書の規定の適用がある場合を除く。)において、納税者が課税標準額の計算の基礎となるべき事実の全部又は一部を**隠ぺい**し、又は**仮装**し、かつ、その**隠ぺい**し、又は**仮装**した事実に基づいて申告書の提出期限までにこれを提出せず、又は申告書の提出期限後にその提出をし、若しくは修正申告書を提出したときは、道府県知事は、不申告加算金額の計算の基礎となるべき税額(その税額の一部が、その計算の基礎となるべき事実で**隠ぺい**され、又は**仮装**されていないものに基づくことが明らかであるときは、当該**隠ぺい**され、又は**仮装**されていない事実に基づく税額として政令の定めるところにより計算した金額を控除した税額)に係る不申告加算金額に代え、当該税額に**100分の40**の割合を乗じて計算した金額に相当する**重加算金額**を徴収しなければならない。

3　道府県知事は、前二項の規定に該当する場合において申告書又は修正申告書(**第72条の33第3項**の規定によるものを除く。)の提出について前条第1項ただし書又は第4項に規定する事由があるときは、当該申告により納付すべき税額又は当該修正申告に因り増加した税額(これらの税額の一部が、事業税額の計算の基礎となるべき事実で**隠ぺい**され、又は**仮装**されていないものに基づく

> ことが明らかであるときは、当該**隠ぺい**され、又は**仮装**されていない事実に基く税額として政令の定めるところにより計算した金額を控除した税額）を基礎として計算した**重加算金額**を徴収しない。
> 4　道府県知事は、第一項又は第二項の規定によつて徴収すべき**重加算金額**を決定した場合においては、遅滞なく、これを納税者に通知しなければならない。

　重加算金が徴収される要件は、地方税法の条文上、「隠ぺい・仮装」の事実に基づき申告書・修正申告書を提出したことです。しかし、地方自治体のホームページでは、重加算金に関して、次のように説明しています。

- 北海道………「税額計算のもとになる事実を隠したり、仮装したりして税をまぬがれようとしたとき。」
- 千葉県………「故意に税を免れようとした場合にかかります。」
- 神奈川県……「故意に税を免れようとした場合に徴収されます」
- 京都府………「故意に税をまぬがれようとした場合に過少申告加算金、不申告加算金に代えてかかるものです。」
- 沖縄県………「……二重帳簿を付けるなどの不正行為に基づき故意に税を免れた場合に、過少申告加算金や不申告加算金に代えて……」

　地方税法では、重加算金を賦課できる要件として、「故意に」、「税を免れようとした場合に」、あるいは「不正行為に」などとは定めていません。それにもかかわらず、それらが要件だとする自治体の解説には疑義があります。私の調べた範囲ですが、ほとんどの自治体が同様の表現をしています。国税の重加算税の場合と同様に、その説明の仕方についての見直しが必要と思われます。

　法人税調査での否認事項が重加算金の対象となるかどうかの判定は、実務では、国税当局の重加算税の課否判定に連動して、自動的に決定さ

れているようです。事業税の非違について、地方団体の独自の調査に基づき重加算金を課すことは皆無に近いのでしょう。したがって、課税標準の基礎となるべき事実についての隠ぺい・仮装の有無について、納税者と地方団体との間で議論となる事例は少ないと思われます。

> **Point** 地方税における重加算税の課否判定
> 　　　　国税の課否判定に連動

III　督促手数料と延滞金

1　督促手数料

滞納（定められた納期限までに納税しないこと）者は、本来納めるべき税額のほかに、延滞金や督促手数料もあわせて納めることになります。督促手数料の金額は条例によって定められ、50円、100円あるいは150円と、地方自治体によって異なります。

> **Point** 督促手数料（地方税法67条等）
> 　　　　➡ 国税にはない制度

2　延滞金の計算

(1) 法人事業税の期限後納付

延滞金は、滞納税額を計算の基礎として納期限の翌日から起算して納付される日までの期間に応じ、次の割合を乗じて算出します。

延滞金の計算の基礎となる税額に1,000円未満の端数があるときは、その端数を切り捨て、また、その税額の全額が2,000円未満であるとき

は、延滞金は課されません。算出された延滞金に100円未満の端数があるときは、これを切り捨て、また、算出された延滞金の全額が1,000円未満のときは、延滞金は課されません。

　イ　期限内申告の場合（地法72の45①一）
　　　a　申告書の提出期限の翌日から1か月を経過する
　　　　　日までの期間……………………………………年 7.3％（本則）
　　　b　上記aを経過した日以降の期間………………年 14.6％（本則）

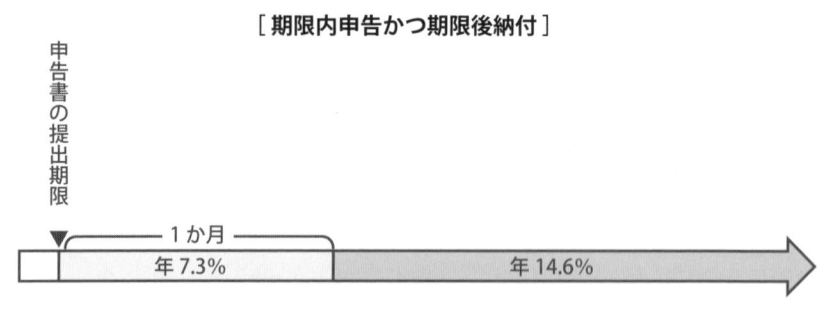

［期限内申告かつ期限後納付］

　ロ　期限後申告の場合（地法72の45①二）
　　　a　申告までの期間または申告書の提出期限の翌日から1か月を経過する日までの期間……………………………………年 7.3％
　　　b　上記aを経過した日以降の期間………………………年 14.6％

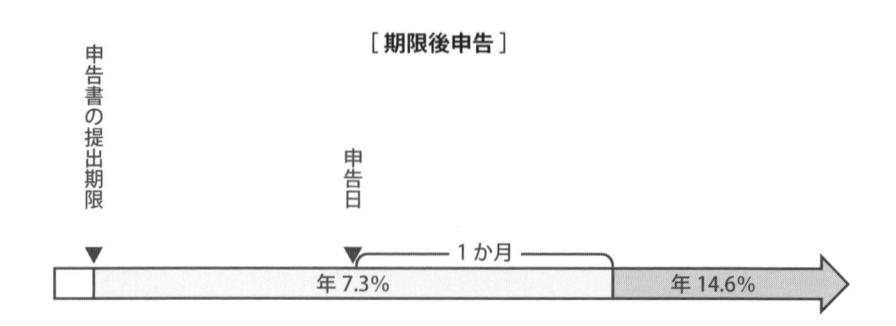

［期限後申告］

ハ　修正申告の場合（地法72の45①三）
　　a　修正申告書を提出した日（修正申告書がその提出期限
　　　前に提出された場合には、提出期限）までの期間
　　　その期間の末日の翌日から1か月を経過する日までの期間
　　　　　　　　　　　　　　　　　　　　………………………年　7.3%
　　b　上記aを経過した日以降の期間………………………年14.6%

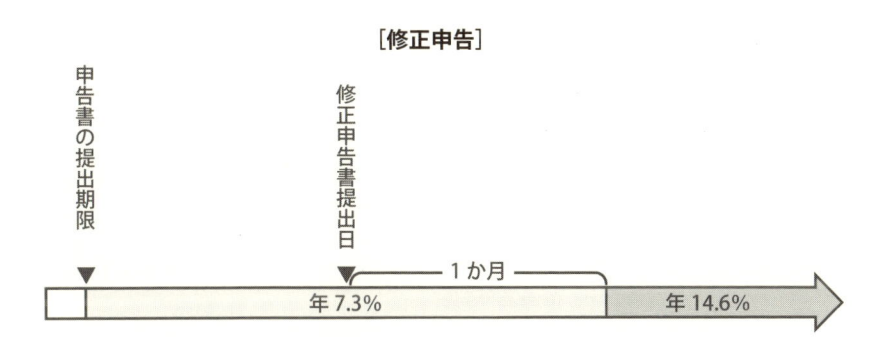

[修正申告]

申告書の提出期限　▼　　修正申告書提出日　▼　　1か月
　　　　　　　　　年7.3%　　　　　　　　年14.6%

(2) 特例基準割合

　延滞金の年7.3%の割合については、平成25年12月31日までは、特例基準割合（各年の前年11月30日を経過するときの商業手形の基準割引率（従来のいわゆる公定歩合）に年4%の割合を加えたもの（地法附則3の2①））が年7.3%の割合に満たない場合には、その年中においては、特例基準割合とされていました。
　平成26年1月1日以降は、特例基準割合（各年の前々年の10月から前年の9月までの各月における銀行の新規の短期貸出約定平均金利の合計を12で除した割合として各年の前年の12月15日までに財務大臣が告示する割合に、年1%の割合を加算した割合）に1%を加算した割合が年7.3%の割合に満たない場合には、その年中においては、その割合とされています。
　また、延滞金の年14.6%の割合の延滞金は、特例基準割合に年7.3%の割合を加算した割合となります。

割合の推移は、次のとおりです。

イ　納期限から1か月以内

平成11年12月31日以前 …………………… 7.3%

平成25年1月1日〜平成25年12月31日… 4.3%

平成26年1月1日〜平成26年12月31日… 2.9%

ロ　納期限から1か月超

平成11年12月31日以前 ……………………14.6%

平成25年1月1日〜平成25年12月31日…14.6%

平成26年1月1日〜平成26年12月31日… 9.2%

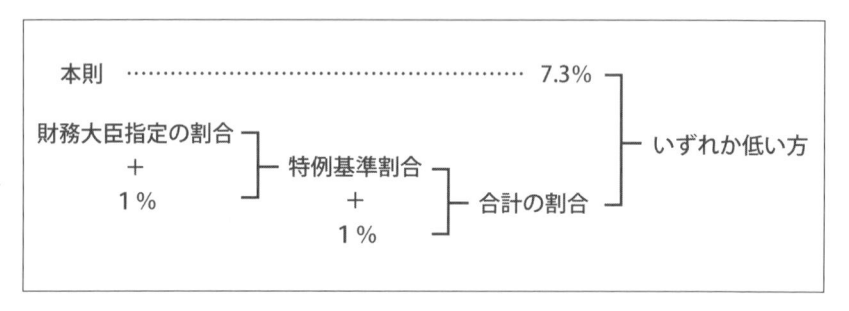

```
本則 ……………………………………… 7.3%  ┐
                                              ├ いずれか低い方
財務大臣指定の割合                             │
      ＋        ┐─ 特例基準割合            │
      1％       ┘      ＋       ┐─ 合計の割合 ┘
                       1％      ┘
```

3　延滞金の控除期間

(1) 事業税の修正申告あり

　申告書を提出した日（申告書がその提出期限前に提出された場合には、当該申告書の提出期限）の翌日から1年を経過後に修正申告書を提出したときは、その翌日から当該修正申告書を提出した日（修正申告書がその提出期限前に提出された場合には、その提出期限）までの期間は、延滞金の計算の基礎となる期間から控除します。修正申告期限とは、法人税の更正または決定の通知がなされた日から1月経過する日となります（地法72の45②、72の33③）。

　地方税法第72条の42の規定により更正の通知をした日が、申告書の

提出の日の翌日から1年を経過する日後であるときは、1年を経過する日の翌日から通知をした日までの期間は、延滞金の計算の基礎となる期間から控除します。

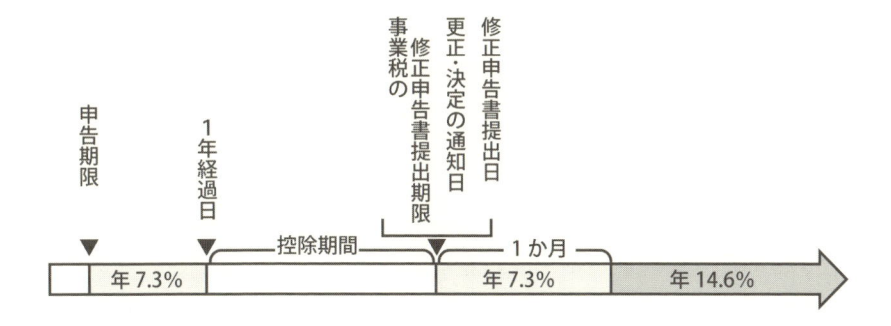

```
        申告期限  1年経過日              事業税の       修正申告書提出日
                                      修正申告書提出期限  更正・決定の通知日
          ▼      ▼                        ▼
        ┌──────┬────────────────────┬──────────┬──────────────→
        │年7.3%│      控除期間       │  年7.3%  │    年14.6%
        └──────┴────────────────────┴──────────┴──────────────
                                              1か月
```

(2) 事業税の更正・決定あり

　法人税の申告、修正申告、更正または決定（地法72の42）があり、それに基づき道府県知事が更正または決定の通知をした日が、申告書の提出の日（申告書がその提出期限前に提出された場合には、当該申告書の提出期限）の翌日から1年経過後であるときは、その翌日から当該通知をした日（法人税の修正申告書提出日または更正もしくは決定の通知をした日）までの期間は、延滞金の計算の基礎となる期間から控除します（地法72条の39①、42、45②）。

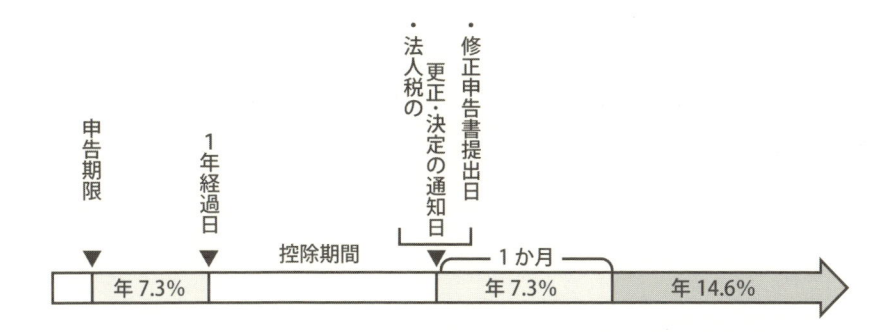

```
        申告期限  1年経過日              ・法人税の       ・修正申告書提出日
                                       更正・決定の通知日
          ▼      ▼                        ▼
        ┌──────┬────────────────────┬──────────┬──────────────→
        │年7.3%│      控除期間       │  年7.3%  │    年14.6%
        └──────┴────────────────────┴──────────┴──────────────
                                              1か月
```

4　控除期間と詐欺その他の不正の行為

　詐欺その他不正の行為により事業税を免れた法人が、更正があるべきことを予知して修正申告書を提出した場合、または、詐欺その他不正の行為により事業税を免れて更正された場合は、上記3の延滞金の控除期間は認められず、延滞金の計算の基礎となる期間となります。

　なお、「詐欺その他不正の行為」は、国税通則法における「偽りその他不正の行為」と同義です。実務上は、国税の税務調査で非違項目に「隠ぺい・仮装」の事実があり、重加算税対象として処理されれば、法人事業税においても、延滞金の控除期間は認めないと取り扱われています。ただし、「偽りその他不正の行為」と「隠ぺい・仮装」との関係に関して疑義があることは、**第5章**で述べたとおりです。

5　利子税に相当する延滞金

　法人税において確定申告書の提出期限の延長の特例（法法75の2①）の適用を受けた場合、延長された期間については、年7.3％と特例基準割合に1％を加算した割合とのいずれか低い割合の税率が課されます（地法65、327、72の45の2）。利子税と同じ性質を有する延滞金は、法人税法上、損金に算入されます（法法55③二）。

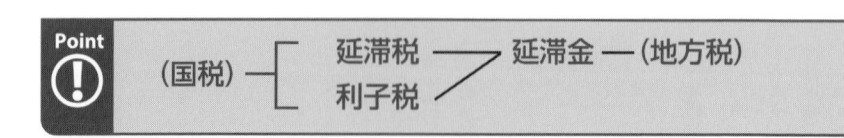

Point

（国税）―┬―延滞税―→延滞金―（地方税）
　　　　　└―利子税―↗

② 減　免

I　地方税の減免

1　概　要

　地方税法上は、納税者が災害等により被害を受けた場合は、道府県知事は法人および個人の事業税を減免することができるので、減免されれば、それに附帯する加算金も減免されることになります。ただし、地方税の条文上は「できる」と規定されているので、加算金の減免も、地方自治体により取扱いが異なっています。

　ここでは、事業税の減免に絞って説明します。

● 地方税法 ●

（法人の事業税の減免）

第72条の49の4　道府県知事は、**天災その他特別の事情**がある場合において法人の行う事業に対する事業税の減免を必要とすると認める法人**その他特別の事情**がある法人に限り、当該道府県の条例の定めるところにより、法人の行う事業に対する事業税を減免することができる。

　事業税の減免について、地方税法は次のように定めています。

> ● 地方税法 ●
>
> (個人の事業税の減免)
> **第72条の62** 道道府県知事は、**天災その他特別の事情**がある場合において個人の行う事業に対する事業税の減免を必要とすると認める者、**貧困により生活のため公私の扶助**を受ける者**その他特別の事情**がある者に限り、当該道府県の条例の定めるところにより、個人の行う事業に対する事業税を減免することが**できる**。

> **Point**
> 事業税の減免事由
> ① 天災その他特別の事情がある者
> ② 貧困により生活のため公私の扶助を受ける者
> (個人事業税のみ)
> ③ その他特別の事情がある者

2 過少申告加算金の減免

　期限内申告の計算対象としていなかったことに正当な事由がある場合、更正を予知することなく修正申告した場合は、過少申告加算金は課されません。

　また、税務官署が法人税の更正または決定の通知をした日から1か月以内に提出された事業税の修正申告に係る増差税額には、過少申告加算金は課されません（地法72の46①但書、72の33③）。ただし、税務官署の税務調査の際に慫慂を受けて法人税の修正申告をした場合については、地方税法に規定がありません。東京都に問い合わせたところ、事業税の修正申告書が法人税の修正申告書の提出後1～2月以内に提出されれば、過少申告加算金を課さないとのことでした。

[法人事業税の過少申告加算金]

法人税	過少申告加算税	事業税の処理	過少申告加算金
―	―	修正申告	10～15%
―	―	更　正	10～15%
修正申告（調査）	10～15%	修正申告（1～2月以内提出）（規定なし）	―
修正申告（調査）	10～15%	更正・決定	10～15%
更　正	10～15%	修正申告（1月以内提出）（地方72の46①但書、72の33③）	―
更　正	10～15%	更正・決定	10～15%
正当な理由	―	正当な理由あり	―
自主修正	―	自主修正申告（更正の予知なし）	―

　国税の加算税では、調査による修正申告と更正とで取扱いが異なることはありません。しかし、地方税法では上記の表のとおり、修正申告と更正で異なるよう取扱う定めがあります。

3　不申告加算金の減免

(1) 期限後申告、正当な理由

　不申告となったことに正当な理由がある場合、不申告加算税は課されません。更正、決定を予知することなく期限後申告書が提出された場合および、税務官署が更正または決定の通知をした日から1月以内に修正申告書を提出した場合は、不申告加算金の税率は5%に軽減されます（地法72の46④、72の33③）。

(2) 期限内申告の意思

　なお、期限後申告の場合に、次のイとロのいずれの条件も満たせば、

不申告加算税は課されません（地法72の46⑥）。
　イ　提出期限内に申告書を提出する意思があったと認められる一定の場合に該当すること（地令33の3）。
　　　i　申告書の提出があった日の前日から起算して5年前までの間に、事業税について不申告加算金または重加算金を課されたことがなく、期限後申告したことがない場合
　　　ii　申告書に係る納付すべき税額の全額が納期限までに納付されていた場合
　ロ　申告書の提出期限から2週間を経過する日までに提出されたこと

[法人事業税の不申告加算金]

法人税	無申告加算税	事業税の処理	不申告加算金
—	—	期限後申告	15～20%
		更　正	
期限後申告（調査）	15～20%	期限後申告（1～2月以内提出）（規定なし）	—
		更正・決定	15～20%
更正・決定	15～20%	期限後申告（1月以内提出）（地方72の46④、72の33③）	5%
		更正・決定	15～20%
正当な理由	—	正当な理由あり	—
自主申告	5%	自主期限後申告（更正の予知なし）	5%

4　重加算金の減免

更正・決定を予知することなく申告ないし修正申告を行った場合については、重加算金は徴収されません（地法72の47③）。国税の調査があ

り、その指導により法人事業税の修正申告を行った場合は、更正があるべきことを予知してされたものとなります。

> **判例**
>
> **重加算金決定処分取消請求控訴事件（東京高裁 昭和56年9月28日 判決）**
>
> 　税務署の調査を受け、その指導の下に法人税についての修正申告を行うとともに法人事業税についても同様の修正申告を行った場合において、いまだ法人事業税に関する調査を受けていないとしても、右法人事業税の修正申告は、地方税法72条の47第3項において引用する同法72条の46第1項ただし書所定の「更正があるべきことを予知してされたものでないとき」に当たらないとした事例

　なお、税務官署が更正または決定の通知をした日から1か月以内に事業税の修正申告を提出しても、重加算金は減免されません。

［法人事業税の重加算金］

法人税調査	重加算税	事業税の処理	重加算金
―	―	修　正	35～40%
		更正・決定	
修　正	35～40%	修　正	35～40%
		更正・決定	
更正・決定	35～40%	修　正	35～40%
		更正・決定	
自主修正・確定	―	自主修正・確定申告（更正の予知なし）	―

5　地方団体の減免の実務

　減免に関する具体的な実務は、地方税法の規定に基づき各地方団体が独自に減免の基準を設けて、それに従って行われています。

(1) 埼玉県の取扱い

　埼玉県では、企画財政部市町村課が次のように公表しています。

〔画一的な基準による減免〕
Q　減免は、市町村長が、その市町村の条例の定めるところにより、これを行うこととされているが、画一的な減免基準を設けて減免することの正否について教示願いたい。
A　減免は、あくまで個々の納税者の担税力いかんによって決定すべきものなので、条例においては、様々な減免事由をある程度抽象的な基準として規定せざるを得ないとしても、納税者の総所得金額等の多寡等の画一的な減免基準を設けるのは違法だと考えられる。

〔減免措置の適用対象者〕
Q　天災その他の特別の事情がある時には市町村長が固定資産税を減免できるとされているが、その趣旨と実際の適用についてご教示されたい。
A　……個々の納税者についてみれば、真に担税力の薄弱な場合も考えられるので、そのような場合には…減免することができる方途を講じている。このような固定資産税の減免は、徴収猶予、納期限の延長などによって救済されないような場合の措置として設けられているものであって、原則として個々の納税者の担税力に着目して、真にその能力が薄弱な者に限り適用されている。

〔行政実例・「その他特別な事情」の意義等〕
Q１　地方税法第323条において…とあるが、ここにいう「その他特別の事情」とは具体的にどんな事をいうのか。
A１　……「その他特別の事情がある場合」とは、納税者又はその者と生計を一にする親族が病気にかかり、負傷をし、あるいは盗難にかかったよ

うな場合等が考えられ、また、「その他特別の事情がある者」とは、失業により当該年の所得が皆無となった者等あくまで客観的にみて担税力を喪失した者等が考えられるものである。

Q2　自己の過失により交通事故を起こし5月15日から1年半の懲戒処分を受け、所得皆無となった者から8月に減免申請があったが、この取扱いは全期分を減免するか、又は8月に申請があったのだから次期到来納期の3期分以降について減免するのがよいか……。なお、1期、2期分は未納になっている。

A2　また、このような場合の減免は納税者の担税力いかんに着目して決定するものであるから、納税者の担税力を納税の時点で判定しなければならない。したがって、減免は減免の事由が生じた日以後に到来する納期にかかる税額について行うべきであると解される。
　なお、既に納期が到来し、未納となっている税額がある場合には、徴収猶予等により措置すべきものであると解される。

＊埼玉県企画財政部市町村課税政担当「平成26年度地方税法総則テキスト」より

(2) 東京都の取扱い

東京都における地方税の減免は、次のように取り扱われています。

＜都税 Q&A ＞

Q　災害等で被害を受けた場合の減免と猶予

A
1　災害等による減免制度とは
　風水害や地震、火災などの災害にあわれたときには、「都税の減免」を受けられることがあります。この制度は、いったん課税した税金のうち、まだ納期限前の税金を、被災の程度等によって軽減または免除するというものです。
　減免の対象となる税金は何種類かあり、それぞれ減免を受けられる一定

の基準が設けられています。
2　減免を受けるためには
　減免は、納税者からの申請が条件となっています。申請をしなければ減免を受けることはできません。
　また、減免される税金は申請した日以降に到来する納期限分からとなっていますので、減免を受けようとされる方はなるべく早く手続きを行って下さい。
　「減免申請書」は都税事務所・都税支部・支庁の窓口にあります。ホームページ（申請様式ダウンロード）からも入手できます。
　区・市役所、町村役場で交付される「り災証明書」（火災の場合は消防署で発行）など、被災の事実が証明できる書類を添えて提出してください。
3　災害等にあって、一時に納税できないときは
　災害等にあって、一時に税金を納めることができないときには、納税が猶予される制度（徴収猶予）もあります。この制度も、申請に基づくもので、原則1年以内の期間に限り、一定の要件のもと納税が猶予されるものです。
　徴収猶予は、「徴収猶予申請書」の提出によって行います。この場合も、区・市役所、町村役場で交付される「り災証明書」など、徴収猶予を必要とする事由を証明する書類を添付して下さい。
　徴収猶予の申請は、減免の申請と同時にされるとよいでしょう。

　なお、多摩及び島しょ地区の固定資産税については、各市役所、町村役場へ申請することになります。

＊東京都のホームページより

　東京都において、減免の対象となる税目は次のとおりです。法人事業税が列挙されていないことに着目してください。

＜都税 Q&A＞
Q　災害等で被害を受けた場合に減免される税金

A　風水害や地震、火災などの災害等で被害を受けた場合に減免される税金には、次のようなものがあります。
　1　個人事業税
　　災害等により、事業用資産（店舗・工場・建物・原材料・製品等）や生

活に通常必要な資産（住宅・家財等）について損害を受けた場合は、その損害の程度に応じて減免されます。

ただし、資産の損害金額（保険金、損害賠償金により補填された金額を除きます。）が、合計所得金額※の20％を超えている場合に限ります。

※合計所得金額とは、事業・不動産所得の他に給与・雑所得等各種所得金額の合計金額（青色申告特別控除前）をいいます。

2　固定資産税・都市計画税

災害等により、滅失または甚大な被害を受けた土地、家屋、償却資産については、次のような場合にその被災の程度に応じて減免されます。

(1) 土地　崖崩れ、地滑り、土砂岩石の流入等により、土地の効用を妨げられた地積の割合が全体地積の20％以上の場合

(2) 家屋①損壊、焼失または流失した部分の床面積が、家屋の延床面積の20％以上の場合

　　　②浸水が床面以上に達した場合（①に該当する場合は除きます。）

(3) 償却資産　損害を受けた償却資産が、全償却資産の20％以上の場合

3　不動産取得税

災害等によって滅失または損壊した不動産（土地・家屋）については、次のような場合にその被災の程度に応じて減免されます。ただし、土地については崖崩れ、地滑り等により現に地積が減じたことが認められる場合に限ります。

(1) 取得した不動産が、その不動産取得税の納期限までに災害等により滅失または損壊した場合（取得した不動産を災害等の時までに譲渡していた場合は除きます。）

(2) 災害等により滅失または損壊した不動産に代わる不動産を災害等後3年以内に取得した場合（上記(1)により既に不動産取得税が減免された場合は除きます。）

4　個人の都民税

特別区または市町村が、個人の特別区民税または市町村民税を減免した場合、個人の都民税についても同じ割合で減免されます。減免手続き等の詳細につきましては、各区役所・市役所・町村役場へおたずねください。

5　その他

事業所税（23区内）、軽油引取税についても、減免の制度があります。

＊東京都のホームページより一部著者作成

> **Point!** 事業税の減免　（地方税法）　（東京都の場合）
>
> | | | |
> |---|---|---|
> | 法人の事業税 | 可 | 不可 |
> | 個人の事業税 | 可 | 可 |

Ⅱ　延滞金の減免

1　地方税法上の延滞金の減免

　延滞金減免については、地方税法の規定に基づき、各自治体が独自に条例等で定めています。本書では、各自治体の個別の取扱いには触れず、地方税法の規定を概観することにします。

　なお、延滞金減免の考え方、徴収の猶予（納税の猶予）、換価猶予、滞納処分の停止といった用語の意味は、延滞税のそれと同じなので、**第6章を参照してください**。

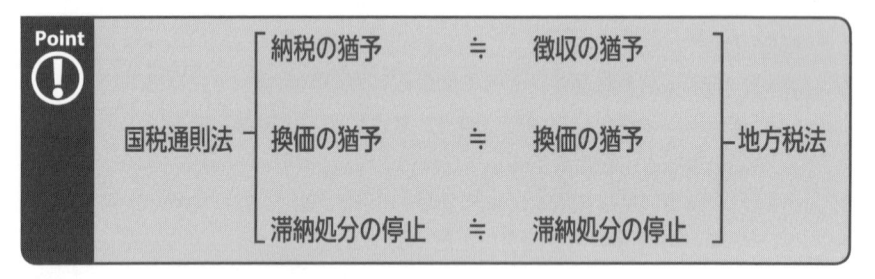

> **Point!**
>
> 国税通則法　⎡納税の猶予　　≒　徴収の猶予⎤
> 　　　　　　⎢換価の猶予　　≒　換価の猶予⎥──地方税法
> 　　　　　　⎣滞納処分の停止　≒　滞納処分の停止⎦

2　当然に免除

(1) 徴収の猶予に基づく免除
　イ　災害等による徴収の猶予
　　　猶予した期間に係る額の全額免除（地法15の9①）
　　① 災害・盗難（地法15①一）

② 病気・負傷（地法15①二）
③ ①および②に類する事実（地法15①五）
ロ　事業の廃止等による徴収の猶予
　　猶予した期間に係わる額の2分の1免除（地法15の9①）
① 事業の廃止，休止（地法15①三）
② 事業損失（地法15①四）
③ ①および②に類する事実（地法15①五）

(2) 換価の猶予に基づく免除
換価猶予した期間に係わる額，2分の1免除（地法15の9①）
① 事業の継続，生活の維持困難（地法15の5①一）
② 徴収上有利（地法15の5①二）

(3) 滞納処分の停止に基づく免除
滞納処分の停止をした期間に係る額，全額免除（地法15の9①）
・滞納処分の停止　（地法15の7①）

(4) 納期限の延長に基づく免除
延長した期間に対応する部分の延滞金，全額免除（地法20の9の5）
・災害等による納付期限延長（地法20の5の2）

3　免除できる

(1) 徴収の猶予に基づく免除
納付または納入が困難と認められるものを限度として免除可（地法15の9②）
① 納期限1年を経過した後に納付額が確定したとき（地法15②）
② 2分の1免除後の残額（地法15①三四五）
③ 徴収猶予期間後に納付したとき（地法15①②③）

(2) 換価の猶予に基づく免除

納付または納入が困難と認められるものを限度として免除可（地法15の9②）。

① 事業の継続，生活の維持困難（地法15の9②一）

② やむを得ない理由（地法15の9②二）

(3) 十分な差押え等に基づく免除

差押えされている期間に対応する部分の2分の1に相当する金額を限度に免除可（地法15の9④）。

・滞納に係る徴収金の金額を徴収するために必要な財産を差押した場合

(4) 納付委託に基づく免除

取引期日の翌日から納付または納入日までの期間に対応する延滞金の免除可（地法20の9の5②一）。

・地方税法第16の2（有価証券による納付委託）

4　延滞金の減免の実務

地方税法は、自治体がその課税権を行使しうる範囲を定めています。各自治体はその範囲内で、条例等で延滞金の減免について定めていますが、自治体は、都道府県から市町村まで無数にあります。したがって、延滞金の減免に関する地方税法の規定を大まかに把握するにとどめ、実務上の必要に迫られたときに、延滞金を賦課した自治体の減免制度と運用実態を調べることが、効率的です。

> **Point !** 延滞金の減免の要件に該当するかもしれないと感じたら、延滞金の減免申請をすること

第9章 過怠税

過怠税は、印紙税特有の税であり、印紙税法第20条で定められています。

1 印紙税

印紙税は、日常の経済取引に伴って作成される契約書や金銭の受取書（領収書）などに課税される税金で、20種類の文書が課税の対象となっています。課税文書の作成者が、印紙を貼り付ける方法によって印紙税を納付することとなります（印法8）。課税される文書に係る納付すべき印紙税の額は、その内容にかかわらず定額であるものや、契約書の内容や契約金額、受取金額などによって異なってくるものもあります。

印紙税の納付は、通常、課税文書の作成者が作成した課税文書に所定の額面の収入印紙を貼り付け、印章または署名で消印することによって行います。

2 過怠税

課税文書の作成者が、その納付すべき印紙税を課税文書の作成の時までに納付しなかった場合には、その納付しなかった印紙税の額とその2倍に相当する金額との合計額、すなわち当初に納付すべき印紙税の額の3倍に相当する過怠税が徴収されます（印法20）。

ただし、課税文書の作成者が所轄税務署長に対し、作成した課税文書について印紙税を納付していない旨の申出をした場合で、その申出が印紙税についての調査があったことによりその課税文書について過怠税の決定があるべきことを予知してされたものでないときは、その過怠税は、その納付しなかった印紙税の額とその10％に相当する金額との合計額（印紙税額の1.1倍）になります。

また、貼り付けた印紙を所定の方法によって消印しなかった場合には、消印されていない印紙の額面に相当する金額の過怠税が徴収される

ことになります。

なお、過怠税は、その全額が法人税法上の損金や所得税法上の必要経費には算入されません。

ケース別	過怠税
印紙税を納付しなかった場合	印紙税額の3倍相当額
自主的に不納付を申し出た場合	印紙税額の1.1倍相当額
消印をしなかった場合	印紙税額の1倍相当額

3 罰則

偽りその他不正の行為により印紙税を免れ、または免れようとした者、過誤納金の還付を受け、または受けようとした者は、3年以下の懲役もしくは100万円以下の罰金、またはこれを併科されます（印法21）。その他の罰則については、印紙税法第22～24条で定められています。

◆著者紹介

鴻 秀明（おおとり・ひであき）
慶應義塾大学法学部政治学科卒。
山一證券、通商産業省を経て東京国税局に採用。
現在、税理士として独立。

加算税・延帯税・利子税等
附帯税の減免措置　国税通則法から重加算税通達まで

2014年7月25日　発行

著　者	鴻　秀明 ©
発行者	小泉　定裕
発行所	株式会社 清文社　東京都千代田区内神田1-6-6（MIFビル） 〒101-0047　電話 03(6273)7946　FAX 03(3518)0299 大阪市北区天神橋2丁目北2-6（大和南森町ビル） 〒530-0041　電話 06(6135)4050　FAX 06(6135)4059 URL　http://www.skattsei.co.jp/

印刷：㈱光邦

■著作権法により無断複写複製は禁止されています。落丁本・乱丁本はお取り替えします。
■本書の内容に関するお問い合わせは編集部までFAX（03-3518-8864）でお願いします。

ISBN978-4-433-53614-5